新媒体与文化创新丛书

● 本书系国家社会科学基金重大项目"当代中国
（编号：16ZDA219）、江西省社会科学基金项目"数字时代江右文化影响力的分层传播战略与实施研究"（编号：23XW12D）阶段性成果

儒家文化与现代交往理性

The Communicative Rationality in Modern Society
and Confucius Culture

张立刚

图书在版编目（CIP）数据

儒家文化与现代交往理性 / 张立刚著 . — 北京：知识产权出版社，2024.12. — （新媒体与文化创新丛书 / 任占文主编）. — ISBN 978-7-5130-9654-6

Ⅰ . B222

中国国家版本馆CIP数据核字第20241D2S50号

内容提要

本书分析现代西方社会的交往困境和儒家沟通伦理，在中西方文化对比中探究儒家沟通伦理在解决现代社会交往困境中的关键作用，并从构建人类命运共同体的角度指出，儒家沟通伦理不仅为中西方文化对话提供新的可能，而且对解决现代社会问题具有独特价值，为现代性研究提供重要参考。

责任编辑：王志茹　　　　　　责任印制：孙婷婷

新媒体与文化创新丛书　　任占文　主编

儒家文化与现代交往理性

RUJIA WENHUA YU XIANDAI JIAOWANG LIXING

张立刚　著

出版发行： 知识产权出版社 有限责任公司		网　　址：http: // www.ipph.cn	
电　　话：010-82004826		http: // www.laichushu.com	
社　　址：北京市海淀区气象路50号院		邮　　编：100081	
责编电话：010-82000860转8761		责编邮箱：laichushu@cnipr.com	
发行电话：010-82000860转8101		发行传真：010-82000893	
印　　刷：北京中献拓方科技发展有限公司		经　　销：新华书店、各大网上书店及相关专业书店	
开　　本：720mm×1000mm　1/16		印　　张：18.75	
版　　次：2024年12月第1版		印　　次：2024年12月第1次印刷	
字　　数：278千字		定　　价：98.00元	

ISBN 978-7-5130-9654-6

出版权专有　侵权必究

如有印装质量问题，本社负责调换。

序

在这个全球化日益深入的时代,跨文化交往已成为我们无法回避的现实。作为一名多年从事文化传播研究的学者,我深感张立刚博士的这部著作《儒家文化与现代交往理性》恰逢其时、切中肯綮。在传统社会中,人们往往认为共同的信仰和价值观是社会统一的基础。然而,事实远非如此,我们不能忽视全球化背景下文化同质化与异质化之间的张力。正如人类学家阿尔君·阿帕杜莱在其《全球文化经济中的断裂与差异》一文中所指出的,这种张力已成为当今全球文化经济中的核心问题。一方面,全球化推动文化的趋同;另一方面,各种寻求文化自主性和身份认同的社会运动也在兴起。这种矛盾性的趋势为我们理解当代文化动态提供重要视角。

在这样的背景下,中国社会正面临来自西方社会、经济、政治体制和文化价值体系的全面挑战。如何在全球化的浪潮中保持文化自信,同时又能与世界对话,成为摆在我们面前的重要课题。张立刚博士的著作正是对这一问题的深入探讨。作为国家社会科学基金重大项目和江西省社会科学基金项目的研究成果,这部著作选题独特而富有挑战性。它不仅涉及传播思想研究,而且触及社会与文化的宏观问题。从思想史的角度来看,现代交往困境一直是一个重要的理论问题,受到哲学、社会学、传播学等多个学科领域的关注。在这方面,马克思的精神交往论深刻揭示了人类精神交往的本质、特点和规律。这一理论不仅具有重要的理论价值,而且对指导我们理解现代社会的交往现象、推动文化交流与融合、促进社会和谐发展及指导信息传播实践等方面都具有重要的实践意义。当然,我们也要高度关注哈贝马斯等著名学者的理论贡献,特别是哈贝马斯的交往行为理论，这一理论也为我们理解现代社会的交往问题提供了重要的理论框架。

张立刚博士从化解现代交往困境的角度重新审视儒家思想资源，这一尝试无疑具有重要的理论价值和现实意义。儒家的沟通伦理，作为一种基于合理交往的思想提炼，为我们思考当代社会的交往问题提供独特的视角。特别是在新儒家思想的影响下，这种视角更显其当代意义。杜维明、成中英等学者对儒家思想的现代诠释为我们重新理解儒家文化在当代社会中的价值提供重要启示。同时，我也关注著名的哲学家、思想家、美学家李泽厚先生的重要学术观点。李泽厚认为，儒家思想中的某些元素有可能成为抵御西方社会思想弊端的一种理论。例如，儒家思想强调社群满足在先、个人享受在后，这与西方个人中心主义强调的个人价值凌驾于集体之上形成鲜明对比。在面对西方个人中心主义、金钱至上等思想弊端时，儒家思想中的集体主义、伦理道德观念等可能提供一种不同的思考角度和价值导向。我认为，李泽厚的观点基于儒家思想的历史地位与演变、儒家思想对现代社会的适应能力及其蕴含的独特价值导向。这就涉及一个更为重要的学术问题，即儒家思想（包括新儒家思想的发展）需要不断进行自我革新和现代性转化，以适应不断变化的社会环境和文化挑战。

本书必将为学界提供一个重要的议题。它不仅有助于我们深入理解儒家文化与现代交往理性的关系，而且为我们思考如何在全球化背景下构建具有中国特色的交往模式提供重要启示。无论是对个人的日常交往，还是对构建更大范围的共同体，这部著作都具有重要的参考价值。在这个文化多元、价值多元的时代，我们比以往任何时候都更需要这种深入而富有洞见的研究。我相信，张立刚博士的这部著作将为我们理解和应对当前的跨文化交往挑战提供重要的思想资源。它不仅是对儒家文化的深入探讨，更是对现代交往理性的重要贡献。在全球化与本土化的张力中，在传统与现代的对话中，这部著作算是一本有勇气的尝试探讨之作。作为一名长期关注文化传播研究的学者，我衷心希望这部著作能引发学界的关注甚至讨论，以推动跨文化交往研究的深入发展。同时，我也期待这些研究成果能够在实践中得到运用，为构建更加和谐、包容的全球文化秩序，特别是建设中华民族现代文明贡献中国卓越的智慧。

是为序。

孟　建

2024年9月于上海跬步斋

前　言

现代化是一个全球性进程，不同的文化圈具有不同的现代性面貌。自20世纪80年代以来，许多反思现代性学者，如贝克、吉登斯、鲍曼、阿伦特等人发现，现代社会的个体化进程产生了一系列现代社会的交往弊病。"脱嵌或解域""去传统""时空分离""全球化""再嵌""反思性"等理论成为理解当前现代社会变迁与社会失序的重要维度。如今，现代人的日常交往中充斥着"后真相""个体孤独""知识的不确定""多元价值与文化冲突""风险社会"等一系列现代社会的交往困境。

交往是传播学研究中的一个重要概念，它与传播、沟通在语义上既有交叉又有区别。交往侧重于人与人、个体与社会之间关系的建立。现代社会是由众多社会个体通过连续的交往过程形成的一张超大且复杂的社会之网，参与者通过语言、符号、媒介等赋予彼此沟通与理解的意义，人们在交往的关系中产生了共通性的理解，社会结构也正是由交往的共通性建立起社会秩序的原理。中国儒家文化为现代中国迈入现代化进程提供了很多有价值的参考与引导，尤其是儒家的沟通伦理让现代中国社会自我消解很多现代性的弊病。正是儒家的沟通伦理在现代社会中的协调作用，使中西方社会在沟通的伦理上找到共通的语言，从而为中西方文化的对话提供新的可能。

儒家的沟通伦理如何疏解现代社会的交往困境这一问题，最早可以从康德、胡塞尔、海德格尔、哈贝马斯等西方思想家的理论中寻找解困的踪迹。但是回归问题本源，中国儒家所倡导的"内圣"之学与"天人合一"的沟通伦理在交往的观念上一定程度地弥补了西方社会"主客二元"与"理性"精神的不足。这对西方现代性的研究有重要的理论借鉴意义。

本书的主要内容有：探索现代社会在交往过程中如何成形与运作，主要围绕现代社会如何成形、现代社会秩序如何可能、现代社会如何变迁这三个问题，展开对交往与社会秩序关系的脉络梳理；分析现代社会如何走向个体化趋势，以及为什么出现现代社会的交往困境，以反思性现代理论为中心，探讨西方现代社会危机产生的根源；分析儒家的"仁爱"沟通伦理如何对现代西方社会的精神内核进行补足与更新，借助康德、海德格尔、王阳明、牟宗三等思想家的理论，找到儒家的沟通伦理进行现代性转换的可能；分析儒家的沟通伦理如何在实践过程中进行现代性转换，主要从交往的观念、结构、过程这三个方面展开论述；分析儒家沟通伦理的现代性价值，如通过疏解现代性交往困境来促进中西方文化之间的对话，建立一种"人类共同命运"的全球秩序观。

笔者认为，儒家的沟通伦理对现代社会的交往关系有着重要的调节作用，这种影响不仅能够帮助现代人一定程度地疏解交往困境，而且能够为现代社会的交往关系增添伦理的色彩，从而为更新现代社会的秩序提供新的可能与指导方案。另外，正是儒家沟通伦理在现代社会秩序中的协调作用，使中西方社会在沟通的伦理问题上找到共通的语言。这不仅为中西方文化对话提供新的可能，而且突显儒家思想在人类文化整体发展中的独特价值。

目 录

第一章 绪 论 ·· 1
    第一节 现代社会中的交往困境 ·· 2
    第二节 现代社会与儒家伦理的传播社会学阐释 ······················· 11
    第三节 疏解现代交往困境的儒家伦理方案 ······························ 46
    第四节 研究的理论视角与基本框架 ·· 54

第二章 现代社会的构成与运作 ·· 62
    第一节 现代社会如何可能 ·· 62
    第二节 现代社会秩序如何可能 ··· 74
    第三节 现代社会如何变迁 ·· 81

第三章 现代社会的个体化趋势与交往困境 ························· 87
    第一节 现代社会的个体化 ·· 88
    第二节 现代社会的交往困境与认同危机 ······························· 107
    第三节 全球化与新技术的冲击 ··· 123

第四章 儒家"仁爱"沟通伦理的现代性可能 ··················· 130
    第一节 厘清"知识"与"道德"的边界 ······························· 132
    第二节 从"主客二分"到"天人合一" ································· 152
    第三节 对从"人与物"到"人与人"秩序观的反思 ············· 172

第五章 儒家"仁爱"沟通伦理的现代性转换 ……187
第一节 现代社会交往伦理的普遍法则 ……188
第二节 现代社会共同价值观的塑造 ……199
第三节 现代社会家庭共同体的再嵌入 ……206

第六章 儒家"仁爱"沟通伦理的现代性价值 ……213
第一节 疏解现代社会的交往困境 ……213
第二节 重释中西方文明的冲突论 ……245
第三节 人类命运共同体秩序的打造 ……251
第四节 中西方跨文化交往的实践方案 ……256

结 语 ……274

参考文献 ……277

后 记 ……289

第一章 绪 论

许倬云曾说，在混沌之中，我们应该怎么办？恐怕不会有先知、救世主或是万世师表来开导我们。在这个大的浪潮之下，每个人的力量是薄弱的，声音是微细的。但我们必须要自救，不能等先知和圣者来救我们，我们必须自己救自己。❶

现代社会是由互动构成的网络，参与者通过使用符号给自己和他人的行动赋予意义，而社会制度也是由人的相互作用建立起来的，社会秩序的原理才是传播学起源的真正奥秘。❷作为一门学科，虽然传播学（Communication）在20世纪诞生于美国，但是作为研究"交往"的学问，它的历史起源于2000多年前的欧洲。古巴比伦塔让全世界语言相通的人聚在了一起，但因语言不通又让全世界的人彼此分散和隔离。❸重建巴比伦塔始终是人类渴望获得的理想乌托邦，在乌托邦的世界里"交往"（communication）是让人类最快乐的事情，人人敞开心扉没有误解，心与心的交流可以让人们无拘无束。然而，在现实世界里人与人之间心灵交流的失败让我们时刻怀疑人际"交往"问题，盘根错节的个体差异与文化冲突时刻让我们陷入深深的怀疑，我与他者、私密与公共、内心想法与言辞表达在交往过程中发生激烈碰撞。

---

❶ 许倬云.我们走向何方[J].开放时代，2000（5）：5-12.
❷ 吴飞.何处是家园？——传播研究的逻辑追问[J].新闻记者，2014（9）：40-47.
❸ 许正林.欧洲传播思想史[M].上海：上海三联书店，2005：115.

第一节 现代社会中的交往困境

"现代化"（modernization）一词作为人文社科领域的一个"高频"术语，常被用来描述现代发生的社会现象和文化变迁现象。根据保尔·马格纳雷拉（Paul J. Magnarella）的定义，现代化是发展中的社会为了获得发达的工业社会所具有的一些特点，而经历的文化与社会变迁的全球性过程。❶现代化进程起源于西欧，欧洲的文艺复兴、启蒙运动、科学革命、工业革命等使西欧很早就完成现代化转型（modernization transformation），其政治、经济、法律、艺术、科学等领域发生了革命性的变化。西欧的现代化转型以其普世性特征在全世界扩张，如今很少有哪个社会能够拒绝来自西方现代性话语的挑战。"现代性"（modernity）一词区别于现代化，它是指现代社会的性质或者特征。❷现代性不仅作为一个时间性名词存在，而且其具有丰富的实质性内容和意义。一方面，现代性包含极为抽象的哲学上的宇宙观、人生观及价值观；另一方面，它也包含承载这些观念及价值的具体建制（institutions），以及物质层次上的器物。❸马克斯·韦伯（Max Webber）把现代世界看作一个自相矛盾的世界，他认为，人们要在其中取得任何物质的进步，都必须以摧残个体创造性和自主性的官僚制的扩张为代价。❹也就是说，现代性的历史过程实际上是理性化（rationalization）的结果，理性化是现代性最主要的特征，人类的各种建制都是根据工具-理性或目的理性原则设立的。在解魅的世界里，价值与意义只能由人的主观所赋予。

---

❶ 威廉·A.哈维兰.当代人类学[M].王铭铭，等译.上海：上海人民出版社，1987：475.
❷ 夏光.东亚现代性与西方现代性：从文化的角度看[M].北京：生活·读书·新知三联书店，2005：5.
❸ 石元康.家国同构与政教合一：论儒家政治传统与民主政治之异质性[M]//曹天予，钟雪萍，廖可斌.文化与社会转型.杭州：浙江大学出版社，2006：125.
❹ 安东尼·吉登斯.社会的构成：结构化理论大纲[M].李康，李猛，译.北京：生活·读书·新知三联书店，1998：60.

一、传播、交往与沟通的概念辨识

美国传播学者埃弗里特·罗杰斯（Everett M. Rogers）曾说："任何涉入一条新的河流的人都想知道这里的水来自何方，它为什么这样流淌。"❶从学科的历史来看，传播学是一门年轻的学科，获得学科自主地位的时间很短。法国学者埃里克·麦格雷（Éric Maigrer）在《传播理论史：一种社会学的视角》的开篇中说："传播研究难，难在对于传播研究的对象几乎不可能有科学、精确的定义。随着各种学者、政客、工业人士、信息技术人员、记者等各执一词，传播这个概念变得如此宽泛，以至于它所覆盖的内容彼此根本无法协调。传递、表达、娱乐、促销、解释、再现、商议……大家都想让自己的定义占主导。"❷正是传播在概念上的模糊，传播学在学科边界上出现了不同的划分。

20世纪40年代，美国学者威尔伯·施拉姆（Wilbur Schramm）为了回应当时社会对大众传播的普遍关注，在美国创建大众传播学这门学科的基本框架，使很多人认为传播学就是大众传播学、信息传播学。事实上，传播学的边界与内涵远不止美国传播学所确定的基本框架，今天在诸多传播研究中，到早期学者、其他学科中寻找传播思想的源头与理论脉络，正是传播学这门年轻学科得以发展的重要途径。

在汉语中，"communication"一词可被译为传播、交往、沟通，通常被理解为人与人之间的相互联系与沟通。"传播"（communication）一词具有丰富的历史内涵，最早源于拉丁文communictio或communcare，意为告知、分享、使之共同。这个词在14—15世纪进入法语和英语世界，其词根mun-（not uni-）和英语中的丰厚（munificent）、共享（community）、意义（meaning）及德语

---

❶ 埃弗里特·罗杰斯.传播学史：一种传记式的方法[M].殷晓蓉,译.上海：上海译文出版社,2012：1.
❷ 埃里克·麦格雷.传播理论史：一种社会学的视角[M].刘芳,译.北京：中国传媒大学出版社,2009：前言3.

中的礼俗（gemeinschraft）等词有一定关系，在词义上有多个意义分支，既包含给予或告知（imparting），又包含迁移或传输（transfer or transmission），还有交换（exchange）、象征性互动（symbolic interaction），甚至和logos有类似的意义，表示人际关系发展的一种机制。❶

在早期欧洲的哲学、政治学、历史学、语言学及近代的经济学、社会学等不同学科中，"传播"问题常常被置于研究的起点与中心。❷亚里士多德曾说："人天生是政治动物，唯有人具备言语的天赋。"❸起初，communication这个词只流行于口语中，直至19世纪马克思将它理解为"交往"，并将"交往"一词引入哲学和社会学领域，才引起欧洲对交往问题的关注。根据约翰·彼得斯（John D. Peters）的描述，从20世纪20年代至今，现代社会对交往问题的理解集中在5种相互缠结的视野中，分别是"交流是公共舆论的管理、交流是语义之雾的消除、交流是从自我城堡中徒劳的突围、交流是他者特性的揭示、交流是行动的协调"❹。每一种视野都来自多种实践，古罗马诗人尤维纳利斯（Juvenal）找到传播即宣传的内核，约翰·洛克（John Locker）追溯了传播是心灵的结合，索伦·克尔凯郭尔（Soren Kierkegaard）、拉尔夫·爱默生（Ralph W. Emerson）探讨交流的失败，格奥尔格·威廉·弗里德里希·黑格尔（Georg Willhelm Friedrich Hegel）承认交流存在赌注，英国的经验主义者聚焦于交流是行动的协调。❺毫无疑问，交流激发了无数先哲对个体与社会、个体与存在、个体与真理、个体与心灵等多层关系的思考。

"传播"是20世纪典型的观念之一，"communication"一词获得现代意义的"传播"是在20世纪人们对"媒介"问题关注后，在此之前，communica-

---

❶ 约翰·彼得斯.交流的无奈：传播思想史[M].何道宽，译.北京：华夏出版社，2003：6-8.
❷ 许正林.欧洲传播思想史[M].上海：上海三联书店，2005：115，9.
❸ 亚里士多德.政治学[M].郭仲德，译.西安：西北大学出版社，2016：4.
❹ 约翰·彼得斯.交流的无奈：传播思想史[M].何道宽，译.北京：华夏出版社，2003：17.
❺ 约翰·彼得斯.交流的无奈：传播思想史[M].何道宽，译.北京：华夏出版社，2003：17.

tion一直主要是"交往"。❶"交往"一词是审视人的某种根本的交流状况，就像锁定在希腊字"逻各斯"里的含义一样。在这个意义上，传播理论和伦理学、政治哲学、社会理论具有同质性，其关注点都是社会组织中"我"与"他"、"我"与"我"、"近"与"远"的关系。❷美国社会学家查尔斯·库利（Charles Cooley）说："传播指的是人与人关系赖以成立和发展的机制。"❸他将传播看作人与人关系得以成立和发展的基础，传播介于人与社会之间的中间位置，所以库利强调的是传播的社会关系。虽然"communication"一词多义，从不同时代、不同视角会有不同的理解，但是回归本源，交流在本质上是个体之间的交往关系，以及如何达到交往意义上的理解。

如何达到交往意义上的理解，在洛克看来，"传播"实际上是人与人之间的沟通过程，在沟通中人的心灵实现对同一种意义的共享与实践，沟通创造了一个在社会成员之间共通意义上的精神空间。洛克说："人们必须借助某种媒介，使人们的思想相互沟通并理解，否则社会便不能给人们以安慰和利益。"❹任何一种传播思想都包含人与人交流的部分，沟通作为人际传播的基本方式，不仅要保证信息与媒介渠道的畅通无阻，而且要让沟通的双方在语言中共享共通的意义，从而达至心灵上的相互理解。❺洛克所理解的"传播"实际上是对"沟通"语义上的理解，"沟通"具有一定的私人性、内在感受性和语言上的去修辞化特征。❻洛克对"传播"具有沟通和相互理解意

---

❶ 约翰·彼得斯.交流的无奈：传播思想史[M].何道宽，译.北京：华夏出版社，2003：1.

❷ 约翰·彼得斯.交流的无奈：传播思想史[M].何道宽，译.北京：华夏出版社，2003：8.

❸ COOLEY C H. Social Organization：A Study of the Larger Mind [M]. First edition. London：Taylor and Francis，2017：61.

❹ 约翰·洛克.人类理解论：下册[M].关文运，译.北京：商务印书馆，1960：414.

❺ DONSBACH W，International Communication Association. The International Encyclopedia of Communication[M]. Hoboken：John Wiley & Sons Incorporated，2008：78-79.

❻ DONSBACH W，International Communication Association. The International Encyclopedia of Communication[M]. Hoboken：John Wiley & Sons Incorporated，2008：78-79.

义的论述直接影响20世纪人们对传播学的理解。根据《大英百科全书》的解释，传播是由若干人或者一群人互相交换信息的行为，其目的在于通过相互接触产生共同和协调的动作。❶徐佳士曾指出，传播的意义不仅在于设法把自己的消息或感触传给他人，而且让对方与自己建立一种共同性，产生共和、共见或共感。❷也就是说，传播的实质不仅在于通过语言、媒介将人们的所知所见或所感传播出去，而且要在沟通层面达到传受双方共同的理解和共鸣，如此传而又通，将彼此的所知、所见、所感通过沟通引起对方的共知、共见与共感。

根据上述梳理，虽然传播、沟通、交往3个词共用同一个communication的英语表述，但是在传播学的研究框架里，传播的信息、媒介之维只是传播（communication）的显象（appearance），即传播通过经验直观（empirical intuition）进入人的"感性"（sensibility）层面。而洛克、徐佳士等传播学者将communication理解为"沟通"与"理解"之维则进入更深一层的"知性"（understanding）层面，传受双方可以借助语言或者非语言方式建立共通的感觉、印象、概念，从而在意义或者表象（representation）中达及传受双方的相互理解。卡尔·马克思（Karl Marx）、爱弥尔·涂尔干（Émile Durkheim）、乔治·齐美尔（Georg Simmel）、塔尔科特·帕森斯（Talcott Parsons）、尤尔根·哈贝马斯（Jürgen Habermas）等诸多社会学家所理解的"交往"之维，则更多地体现在人与人通过communication的过程所建立的社会关系。社会关系是通过对单个"传播"（信息、媒介）与"沟通"（语言、理解）过程进行更加复杂的递归网络扩展，从而在社会结构层面产生交往意义上的共通命题。在社会交往的过程中，微观层面上传受双方所共同理解的"概念"经过规模庞大的社会交往，概念与概念产生相互的联系，进而产生命题和理论。也就是说，交往的过

---

❶ 杨孝溁.传播社会学[M].台北：台湾商务印书馆，1979：2.
❷ 杨孝溁.传播社会学[M].台北：台湾商务印书馆，1979：2.

程让人们实现社会意义的现实（reality）建构。这一过程正好在法国学者麦格雷的论述中得到印证，他说："大多数学者支持彼得·伯格（Peter Berger）和托马斯·卢克曼（Thomas Luckmann）的表述，认为现实的社会构建不仅是存在的，而且正成为趋势。"[1]为了更清晰地表述传播、沟通、交往三者的语义差别，图1-1展示它们的内涵与脉络。

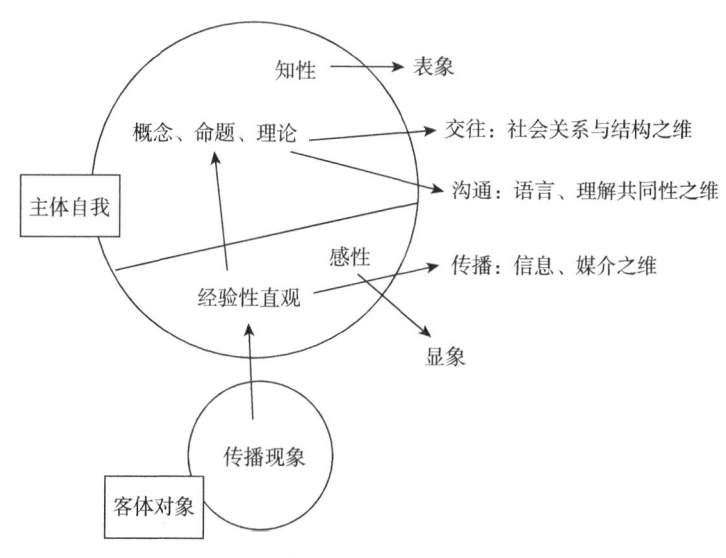

图1-1 传播、沟通、交往的内涵与脉络

二、现代社会存在的交往困境

人类交往的历史在一定程度上体现为个体之间通过沟通达到理解的程度，围绕沟通的可能性与不可能性，人类交往思想史的论述出现了"两条河流"：一条是探索人际交往的不可理解性，即心灵交流的不可能性；另一条是回到交往本身，探索人际交往对共同性的追求，强调人与人心灵交流的共通性，借助

---

[1] 埃里克·麦格雷.传播理论史：一种社会学的视角[M].刘芳，译.北京：中国传媒大学出版社，2009：14.

符号与意义的共享产生彼此之间的理解与情感上的共鸣。❶

"交流的无奈"是彼得斯对人的交往境况做出的最直接判断，他劝诫人们放弃对完美"沟通"乌托邦的幻想，任何尝试用符号建立起来的"心灵"连接。无疑都是一场"赌博"。❷从心理学上来说，威廉·詹姆斯（William James）认为，人的感知和情感是每个人独特的东西，人与人不同的思想流（streams of thought）和意识之间是相互隔绝的，这种思想之间的割裂是自然界中最绝对的割裂。❸马丁·海德格尔（Martin Heidegger）在《存在与时间》中表达对"交流即是心灵共享"这一论述的不满，认为交流或共享（mitteilung）绝对不可能是经验的传输，如观点和愿望的传输不可能是从一个主体的内心传递到另一个主体的内心。❹因此，对海德格尔来说，人与人的交流注定是失败的，尤其在公共领域里，那些想为公民提供精确信息的做法几乎是毫无意义的幻想，因为政治的逻辑是分清敌友，依靠公共舆论仅是为了政治的统治。❺

事实上，黑格尔和马克思、约翰·杜威（John Dewey）和乔治·赫伯特·米德（George Herbert Mead）、西奥多·阿多诺（Theodor W. Adorno）和哈贝马斯等思想家都认为，恰当的交流是健全社会的一个标志。❻人们对"共同性"的追求往往带有强烈的实用主义色彩和对现实的积极关怀。美国实用主义大师杜威认为，宇宙中除了物质与精神之外，还存在一种"阐释的世界"（the world of interpretation）或者"经验"（experience）世界，交流在公共的经验世界里进行，经验由共享的符号和习俗编织而成。❼交往的本质在于双方参与一

---

❶ 卞冬磊.传播思想史的"两条河流"[J].国际新闻界，2016，38（8）：6-17.
❷ 约翰·彼得斯.交流的无奈：传播思想史[M].何道宽，译.北京：华夏出版社，2003：251.
❸ JAMES W. The Principles of Psychology [M]. New York：Dover Publications，1918：147.
❹ HEIDEGGER M. Being and Time：A Translation of Sein und Zeit [M]. New York：State University of New York，1996：162.
❺ 约翰·彼得斯.交流的无奈：传播思想史[M].何道宽，译.北京：华夏出版社，2003：14.
❻ 约翰·彼得斯.交流的无奈：传播思想史[M].何道宽，译.北京：华夏出版社，2003：253.
❼ 约翰·彼得斯.交流的无奈：传播思想史[M].何道宽，译.北京：华夏出版社，2003：序言15.

个共同的世界，只有把自己放在双方共享的处境立场上，共享内在的意识，并建立一个共同的环境。在此过程中，每个人的活动都要受到合作共事的调节与修正，意义是参与的共性和行动的方法，误解只是被扰乱的互动，而并非心灵不能融合。❶米德与杜威观点类似，他说："如果交流能够进行并且达到完善的状态，就会使得每个个体都会在自身做出他知道他在共同体中引起的那种反应。"❷

在彼得斯的论述中，哈贝马斯对交往共同性的追求最引人瞩目，他的"交往行动理论"综合米德的符号互动论、路德维希·维特根斯坦（Ludwing Wittgenstein）的语言游戏、约翰·奥斯汀（John Austin）的言语行为及汉斯·伽达默尔（Hans Gadamer）的解释学等理论，提出人类在使用语言的过程中，蕴含了追求真理是通过反复地讨论而达致共识。❸"交往理性"是分析社会行为的框架，在人类交往的言辞情境里实际上指涉人与人之间的交往脉络，人对语言的使用显示人倾向于追求一种自主性和负责任的生活。哈贝马斯的交往理性是企图以双向理解的知识观替代工具理性式的单向理解模式，从而探索出现代人逃离工具理性控制的出路。❹实际上，法国社会学家涂尔干的功能主义思想也暗含了人际交往的共通性观念，涂尔干从"仪式"中找到灵感，发现在个人之间的社会互动过程中，某种共享的情感或者称为"集体良知"被生产出来，进而转化为道德感，这种基于共同经验产生的共同观念被涂尔干称为"机械团结"。❺然而，随着社会劳动分工的不断细化，人们所经历的生活环境各不相同，彼此之间的共同点大大减少，但是因为在市场交换中人们要不断地与他人进行交往，对他人的观点也有所了解，于是一种新的、更

---

❶ 约翰·彼得斯.交流的无奈：传播思想史[M].何道宽，译.北京：华夏出版社，2003：16.

❷ 乔治·赫伯特·米德.心灵、自我与社会[M].赵月瑟，译.上海：上海译文出版社，2005：253.

❸ 卞冬磊.传播思想史的"两条河流"[J].国际新闻界，2016，38（8）：6-17.

❹ 阮新邦，林端.解读《沟通行动论》[M].上海：上海人民出版社，2003：3.

❺ 兰德尔·柯林斯，迈克尔·马科夫斯基.发现社会之旅——西方社会学思想述评[M].李霞，译.北京：中华书局，2006：158.

为温和的社会良知的形式出现，涂尔干将这种新的社会集体良知形式称为"有机团结"，就像身体的各个器官，这种有机团结仍然为集体归属提供了坚实的基础。❶

当人类进入现代社会的发展阶段时，交往的共通性这一普遍共识正在遭受现代人的怀疑。正如彼得斯所说，任何试图通过言说达到心灵相通的交流都是虚妄的，人的交流在本质上就是无奈的。现代人拥有最先进的媒介传播工具，全球互联网技术让人类可以在任何时间、任何地点与任何人进行语音、文字、图像、视频，甚至全息投影式的传播与对话。但是，我们一旦将观察视角放在社会交往的层面，就会发现这个时代有太多的误解和冲突。"低欲望社会""后真相""现代社会的个体孤独""多元文化的冲突"等一系列热词频繁出现在人们的日常生活中。不仅如此，城市生活的"快节奏"正让更多的现代人每天奔波在教育、劳动力与消费市场中，人与人通过语言所建立的"生活世界"不断被挤到边缘。"我的朋友圈里没有朋友"，这句话说出了很多现代人的心声。正如渠敬东教授所说："这个时代的紧张太需要化解了，从韦伯那里就已经听到了这样的呼声。"❷

不仅如此，在社会的文化与政治层面，现代人也正经历着由全球化带来的无处逃避的"远方苦难与危机"。尤瓦尔·赫拉利（Yuval Noah Harari）在其《今日简史》一书中写道："假新闻横行，我们能怎么办？新的世界大战即将爆发吗？哪个文明主宰着世界，是西方、中国，还是阿拉伯？欧洲应该向移民敞开大门吗？民族主义能否解决不平等和气候变化的问题？我们该如何应对恐怖主义？"❸这些疑问不仅是西方学者的呐喊，而且反映了当前中国社会面临现代化与全球化所带来的困境。现代化是一项全球性事业，全球化的传播、沟通与

---

❶ 兰德尔·柯林斯，迈克尔·马科夫斯基.发现社会之旅——西方社会学思想述评[M].李霞，译.北京：中华书局，2006：158-166.
❷ 渠敬东.涂尔干的遗产：现代社会及其可能性[J].社会学研究，1999（1）：31-51.
❸ 尤瓦尔·赫拉利.今日简史：人类命运大议题[M].林俊宏，译.北京：中信出版社，2018：序言.

交往让现代化进入世界的每一个角落，几乎没有谁能够抵抗现代化的"魅力"。但是，现代化又是一把"双刃剑"，现代性的后果与危机正在世界的多数地区蔓延，如何理解现代性危机、如何在交往中把握现代性困境，成为当前最紧迫的时代命题。

第二节　现代社会与儒家伦理的传播社会学阐释

19世纪末的经典理论社会学家为分析人与人之间的关系已经做好基础的理论铺垫，他们的分析为20世纪的人际传播和大众传播研究打下基础。虽然19世纪的理论家没有以传播的方式命名，但是传播研究的第一步正是通过由人所维持的种种关系生成我们所居住的这个世界，因此马克思提出社会关系的概念、涂尔干提出"集体良知"的社会事实、韦伯提出社会行动的详细分类。[1]也就是说，将传播视为"交往"正是19世纪那些社会学奠基人的最初构想，他们认为，那些构建社会现实的意义或者权力变量都能够促成社会的团结或者分裂。思考人的境况，除了马克思、涂尔干、韦伯3位社会学大师之外，齐美尔、斐迪南·滕尼斯（Ferdinand Tönnies）、加布里埃尔·塔尔德（Gabriel Tarde）等理论家同样以两人或多人之间的交往关系作为理论出发点，呈现交往与社会之间的脉络。

一、交往与社会秩序的关系脉络

西方的社会理论将"交往"视作一种社会行动，在交往中探讨社会秩序的出路主要依托西方的理性精神，从行动、规范、结构、功能等领域中探索发掘

---

[1] 埃里克·麦格雷.传播理论史：一种社会学的视角[M].刘芳，译.北京：中国传媒大学出版社，2009：14.

社会秩序的密码。然而，自20世纪80年代以来，社会学理论开始出现解释的危机。随着社会个体化趋势的不断深化，社会学理论开始在宏观与微观、行动与秩序、矛盾与整合、结构与文化等范式中重新整合，从各种不同的角度思考后现代社会问题。与此同时，东方的儒家伦理学说实际上也致力于探讨交往与社会秩序的问题。在历史变迁中，儒家的仁爱交往伦理曾有过辉煌的岁月，但是在现代社会语境中，儒家思想在面临许多新的问题时解释无力，难以起到现实的指导作用。从社会知识观的角度出发，探讨各自理论的出路与互相之间的包容或许成为新的研究范式。

（一）"交往"与"秩序"的早期学说

如何在"交往"中建立共通的理念，也就是"communication"作为研究交往的学问，实际上最早可追溯到古希腊时期赫拉克利特（Heraclitus）的"逻各斯"（logos）观念。逻各斯是希腊文logos的音译，作为一个哲学概念，首次由赫拉克利特提出，本义是指"神话""预言"等言说行为，但是在使用中它的意义日益变得混杂并渐渐失去本意。格思里（Guthrie）在《希腊哲学史》中指出，"逻各斯"最本质的意义有两层：一是作为一种可见的行为，即"言说"，以及从"言说"派生出来的"写""思想""推理"等；二是作为"尺度"和"权衡"概念，正如赫拉克利特在讲到宇宙过去、现在和将来永远是一团永恒的活火时，说它"按一定的尺度（metros）燃烧，按一定的尺度熄灭"❶。这与火变为海，海变为土，而土又被分解为海，也就是万物的转化，都是按照一定的、相同的"逻各斯"转化的。❷因此，塞克斯都·恩披里柯（Sextus Empiricus）将赫拉克利特的逻各斯看作统治宇宙的规律，即逻各斯是每个人所共同的，不是每个人私有的，它是普遍的和客观的。赫拉克利特告诫人们："不

---

❶ 汪子嵩，陈村富，包利民，等.希腊哲学史：第1卷[M].北京：人民出版社，1988：454.
❷ 汪子嵩，陈村富，包利民，等.希腊哲学史：第1卷[M].北京：人民出版社，1988：454.

要听我的话，而要听从'逻各斯'，承认一切是'一'才是智慧的。"❶作为一个理性主义者，赫拉克利特明确指出了理性与感性的区别，他说"虽然'逻各斯'是共同的，但大多数人还是按他们自己私自的理解那样生活着"。正如普罗泰戈拉（Protagoras）所说"人是万物的尺度"，每个人的感觉与理性不同，感觉只是一个相对的概念，要上升到理性，人只有在清醒的时候感觉才是共同的。因此，人只有理智地说话，清醒地思考人人所共同拥有的东西，正如城邦依靠法律一样，才能使一切达到真正的治理秩序。法律是共同的，一个城邦的法律就是这个城邦所有人的共同之物，它是由人制定的，但它们应该服从一个更高的神圣的法律，那就是"逻各斯"。❷苏格拉底（Socrates）在"逻各斯"基础上强调人的理性思维是探究事物本质的根本，他主张人通过理性认识的真理具有绝对性。运用"逻各斯"，即逻辑的方法来分析事物如何从现象到达本质，揭示一类事物的共同本质属性，从而可以阐明这类事物存在的因果本性，就是苏格拉底所说的理性的知识。❸因此，基于这一理解，苏格拉底提出"善"的学说。"善"是一切普遍本质都具有的属性，它不仅是伦理范畴，而且是本体论范畴，适用于一切的存在，人通过理性万物，最终目的是达到终极的"善"。❹

事实上，柏拉图（Plato）是第一位把"交往"与"社会秩序"进行关联的先哲，他将"交往"描绘成是人际沟通的理想。❺他的"理想国"政治学说正是在赫拉克利特的"逻各斯"和苏格拉底"善"的思想基础上，提出一个好（善）的国家应该具有智慧、勇敢、自制、正义4种美德。一个理想的国家，实际上就是让哲学家为王，哲学家具有最高智慧，爱好真理，不追求肉体的快乐和物

---

❶ 赫拉克利特.赫拉克利特著作残篇[M].T. M.罗宾森，楚荷中，译.桂林：广西师范大学出版社，2007：33.
❷ 汪子嵩，陈村富，包利民，等.希腊哲学史：第1卷[M].北京：人民出版社，1988：495.
❸ 汪子嵩，陈村富，包利民，等.希腊哲学史：第2卷[M].北京：人民出版社，1988：401.
❹ 汪子嵩，陈村富，包利民，等.希腊哲学史：第2卷[M].北京：人民出版社，1988：410.
❺ 约翰·彼得斯.交流的无奈：传播思想史[M].何道宽，译.北京：华夏出版社，2003：5.

质的欲望，不怕死，不贪财；他们敏于学习，有良好的记忆；他们能够制定并保卫美、善和正义的法律。哲学家的这种本性使其很容易认清事物的"相"（idea）。❶柏拉图不仅是一位哲学家，而且是一位积极献身于政治的人物。3次西西里之行让他深深地陷入对政治的思考，他对雅典的现实政治感到失望。探讨如何治理国家的思想使柏拉图成为西方政治思想史上第一个提出系统学说的人。❷

亚里士多德这句"人是政治的动物"的著名论断，一直是西方社会思想理论对人性最重要的预设之一。亚里士多德所生活的时代是古希腊的城邦社会，其主要由家庭和家族构成，在政治意义上由男人联盟为组织基础的城邦在情感纽带上克服家庭和家族的区隔化，城邦是最大的城市共同体。随着城市的独立和政治意义上的自治，人们更加看重朋友之间的平等和对朋友的自由选择，友谊使人在更大的空间内获得幸福，城邦则是人们能够实现自己理想和目的的最佳场所与最完美的共同体。❸在亚里士多德看来，人与秩序的关系实际上就是人与他人的交往关系，也是人与城邦共同体的关系。亚里士多德的概念结构由政治和伦理构成，政治概念包含个人与社会秩序的关系，而伦理概念则关涉个人与个人的关系，伦理与政治在本质上建基于个体之间"交往"关系的相互渗透。❹

（二）"交往"与"秩序"的现代脉络

这个世界从未平静过，人类面临的问题更加复杂。在全球化高速交往的今天，我们以与技术发展相同的速度创造出无法测算的不确定性，人类正在进入全球范围的现代社会。经济危机、气候变化、恐怖主义、文化冲突等一系列全

---

❶ 汪子嵩，陈村富，包利民，等.希腊哲学史：第2卷[M].北京：人民出版社，1988：410.
❷ 汪子嵩，陈村富，包利民，等.希腊哲学史：第2卷[M].北京：人民出版社，1988：1091.
❸ 秦明瑞.社会秩序是如何可能的：卢曼社会系统理论的解释[J].社会理论学报，2014，17（1）：85-128.
❹ 亚里士多德.尼各马科伦理学[M].苗力田，译.北京：中国人民大学出版社，2003：193-194.

球性问题从来不是单独出现的,它们相互交织、相互影响、相互渗透,各种危机的关联性加剧战略断层。身处现代文明,社会秩序依然是人类生存永恒的话题。

　　社会秩序是什么?在现代汉语中,"秩序"的解释有两条:一是犹言次序;二是指人和事物所在的位置,会有齐整守规则之意。❶"秩序"(order)一词源于古希腊语"ordo",它包括内部秩序和外部秩序两个类别。在现代社会科学的理论中,社会秩序是诸多社会学科共同关注和研究的对象。在社会学领域,根据程继隆《社会学大辞典》的解释:"社会秩序"是指社会共同体在运动、变化的过程中,其内部各方面或社会活动和社会关系的各方面相对平衡、稳定、和谐的发展状况。❷我们可以从两个角度来理解社会秩序:一是行为秩序,它体现在人们的日常互动中,通过遵守和维护社会规范来实现。这种秩序使社会关系保持相对稳定,确保社会生活能够正常进行。二是结构秩序,包括生产关系与生产力的适应,以及上层建筑与经济基础的协调。此外,结构秩序还体现在社会的各种结构中,如阶级、分层、组织、人口和家庭等结构的相对稳定。同时,它也体现在社会各个领域中,即经济、政治、教育、文化、科技等方面的平衡与协调发展。这两种秩序共同构成完整的社会秩序,确保社会的稳定运行和持续发展。❸但不同学科由于不同的研究视角、研究目的和侧重点,所以社会秩序研究所得出的结论也不尽相同。奥地利经济学家哈耶克(Hayek)认为,"社会秩序"这个概念内涵复杂,正如它的近义词"系统"(system)、"结构"(structure)和"模式"(pattern)一样难以把握。❹社会秩序是人类社会生存的基础,也是维持人类社会生活的重要条件。任何社会都遵循一定的秩序

---

❶ 辞海编辑委员会.辞海[M].北京:中华书局,1965:3369.
❷ 程继隆.社会学大辞典[M].北京:中国人事出版社,1995:293.
❸ 程继隆.社会学大辞典[M].北京:中国人事出版社,1995:293.
❹ 弗里德里希·哈耶克.致命的自负——社会主义的谬误[M].冯克利,胡晋华,译.北京:中国社会科学出版社,2000:12.

轨道，一切重大的社会变革往往是秩序转换的信号或先导，同时也是一系列秩序变动的产物。❶

社会秩序如何可能？根据德国社会学家尼可拉斯·卢曼（Niklas Luhmann）的观点，社会秩序如何可能这一问题实际上是晚近思想家提出来的。❷也就是说，古希腊时期以柏拉图、亚里士多德为代表的先哲思考社会秩序问题的逻辑起点仅是传统的"共同体"，理论建设的基础尚未进入"社会"这一阶段。根据帕森斯的观点，社会理论的最高目标就是解决社会秩序问题，秩序问题对理解社会体系的边界极为重要，因为它被定义为整合问题，即在面对导致人们"互为仇敌"的利益分配时，它仍然能使社会成为一个整体。❸

托马斯·霍布斯（Thomas Hobbes）是最早开启"社会"与"秩序"这扇大门的欧洲思想家。霍布斯很早就拟定一个方案，方案的核心和基础就是把人类行为当作关于人、社会和国家的科学所需的材料。❹在霍布斯看来，亚里士多德的核心主张对人性的理解过于浅薄，他只看到了人类聚集在一起，喜欢相互交往，却没有深究背后的真正原因。人之所以进入社会、彼此交往，并非出于人的自然本性，而是加诸人的自然本性之上的偶然性。人与人之间的交往不是出于友爱，而是出于自爱。❺实际上，这一问题可以表述为"霍布斯的社会秩序"问题。霍布斯是欧洲现代政治哲学的创始人❻，根据他的自然状态学说的逻辑，人与人之间的自然状态实际上是彼此之间的战争状态，是人类自身自然激情的必然结果。❼为了和平与自卫，保障众人的安全，霍布斯

---

❶ 解彩霞.现代化·个体化·空壳化：一个当代中国西北村庄的社会变迁[M].北京：中国社会科学出版社，2017：33.

❷ 秦明瑞.社会秩序是如何可能的：卢曼社会系统理论的解释[J].社会理论学报，2014，17（1）：85-128.

❸ 安东尼·吉登斯.社会的构成：结构化理论大纲[M].李康，李猛，译.北京：生活·读书·新知三联书店，1998：60.

❹ 尤尔根·哈贝马斯.交往与社会进化[M].张博树，译.重庆：重庆出版社，1989：2.

❺ 李猛.未完成的"自然社会"：现代社会的人性基础与规范构成[J].社会，2016，36（6）：78-96.

❻ 唐学亮.霍布斯研究：百年回眸[J].社会科学论坛，2017（6）：41-66.

❼ 托马斯·霍布斯.利维坦[M].黎思复，黎廷弼，译.北京：商务印书馆，1985：128.

认为必由之路是把众人的权利托付给某一个人，或一个能通过多数的意见把大家的意志化为一个意志的多人组成的集体，由他或他们代表众人的人格，由此形成了国家。霍布斯认识到，现代国家的建立是为了提供社会秩序，没有某种形式的社会契约就没有社会，这是霍布斯社会秩序理论基础的社会契约的本质。与此同时，国家的本质就是运用托付给它的权利和力量，对内谋求和平，对外互相帮助抗御外敌，从而获得在"人自为战"的自然状态中所不可能得到的安全保障。❶霍布斯用社会契约论来解释社会秩序的起源，即独立的个人为摆脱"人自为战"的混乱状态，相互缔结契约，形成社会秩序。从社会学创立之初，社会秩序问题就是奥古斯特·孔德（Auguste Comte）等人研究的中心问题之一。

纵观霍布斯之后的西方社会理论，从帕森斯的结构功能主义、拉尔夫·达伦多夫（Ralf G. Dahrendorf）的冲突结构理论，到乌尔里希·贝克（Ulrich Beck）的风险社会理论及安东尼·吉登斯（Anthony Giddens）的结构化理论等，其理论的焦点都是探索现代社会秩序如何可能这一核心问题，为"霍布斯的社会秩序"问题不断地做注脚。其核心内容始终贯穿着两条主线：一是依托社会个体交往所产生的社会秩序到底是自发的，还是另一种人为的秩序安排；二是围绕个体在社会交往过程中能否建立一种共识的社会秩序，还是因为交流困难而产生的各种社会冲突秩序。总的来说，西方社会理论对社会秩序的研究主要是从要素、结构、状态和过程4个不同的环节思考如何搭建社会秩序的理论大厦。遵循这个思路，西方的社会秩序理论发展出3种主要的研究范式，即行为主义范式、结构功能主义范式和冲突理论范式。结构功能主义范式主要思考社会结构内部的同质性与一致性，强调稳定的内部结构对社会秩序的重要作用，而冲突理论范式聚焦于政治、经济等各种权力、资本的不平等所带来的社会结构内部的紧张和冲突状态，强调社会的异质性对社会秩序的自我调节与整合，甚至主张只有冲突才能促进社会变迁、产生新的社会秩序。

---

❶ 托马斯·霍布斯.利维坦[M].黎思复，黎廷弼，译.北京：商务印书馆，1985：132.

一是行为主义范式。在行为主义范式中，如霍布斯的"激情论"、哈耶克的"自由秩序原理"、哈贝马斯的"沟通行动论"，它们主要强调行为主体的内在属性对社会秩序的重要作用或者局限作用。霍布斯告诉人们，在自然状态下社会处于"所有人对所有人的战争"状态，只有缔结社会契约建立国家，才能保证安全的社会秩序。霍布斯的国家学说是一种典型的人为秩序安排，帕森斯把霍布斯看作"根据行动的条件来决定论地思考问题"的典型。[1]

与霍布斯相反，哈耶克提倡一种自发的社会秩序，他认为"道德规范，尤其是我们的财产、自由和公证制度，并不是人的理性所创造，而是由文化进化赋予人类的一种独特的第二禀性。文明的演进并不能归于人的理性建构成果，而是这一过程是处在本能和理性之间的独特过程，是行为规则传统不断扩展的自发过程"[2]。哈耶克作为新自由主义的代表人物，深入探讨社会秩序形成的内在机制，并将其延伸到社会进化的整体层面，主张人类行为通过遵循规则能自发形成秩序，这种自发秩序是社会运作的基础，不需要中央集权的规划就能有效运行。这一观点成为新自由主义经济学和政治哲学的核心思想之一，不仅适用于经济领域，还涵盖社会的多个方面，包括习俗、道德、政治和法律，对后世产生深远影响。

1965年6月，哈贝马斯在法兰克福大学的就职演讲中曾经宣布："使我们人类超出自然之外的只有一件东西，那便是语言。"[3]哈贝马斯尝试从人类的言辞行为分析中找寻蕴含人类真诚沟通的本质，他认为在人类使用语言的过程中可以发现真理以达成共识。[4]他指出，西方学者一直遵循"笛卡尔范式"（Cartesian paradigm）中主客二分的理解模式，这种理性架构（rationality frame-

---

[1] 塔尔科特·帕森斯.社会行动的结构[M].张明德，夏翼南，彭刚，译.南京：译林出版社，2003：99.
[2] 弗里德里希·哈耶克.致命的自负——社会主义的谬误[M].冯克利，胡晋华，译.北京：中国社会科学出版社，2000：56.
[3] 尤尔根·哈贝马斯.交往与社会进化[M].张博树，译.重庆：重庆出版社，1989：11.
[4] 阮新邦，林端.解读《沟通行动论》[M].上海：上海人民出版社，2003：3.

work）实际上塑造并主宰近代西方传统的思考模式。❶对哈贝马斯来说，有必要提出一个崭新的理性角度来替换传统理性架构，也就是通过语言来达到"双向理解"（dialogical understanding）的沟通模式，从而使"交往理性"替换韦伯所说的"工具理性"。

二是结构功能主义范式。结构功能主义范式是西方社会秩序理论的核心，也是社会秩序最基础的理论来源和依据。早期的社会学奠基人孔德、赫伯特·斯宾塞（Herbert Spencer）、涂尔干、帕森斯、罗伯特·默顿（Robert K. Merton）及人类学家布劳尼斯拉夫·马凌诺夫斯基（Bronisław Malinowski）和拉德克利夫·布朗（Alfred Radcliffe-Brown）等多位社会理论学家都是结构功能主义理论的代表人物。结构功能主义理论强调，把社会中具有共性的各要素连接起来，形成一定的结构，达到相应的社会秩序状态。结构功能主义者强调，社会秩序是各种社会结构或体系相互作用的结果，任何一个部分的变化都会对整体的社会秩序产生影响。1859年，查尔斯·达尔文（Charles Darwin）出版《物种起源》，第一次提出了自然世界的秩序。❷斯宾塞从中受到启发，认为社会就像一个有机体，是由个人的各种行动构成的，社会的分层实际上是自然性因素的产物。那些富裕的人们是因为他们具有天赋而跻身于社会顶层，那些贫穷者则因为他们天生的缺陷而沦落下层。因此，社会不应该进行变革，任何存在的现象即是合理的和有益的。❸

孔德是从结构功能角度出发论述社会秩序原理的先驱，他提出的社会静力学正是以社会秩序的稳定为基础，与社会变迁的动力学理论相对。孔德着眼于对社会结构的剖析，强调社会作为有机体不仅是社会系统整体的存在，而且在

---

❶ 阮新邦,林端.解读《沟通行动论》[M].上海：上海人民出版社,2003：10.
❷ 兰德尔·柯林斯,迈克尔·马科夫斯基.发现社会之旅——西方社会学思想述评[M].李霞,译.北京：中华书局,2006：133.
❸ 兰德尔·柯林斯,迈克尔·马科夫斯基.发现社会之旅——西方社会学思想述评[M].李霞,译.北京：中华书局,2006：135.

社会内部存在各组织和结构之间的相互联系与作用。❶

涂尔干是结构功能主义大师，也是现代最伟大的思想巨人之一。19世纪末，法国社会一度动荡不稳。涂尔干从社会本质的角度思考法国社会，揭示社会实际上是一种人与人之间交往的仪式秩序，它是建立在人们互动的情感基础上的集体良知（collective conscience）。❷霍布斯与让-雅克·卢梭（Jean-Jacques Rousseau）所描述的"社会契约"实际上只可能在社会建立后产生，不可能先于社会。在涂尔干看来，社会团结的重要来源是个人之间的社会互动形式，即社会"仪式"中人们分享共同的注意力和情感，直到共同的思想和情感演变成超越个人之上的力量。如此，共同持有的观念就成了人们共同分享的一个道德标准的世界。❸因此，涂尔干将目光集中在社会结构上，说明社会团结意义上的结构功能主义社会秩序观。涂尔干的理论核心聚焦于"社会团结"这一概念，他强调社会秩序应建立在和谐、合作及各部分功能协调的基础上。在这种观点下，社会冲突和矛盾被视为偏离了"正常"和"自然"秩序的现象，被归为"失范"或"反常"状态。这种思想对当代结构功能主义产生了深远影响，成为该学派最为重要的基础理论之一。结构功能主义者秉承涂尔干的这一观点，将社会视为一个有机整体，各个部分相互依存、协调运作，共同维持社会的稳定和延续。涂尔干的这一理论框架为理解社会运作提供独特视角，强调社会整合和秩序的重要性。但是，这种观点也因为可能忽视社会变革和冲突的积极作用受到一些批评。尽管如此，它仍然是社会学理论的一个重要组成部分，为我们理解社会结构和功能提供宝贵的洞见。❹帕森斯是20世纪60年代著名的结构功能主义集大成者，他思考的主要问题就是解决"霍布斯的社会秩

---

❶ 刘易斯·A.科塞.社会学思想名家[M].石人，译.北京：中国社会科学出版社，1990：12.

❷ 兰德尔·柯林斯，迈克尔·马科夫斯基.发现社会之旅——西方社会学思想述评[M].李霞，译.北京：中华书局，2006：160.

❸ 兰德尔·柯林斯，迈克尔·马科夫斯基.发现社会之旅——西方社会学思想述评[M].李霞，译.北京：中华书局，2006：164.

❹ 于海.西方社会思想史[M].上海：复旦大学出版社，1997：260-261.

序"问题。与涂尔干类似，帕森斯也相信社会结构的动因存在于它与其他结构的互动交往关系中，而不是简单地存在于个体中。社会的各领域，如政治、经济、教育等都具有一定的社会功能，彼此进行功能交换与相互支持。❶在帕森斯看来，社会之所以能够避免陷入战争状态，主要是因为社会规范秩序在个体的社会化过程中被深深内化，成为个人人格的重要组成部分。这种内化过程使社会成员普遍接受并共享一套稳定的社会秩序规范。在帕森斯的理论中，社会规范秩序是独立于个人而预先存在的。通过社会化过程，这些规范被个体吸收和接受，从而形成社会成员行动的共同基础。这种共享性不仅确保个体行为的一致性，也满足社会结构系统的功能需求。换言之，帕森斯强调社会规范与个人行为之间的紧密联系。他认为，正是这种联系使社会能够保持稳定和秩序，避免可能导致社会解体的冲突和混乱。这一观点突出了社会化过程在维持社会秩序中的关键作用，也解释了为什么不同个体能够在复杂的社会结构中和谐共处。❷

20世纪30年代，美国进入经济大萧条时期，帕森斯的乐观主义理论与美国社会当时的混乱局面形成鲜明的对比。1959年，金斯利·戴维斯（Kingsley Davis）在美国社会学协会的演讲中说："在过去的10年中，结构功能主义理论遭受到越来越多的批评，但是默顿作为功能分析最忠实的捍卫者，主张从经验层面切入分析是目前可以利用的最老练的功能主义方法。"❸默顿是帕森斯的学生，发展了帕森斯的结构功能主义思想，但同时受韦伯的影响，用其功能分析经典范式分析社会秩序、社会失序问题，以促进结构功能主义理论的发展。默顿承认，虽然他所提出的结构功能分析看起来有效，但仅是作为一种方法，真正理想的应该是一种统一的综合性理论，结构功能主义理论仍然存在与现实不

---

❶ 兰德尔·柯林斯，迈克尔·马科夫斯基.发现社会之旅——西方社会学思想述评[M].李霞，译.北京：中华书局，2006：348.

❷ 杨敏.社会行动的意义效应[M].北京：中国人民大学出版社，2005：233.

❸ 玛格丽特·波洛玛.当代社会学理论[M].孙立平，译.北京：华夏出版社，1989：24.

符合的问题。❶

　　三是冲突理论范式。冲突是社会交往过程中的一个重要内容，虽然社会互动不只由冲突构成，但是对冲突问题的研究始终是解释社会秩序最重要的关键领域。一般来说，冲突论强调，人们因为有限的资源、权力和声望而出现斗争现象，它是社会的常态，也是导致社会变迁的主要动力。❷许多冲突论者的主要假设是：社会、社会设置和社会秩序主要是通过强力来维持的，并非通过共享价值观将它们"粘"在一起。社会中的强势者迫使弱势成员至少在表面上服从他们的价值观念，在这一过程中，他们在某种程度上运用了强力。❸因此，冲突论的视角不同于结构功能主义，它探求的是冲突的来源与冲突中的秩序，这种理论取向在20世纪60年代对帕森斯的功能主义形成极大的挑战，甚至一度取代功能主义的地位。马克思、韦伯和齐美尔3位社会学大师是冲突理论的奠基人，也是当今社会冲突范式理论的渊源。另外，达伦多夫、刘易斯·阿尔弗雷德·科塞（Lewis Alfred Coser）和兰德尔·柯林斯（Randall Collins）也对冲突理论的发展做出巨大的贡献。

　　马克思认为，私有制与资源分配的不平等是产生利益冲突的根源，当被统治群体意识到资源分配的不平等时，就会对系统的合法性质疑，同时在工业技术统治的逻辑中，人不断地被异化，使被剥夺群体丧失了群体成员之间相互沟通的能力，从而提升系统的合法性与统治的能力。❹

　　韦伯委婉地批评了马克思的冲突理论，认为冲突虽然不可避免，但是革命性的冲突并非像马克思所说的那样越来越激烈，真正的社会结构实际上是不可分割并相互渗透的，既有联系又有区别。❺韦伯承认社会在多个维度上存在不

---

❶ 傅铿.默顿的社会学中层理论[J].社会，1984（6）：56-58.
❷ 戴维·波普诺.社会学[M].10版.李强，译.北京：中国人民大学出版社，1999：18.
❸ 戴维·波普诺.社会学[M].10版.李强，译.北京：中国人民大学出版社，1999：18.
❹ 乔纳森·H.特纳.社会学理论的结构[M].邱泽奇，译.北京：华夏出版社，2006：163.
❺ 乔纳森·H.特纳.社会学理论的结构[M].邱泽奇，译.北京：华夏出版社，2006：164.

平等，权力、财富、威望都是激起愤恨的关键力量。但是，在人类的交往观念中，人类的理性选择与理性化过程导致现代社会进入一种工业科层制式的社会秩序状态，人越理性就越容易遭受法理系统"铁笼"的限制，结果会使人类社会受到更多科层势力的管理，而不是马克思所认为的革命性的社会变迁与乐观的人类解放。❶

齐美尔的贡献是对基本社会过程形式进行理论陈述，他认为社会的存在实际上是相互高度依赖的体系，在社会的交往互动中，虽然冲突无处不在，冲突的频率较高，但是其激烈程度较低，这种冲突模式不会导致并激发剧烈的社会变迁。这些冲突却在一定程度上释放紧张，使冲突变成常态，从而提高系统的稳定性。❷

科塞在《社会冲突的功能》一书中提出社会安全阀的观点，指出社会安全阀制度实际上是一种通过运用潜在的社会冲突来维持群体社会秩序的机制。在蒸汽发动机中，安全阀可以使剧烈的蒸汽不断地排出去，这种排出不仅不会破坏整体的结构，而且能帮助混乱的群体净化空气。社会正是通过这种安全阀制度发泄敌意，才使系统不断自我调整以适应新的压力。❸因此，在科塞的功能冲突理论中，社会冲突不仅不会导致系统的崩溃，反而会促进冲突双方的内部整合，增加系统的适应性与灵活性。但是，在达伦多夫看来，科塞的功能冲突理论过于平和，真正的社会冲突实际上是剧烈的，并能引起资源重新分配，这种冲突会导致社会秩序的重组与系统的重建，从而催生新的不平等分配方案。❹达伦多夫的辩证冲突理论与科塞的功能冲突理论都受到马克思、韦伯、齐美尔理论的影响，使当代的冲突理论更加多样化。

---

❶ 乔纳森·H.特纳.社会学理论的结构[M].邱泽奇，译.北京：华夏出版社，2006：164-167.
❷ SIMMEL G, WOLFF K H, BENDIX R.Conflict and the Web of Group Affiliation [M]. Glencoe, IL: Free Press, 1955: 195.
❸ 刘易斯·A.科塞.社会冲突的功能[M].孙立平，等译.北京：华夏出版社，1989：41.
❹ 玛格丽特·波洛玛.当代社会学理论[M].孙立平，译.北京：华夏出版社，1989：98.

美国社会学更大的优势在微观社会学方面,如柯林斯在1970—1980年发展出冲突理论与互动仪式链,在传统冲突理论的基础上形成自己的综合冲突理论,认为传统冲突理论重宏观式的理论分析,而缺乏对微观现象的过程分析,因此他从微观的个体互动过程入手,与宏观理论相结合,建构一种既适合社会微观结构分析,又能解释社会宏观问题的综合性冲突理论。[1]

显然,虽然以上3种范式各不相同,但它们都是在人的交往中寻找社会结构或者体系对社会秩序的能动作用,从不同的视角为交往与社会秩序的研究提供重要的思考路径。在现实的社会秩序中,虽然交往与社会秩序之间关系的复杂程度远不是这3种范式所能完整论及的,但是这些范式为揭开交往与社会秩序之间的关系提供了清晰的研究脉络,让我们能够更快速、准确地掌握从交往中寻找社会秩序这一复杂问题的规律。

二、现代社会的危机与出路

现代性是当前时代的焦点问题之一,无序是现代性问题的一种特征。当我们对某一特定的情境不能进行恰当的解读时,所产生的焦虑与犹豫不决就会让人很容易感到极度的不适,所感知的矛盾性就会让人感受到一种无序。一个井然有序的世界应是这样一种世界,在这里"人们知道如何继续下去,知道如何计算事件的或然性,知道某些情境的连接及某些行动的效力可以通过恒定的规律导向期望的成功"[2]。秩序意味着非混乱状态,混乱就是无秩序,秩序与混乱像现代社会的一对双胞胎,孕育在必然与偶然并存的相互交替中。

无论是西方学界还是中国学界,对现代性的研究多数以西方国家作为出发

---

[1] 兰德尔·柯林斯,迈克尔·马科夫斯基.发现社会之旅——西方社会学思想述评[M].李霞,译.北京:中华书局,2006:466.
[2] 齐格蒙特·鲍曼.现代性与矛盾性[M].邵迎生,译.北京:商务印书馆,2003:1.

点和样本,很多学者将现代性的总体特征简单地概括为经济上的工业化、社会上的城市化、文化上的世俗化、组织上的科层化及观念上的理性化等。[1]虽然这些简单的总结抓住了现代性的主要特征,但是在具体的复杂性描述与问题剖析上仍然存在普遍的化约。从文化社会学的视角来看,西方现代性呈现复杂的图景,其中有3个主要趋势:世俗趣味的兴盛、工具理性的广泛应用及个性表现的日益张扬。要全面把握现代性的内涵,我们需要考虑多种思想潮流的影响。这些思潮包括但不限于自由主义、功利主义、理性主义、科学主义、浪漫主义和人本主义等,每种思潮都为现代性的形成贡献独特的元素。自由主义强调个人权利和自由,功利主义关注行为的实际效果,理性主义与科学主义推崇理性思考和科学方法,浪漫主义强调情感和想象力,而人本主义聚焦于人的价值和潜能。这些思想交织在一起,共同塑造西方现代性的特征。通过这种多元视角,我们可以更好地理解现代社会的复杂性和矛盾性。世俗化、理性化和个性化三大趋势既相互影响,又相互制约,形成现代性的独特面貌。事实上,经典社会理论在建构什么样的社会秩序和人心秩序的问题上疑虑重重,如涂尔干面临实证知识与道德秩序的两难,韦伯面临工具理性与价值理性的两难,齐美尔面临个体原则与社会关联、生活质态与生活量化的两难,马克思·舍勒(Max Scheler)面临本能冲动与逻各斯的两难。[2]虽然这些两难问题与地缘政治关系较远,但是回到现代社会语境,站在交往与社会秩序的角度观察,这些两难的困境与社会普遍的身体、心灵自由秩序理念及人的生活境况等问题密切相关。

(一)现代社会交往困境论争

现代性最早起源于西方,区别于现代主义(modernism)和现代化。根据美国《企鹅社会学辞典》的解释,现代主义是指起源于1880—1950年,在西方

---

[1] 张凤阳.现代性的谱系[M].南京:南京大学出版社,2004:9.
[2] 刘小枫.现代性社会理论绪论[M].上海:华东师范大学出版社,2018:12.

社会艺术领域以毕加索为代表的现代艺术思潮；现代化理论则指20世纪中叶美国社会学界对传统社会过渡到现代社会的主流范式的解释理论，主要包含政治、经济、文化和社会各领域的现代化进程，而现代性则是现代社会的特征与属性。❶

1."后现代"学说论争

关于现代性的历史起源，齐格蒙特·鲍曼（Zygmunt Bauman）说："我把现代性视为一个历史时期，它始于西欧17世纪一系列深刻的社会结构和知识转型，后来达到了成熟。"❷吉登斯认为："现代性是指大约从17世纪的欧洲起源，而后程度不同地在世界范围内产生影响的一种社会生活和组织的模式。"❸然而实际上，对现代性的历史分期有许多不同的看法。根据《企鹅社会学辞典》的解释，早在14—18世纪，伴随资本主义的兴起，现代性就开始了它的步伐。发生在15世纪的社会性改革为现代性提供理性的基础观念，随后在18—19世纪，一系列工业社会的建制逐步完善，最后到19世纪末20世纪初，伴随现代主义的步伐，现代性开始表现为文化领域内的结构转型。

直到21世纪，一些后现代主义者主张用"后现代"这个词替换现代性，也就是说，当前已不再是现代社会，而是后现代（post-modern）社会。❹后现代通常与现代性语义相对，是指当前高级的工业社会形态❺，但是根据贝克的观点，"后现代"这一概念实际上并不成立，他批评"后现代论"的激进立场，认为它放弃或否定现代性中的理性理念。贝克指出，诸如"后工业社会""后

---

❶ ABERCROMBIE N，HILL S，TURNER B S. The Penguin Dictionary of Sociology [M]. London：Penguin Books，2006：252-253.

❷ BAUMAN Z. Modernity and Ambivalence [M]. Cambridge：Polity Press，1991：4.

❸ GIDDENS A. The Consequence of Modernity [M]. California：Stanford University Press，1991：1.

❹ ABERCROMBIE N，HILL S，TURNER B S. The Penguin Dictionary of Sociology [M]. London：Penguin Books，2006：253.

❺ ABERCROMBIE N，HILL S，TURNER B S. The Penguin Dictionary of Sociology [M]. London：Penguin Books，2006：302.

启蒙"等概念反映一种悲观情绪，表明当代思想已失去理解力，陷入无所适从的困境。❶贝克质疑早期现代化理论将二战后的西方工业资本主义视为现代社会发展的普遍模式，强调现代性不能简单等同于西方的资本主义工业化。资本主义工业社会的基本特征形成于19世纪，但实现工业社会并不意味着完成现代化。当今社会状况表明，19世纪的社会构想已经过时，现代技术社会与传统工业社会之间存在明显差异。贝克认为，将现代化等同于工业化社会是现代化理论创造的一种"文化神话"。❷贝克的观点提醒我们，需要重新审视现代化的含义和路径，他强调现代性是一个持续演进的过程，不应局限于特定的历史阶段或社会模式。这种观点为理解当代社会变迁提供新的视角，挑战传统的现代化理论框架。

2.社会的个体化论争

自从孔德创立社会学以来，个体与社会的关系始终是社会理论聚焦的核心。对这一问题的回答不仅构成古典社会理论的主要脉络，而且成为现代社会理论聚焦的中心。社会唯实论与社会唯名论之争是个体与社会关系的典型之问。社会唯实论主张，社会实际上由一个个实在的个体组成，社会只是一种虚幻的存在。在韦伯看来，现代社会是一个价值多元、理性祛魅的时代，社会不再有唯一之神，个人可以通过理性的怀疑与探索精神来理解个体自己的生活。❸然而，在社会唯实论者涂尔干看来，社会实际上具有独立的属性存在，整体大于部分，社会是不依赖具体人存在的"社会事实"。❹虽然社会分工不断细化，个体分化程度也越来越高，作为个体保护者的"集体"功能越来越弱，但是个体在摆脱集体束缚的同时又不得不高度依赖社会。因此，在涂尔干看

---

❶ 乌尔里希·贝克.风险社会[M].何博闻,译.南京：译林出版社,2004：12.
❷ 刘小枫.现代性社会理论绪论[M].上海：华东师范大学出版社,2018：45.
❸ 周晓虹.西方社会学历史与体系：第1卷[M].上海：上海人民出版社,2002：372-373.
❹ 爱弥尔·迪尔凯姆.社会学方法的准则[M].狄玉明,译.北京：商务印书馆,1995：138-150.

来，个体只有被整合进社会，社会才能更加高效地运作。❶齐美尔在韦伯和涂尔干的基础上进一步提出自己对个体与社会的思考，他发现现代社会虽然促进了个体自由和活动空间的拓展，但建立在功能分化基础上的"个体化"在释放个体能量、促使个体摆脱传统社会关系束缚的同时，却使个体越来越需要一个更复杂的组织和他人的帮助才能达成，也就是说，个体在获得最大自由的同时，实际上更多地依赖他人。❷个体与社会的二元关系在诺贝特·埃利亚斯（Norbert Elias）的理论阐述中被打破。在埃利亚斯看来，传统社会中那些依托宗族、地域进行"在场"式互动的社会形态越来越被城市化和工业化瓦解，个体在离开原生群体和地域的过程中对传统共同体的认同也在减弱，个体依靠自己的劳动获得所有权和自由支配权，这种脱离社会的进程实际上是现代化文明的整体进程。❸

20世纪中后期，社会现代化进程出现不同的趋势，全球化将西方工业主义带到世界的每一个角落，尤其是随着交通技术和信息技术的发展，全球人口流动与全球信息交往成为目前现代社会的常态，世界变成广袤的"地球村"。与此同时，西方社会的体制与文化观念也在全球范围内不断拓展，"消费主义""女权运动"悄无声息地进入人们日常生活的私人空间和社会空间。在这种现代性的进程中，以前韦伯、涂尔干、齐美尔等人古典社会理论的解释正在超出他们的预想，不断推陈出新的现代性思潮似乎正在考验社会理论的解释范围，在新的坐标系中反思现代性成为20世纪中后期社会理论家的重要命题。20世纪后期，代表学者有贝克、鲍曼、吉登斯及汉娜·阿伦特（Hannah Arendt）等人。他们共同注意到，社会的个体化趋势势不可挡，走向个体化并非个体能够自由选择，而是一种强制过程，现代人必须过上"独立为自己人生负责"的生活。

---

❶ 雷蒙·阿隆.社会学主要思潮[M].葛智强，胡秉诚，王沪宁，译.北京：华夏出版社，2000：254.
❷ 乔治·齐美尔.社会是如何可能的：齐美尔社会学文选[M].林荣远，编译.桂林：广西师范大学出版社，2002：44.
❸ 诺贝特·埃利亚斯.个体的社会[M].翟三江，陆兴华，译.南京：译林出版社，2003：139-177.

鲍曼发现，社会对于个体而言是一个温馨的词，但是个体从集体中脱离出来是一个强制过程，共同体式的自然家园离个体生活日渐疏远，个体之间变得冷漠，人们只关心私人生活，进而占据公众的领域，并驱逐任何其他公共议题，私人生活成为一切的核心。最危险的是，"家庭"和"民族"作为个体触及永恒的两座桥梁在现代化后期将逐渐崩溃，社会认同将变得遥不可及。❶

吉登斯对个体化进程也抱有极大的担忧，他认为高度的个体化生活并不意味着个体对自己生活的全面掌控，而是私人生活领域的过于制度化。❷推动现代性前进的动力主要有3种力量：一是时空分离和重组，也就是随着技术的进步与普及，社会对时间和空间的重新组合构建了一种"脱域"机制，促使人与人的交往可以从"面对面的在场"模式扩展到"非在场"模式，个体生活似乎被彻底"解放"；二是社会结构的"抽离化"，即在日常生活中许多个人的经验被高度地符号化，成为专家系统中的专门技术领域，于是专业化催生系统的信任，使个体可以自由地行动与决策；三是现代性的自我反思，也就是现代社会依赖理性保持对外部制度的怀疑与自我修补，个体越来越倾向于过上自己为自己负责的独立生活。

贝克与其妻子对个体化问题的论述与其他人不同，贝克认为，现代社会的个体化进程本质上是一种"制度个体化"，也就是说，作为个体并非指生物属性上的个体，而是由一系列复杂的社会因素造成的"成为个体"的问题。❸根据贝克的论述，个体要经过"脱嵌—去传统—再嵌入"的过程最终成为现代意义上的个体。贝克将现代性分为第一现代性和第二现代性，第一现代性是指个体从传统的义务和社会关系中脱嵌出来，而第二现代性是指一种"再脱嵌"进程，意味着社会实现全员的个体化，这种制度性个体化进程使个体真正从阶级

---

❶ 齐格蒙特·鲍曼.现代性与矛盾性[M].邵迎生，译.北京：商务印书馆，2003：55.
❷ 安东尼·吉登斯.现代性的后果[M].田禾，译.南京：译林出版社，2000：100.
❸ 乌尔里希·贝克，伊丽莎白·贝克-格恩斯海姆.个体化[M].李荣山，范譞，张惠强，译.北京：北京大学出版社，2011：25.

中脱离，个体不得不"为自己而活"，独自面对各种社会问题。因此，贝克认为，自反性的现代社会必须重新"再嵌入"才能解决各种现代性问题，然而对于如何"再嵌入"，贝克似乎并未给出强有力的方案，与当前现实世界的失业、多元冲突局面形成鲜明的对比。❶

3.个体选择的非自主性论争

在贝克看来，在现代化转型的过程中，个体脱嵌的过程非常迅速，人们快速地摆脱地域、村庄、家庭、群体的限制，通过书写自己的人生来创造属于自己的生活。个体化带给个体更多的流动自由和选择权利，单独的个体努力成为社会需要的"自己为自己负责"的社会劳动者。尤其是去传统化的持续深入，女性和孩子的社会地位也随之提高，无论是受教育还是进入劳动市场，女性的选择自由比以往更多。❷所谓现代社会，实际上就是将人们从稳定的传统社会关系中解放出来，促使现代人拥有更大的自主权和选择权。然而，这些个体自由的解放实际上只是个体化进程中的去传统化阶段，一旦进入第二现代性的"再脱嵌"，即全员个体化阶段，劳动和消费会使人们进入一种"缺乏真正的个性"的制度化和标准化生活方式。❸因此，个体自由实际上只是一种虚幻的假象，个体真正的选择自由在制度化的个体化进程中逐渐被覆盖，个体必须为自己而活的生存方式有可能让个体面临短期或长期失业的个人问题。

事实上，吉登斯对现代性的观察与贝克相比更加敏锐，他发现高度的现代性实际上是一种风险文化，尤其是伴随多元政治与国家行政能力的不断强化，国家对个人的监控也越发地紧张，哪怕是世界上最偏远的角落，政治监控也达到前所未有的严密程度。尤其在当前信息技术高度发达的情况下，信息化、数

---

❶ 乌尔里希·贝克.风险社会[M].何博闻，译.南京：译林出版社，2004：105.

❷ 解彩霞.个体化：理论谱系及国家实践——兼论现代性进程中个体与社会关系的变迁[J].青海社会科学，2018（1）：111-117.

❸ HOWARD C. Introducing Individualization [M]. New York：Palgrave Macmillan，2007.

据化的管理方式成为当前时代最鲜明的特征。在这样的时代和社会中，行政力量日益涌入最为隐秘的个体行动和人际关系。❶因此，个体选择的自由只是一种相对的状态，在反思性的现代社会中，个体的生活世界仍然被系统力量侵蚀，个体表面上拥有自由的选择权，但是在生活政治领域仍然受到一定程度的限制。

4.知识的不确定性论争

美国社会学家伊曼纽尔·沃勒斯坦（Immanuel Wallerstein）在《知识的不确定性》一书中断言，在现代世界体系中，存在着知识结构的危机。一直以来，人们始终认为知识是确定的，但是随着现代性的持续深入，人们越来越发现社会科学的真正知识永远是不确定的。如何应对不确定性的可能是人类社会所面临的最长久的问题之一，远古时代的人类对自然和社会的了解远比今天我们知道得少，生存的不确定性让人类长期处于深深的恐惧之中。而今到了现代社会，现代人仍然面临着来自时间、真理、价值观等的各种不确定性可能，这种不确定性容易造成社会的不稳定，加重现代人生存的疑虑与恐惧。❷

实际上，研究不确定性可能是很多社会学家探索现代社会机理的理论起点，最具代表性的学者和成果有帕森斯的《社会行动的结构》《社会系统》，以及卢曼的《社会系统》、吉登斯的《社会的构成》、贝克的《风险社会》等。在这些著作中，现代社会的功能分化是这些学者共同认可的社会演化方式，尤其在政治、经济、法律等主要领域中，现代社会的去传统化、去结构化使在传统社会中那些稳定的知识逐渐受到现代精神的挑战和颠覆。尤其在道德领域，传统家长制越来越容易被拥有权利的个体替代。现代社会保证个体可以依靠科学

---

❶ 安东尼·吉登斯.民族-国家与暴力[M].胡宗泽，赵力涛，译.北京：生活·读书·新知三联书店，1998：359.

❷ 伊曼纽尔·沃勒斯坦.知识的不确定性[M].王昺，等译.济南：山东大学出版社，2006：21.

制度和科学精神来对或然率进行精确计算，现代社会的功能分化本质上就是简化复杂性的一套制度安排。现代科学精神让现代人无比自信，也对一切知识产生怀疑，也就是说，现代科学至上的客观理念过分强调了专业性与客观性，从而让科学的论争进入一种无序的状态，真理知识不再有绝对的权威，现代社会似乎又充满不确定性，而差异逐渐成为人们日常社会互动的逻辑起点。

5.个体的原子化论争

从近代以来，西方的社会思想解放运动，如文艺复兴、理性启蒙运动等，促使个人作为独立的个体逐渐清晰起来。"个体化"成为社会的历史进程，促使人们离开传统家园，在城市里寻找崭新的生活。1903年，齐美尔在《大都会与精神生活》一文中首次提出"原子化"概念，他认为在小村庄里，一个人几乎认识所有人，而且人与人之间都有频繁的联系，而大都会里的人就会在内心彻底被"原子化"。[1]"原子化"是指随着个体走出传统集体，对传统"共同体"的依赖逐渐减少，个人之间、群体之间社会联系减弱，个人与公共领域疏离，个体没有集体行动能力，无法再组织化，中间组织解体，社会纽带松弛，社会规范失灵，社会结构"碎片化"，社会情感冷漠的"一盘散沙"的社会状态。[2]阿伦特在《极权主义的起源》一书中认为，原子化的个体是一种极端自私自利的个人价值，缺乏社会公德，不能为他人甚至集体的利益进行公共行动，他们没有共同目标，没有共同意识和共同行动的能力，以至于出现极端非理性和高度野蛮的冲破社会道德底线的事件。[3]

另外，在贝克的理解中，个体化强调"自己为自己负责"，主要依赖劳动市场和社会福利制度来保证个体化进程，但是在当前社会现实领域，由于

---

[1] SIMMEL G.The Metropolisand Mental Life，on Individuality and Social Forms [M]. Chicago：The University of Chicago Press，1971：31.

[2] 解彩霞.个体化还是原子化：理论谱系与历史语境——兼论当代中国社会整合路径[J].攀登，2018，37（3）：46-53.

[3] 汉娜·阿伦特.极权主义的起源[M].林骧华，译.北京：生活·读书·新知三联书店，2012：109.

"再嵌入"这一进程越来越难以达到理想的状态，所以个体被抛入"散沙"的倾向越发明显。现代社会，个体化与原子化这一两难问题使社会整合遇到一定的困难。资本主义经营的抽象化导致社会生活出现"原子化"及"非个体化"的趋势，形成了一种物质主义的精神氛围。由于计算式商品拜物教的自我限制，受理性化约束的生活逐渐消耗了个体的具体性和生命力。❶贝克的核心关切在于现代化进程尚未完成，甚至可能失败，这构成了当代现代性的真正危机。贝克指出多个现代性危机的表现，即生态危机的社会制度化及日常性分配，财富分配不平等的制度化，国际资本主义的依附关系，资本主义生产形式的危机现象，家庭结构的彻底解体及社会建制与社会演化不相适应等问题。❷这些问题都是现代性危机的症候，不仅反映现代化进程中的矛盾和困境，而且暴露传统现代化理论的局限性，他的观点提醒我们需要重新思考现代化的本质和方向，以应对这些复杂的社会挑战。

在吉登斯看来，实际上，现代社会的分化借助于高度象征化的媒介方式，在时间与空间上进行分离，产生系统脱嵌，整个社会进入高度的个体化社会。这种个体化趋势导致人类决策的风险，同时使人进入社会孤岛的状态，传统的社会结构被打破，城市化、原子化、沟通中介化无疑消解了传统的固定结构，现代性也进入流动化的状态，个体之间的冷漠是最大的问题。此外，吉登斯认为，现代性具有一种独特的困境，就是个人将面对一种无意义感的威胁。❸例如，个人的自我实现越来越依靠个人的技术与能力，而不能在道德上贫瘠的社会环境中被反思性地获得。日常生活越来越容易通过计算以获取未来，从而使社会和自然结构成为生活行动的背景，如此控制感替代道德感。❹

---

❶ 刘小枫.现代性社会理论绪论[M].上海：华东师范大学出版社，2018：102.
❷ 刘小枫.现代性社会理论绪论[M].上海：华东师范大学出版社，2018：54.
❸ 李强.现代性中的社会与个人——安东尼·吉登斯《现代性与自我认同》述评[J].社会，2000（6）：17-19.
❹ 李强.现代性中的社会与个人——安东尼·吉登斯《现代性与自我认同》述评[J].社会，2000（6）：17-19.

6. 现代性风险论争

1968年,一群来自世界各地的科学家、教育家和经济学家在意大利首都罗马聚集,共同创立了一个非官方的国际组织,取名为"罗马俱乐部"。罗马俱乐部的成立标志着一个跨国界、跨学科的智库的诞生,它在随后的岁月里对全球发展议题产生深远影响。其工作目标是研究、探讨人类生存和发展所面临的一系列共同问题,促进人类对这些问题的更深入的理解,并在此基础上寻找疏解这些困境的方法。1972年,罗马俱乐部发表第一份研究报告《增长的极限》,该报告认为地球的支撑力将会达到极限,经济增长将会发生不可控制的衰退,要避免这种由超越地球承载极限而导致的世界崩溃的最好办法是对增长加以限制,从而提出"零增长"方案。❶《增长的极限》一发表,就在国际社会特别是学术界引起强烈的反响。生存危机论是罗马俱乐部的重要观点,《增长的极限》是罗马俱乐部生存危机论的代表作。除此之外,罗马俱乐部发表的其他作品,如《地球的毁灭》《末日综合症》《明天的死亡》《人类的最后时刻》等,都充满着对人类社会未来前景的忧患意识,而生存危机论在本质上就是一种风险社会理论。

自20世纪80年代起,"风险社会"一度成为理论热词,时至今日仍然是人们理解当前社会运行状况的关键词语。玛丽·道格拉斯(Mary Douglas)是第一位从文化角度来理解风险社会的学者,她主张风险文化是一个相对的概念,不同的文化团体之间由于文化习性不同,对风险的理解也各自存在差异。此后,斯科特·拉什(Scott Lash)、贝克等学者对风险进行更深一步的详细论述。例如,贝克提出,风险社会是工业化社会引出的结果。如果工业化阶层社会的基本特征是生产和财富的分配,那么风险社会的基本特征是现代化危机的分配。换言之,工业社会与风险社会的差异首先是财富分配与风

---

❶ 奥尔利欧·佩奇.世界的未来——关于未来问题一百页[M].王肖萍,蔡荣生,译.北京:中国对外翻译出版社,1985:10.

险分配的差异，虽然在当前的社会中这两种分配逻辑仍有重叠，但毕竟是两种性质和结构不同的社会不平等。❶

吉登斯认为，风险的概念是"与可能性和不确定性分不开的"。❷与贝克一致的是，吉登斯也把风险视为一个现代社会特有的概念，它是伴随着现代社会的发展而被发明出来的。在传统社会中，风险及其影响通常局限于特定地域或范围，受害者数量有限。然而，随着现代化和全球化的快速推进，当今社会面临的风险已经突破地域界限，其造成的损失难以估量，呈现出全球性特征。从全球视角来看，世界上不同地方发生的风险可能源于同一个原因，即使这些地方相距遥远，如气候变化导致的极端天气事件可能同时影响世界的不同角落，尽管这些地区在地理位置上相距甚远。因此，当代社会的风险具有双重性质，也就是说，风险既是本土的，又是全球的。本土性体现在风险首先影响发生地及其周边地区，全球性则表现为风险的影响可能扩散到世界范围，或者与其他地区的风险有共同的根源。这种风险的全球化特征对人类社会提出新的挑战，它要求我们在应对风险时，既要考虑当地实际，又要具备全球视野，通过国际合作来共同应对这些跨越国界的威胁，同时凸显加强全球治理、建立有效的风险预警和应对机制的重要性。

（二）现代社会如何自我解困

现代社会所带来的社会的发展前景是悲观的，但毕竟社会还是要继续向前发展的，因此找出一条现代性的出路至关重要。在出路的探寻上，贝克、吉登斯的观点主要集中在以下三个方面。

第一，风险意识的启蒙。面对政治权利、经济利益冲突不断加剧的风险社会，贝克在20世纪80年代初提出"反思的现代化"（reflexive modewrnisierung），其内涵主要是批判当时社会理论中的"科学中心论"，然而，贝

---

❶ 刘小枫.现代性社会理论绪论[M].上海：华东师范大学出版社，2018：45-46.
❷ 安东尼·吉登斯.失控的世界[M].周红云，译.南昌：江西人民出版社，2001：17.

克的这一构想仍然没有超出社会理论的运用范围。作为一种社会理论诉求，反思首先是审视工业现代化的危机和后续问题，由此更新现代化理论。由于现代化在80年代已经被普遍理解为生活秩序的理性化（韦伯—帕森斯—哈贝马斯），所以反思性的现代化构想既批判理性化的社会理论，又修补现代性的构想。❶

在贝克看来，当代的风险深深地植根于现代人不合理的实践活动和现代社会的无节制发展中，正如贝克所说，我们生活在"文明的火山之上"。因此，贝克在寻找发展出路的时候，主张要从根本上改变人的思想观念出发，而改变的途径就在于启蒙。贝克说："正是由于现有人类社会的工业生产逻辑从根本上是自我毁灭式的、掠夺式的，才需要人类透过多方的思考用实际行动努力去校正当代的大量生产、大量消费的社会秩序。"❷因此，启蒙首先是由风险所诱发的，在一定意义上"趋利避害"是人类的本能反应。当代启蒙的主导理念是"自我批评、自我反省、自我校正"的反思精神，他说："风险社会从本质上表明自己是个自我批评的社会，不仅仅是针对个别情况进行批评，而且还在原则上进行自我批评。"❸为了将自己所说的启蒙与17世纪的启蒙运动相区别，贝克将其称为"第二次启蒙"，即第二次启蒙必定是人们要弄清各种文化传统的彼此不同之处，将各种文化的差异之处联系起来，学会在多样性中生存，并从中造就出什么来。❹

第二，生态政治的构想。虽然贝克很早就认识到启蒙的重要作用，但是这种启蒙的过程是复杂而漫长的。在现实的操作中，贝克又进一步提出生态政治

---

❶ 乌尔里希·贝克, 安东尼·吉登斯, 斯科特·拉什.自反性现代化[M].赵文书, 译.北京：商务印书馆, 2001：221-272.

❷ 薛晓源, 刘国良.全球风险世界：现在与未来——德国著名社会学家、风险社会理论创始人乌尔里希·贝克教授访谈录[J].马克思主义与现实, 2005（1）：44-55.

❸ 乌尔里希·贝克, 约翰内斯·威尔姆斯.自由与资本主义——与著名社会学家乌尔里希·贝克对话[M].路国林, 译.杭州：浙江人民出版社, 2001：161.

❹ 乌尔里希·贝克, 约翰内斯·威尔姆斯.自由与资本主义——与著名社会学家乌尔里希·贝克对话[M].路国林, 译.杭州：浙江人民出版社, 2001：224.

的构想。贝克说"在政治学理论中,要处理大规模的灾害就必须进行变革""民族国家在世界社会的格局中再也不能提供保障了",要解决风险最主要的是依靠环保组织等非政府组织。❶也就是说,贝克所主张的是以一种直接的亚政治形式在政策的制定中采取非正式的个人参与,以改变传统的议会的决策形式,从而实现生态政治构想。虽然这是贝克为实际操作层面提出的方案,但是从现实条件看可操作性似乎还是太低。

第三,政治与道德替代科学的优先地位。贝克指出,有组织的不负责任现象主要源于科技制度的不合理性,科技制度中存在科技理性与社会理性的脱节,尤其是当科技发展摆脱道德约束和伦理审查时,可能会导致严重的破坏性后果。❷在风险社会中,人们倾向于依赖专家意见。然而,贝克强调,在这个充满不确定性的时代,专家的科学实践本身也存在诸多不确定因素。专家可能会受个人偏好、动机等因素影响,做出不负责任的决策或行为。贝克的观点提醒我们,科技发展需要与社会价值观和伦理规范相协调。同时,他也质疑对专家意见的盲目信任,呼吁我们在面对复杂的风险问题时,应该保持批判性思考,不能完全依赖单一的专家观点。这种观点强调在风险社会中,我们需要建立更加完善的科技治理机制,加强科技发展的伦理监督,并培养公众的风险意识和判断能力。同时,他呼吁专家群体应当更加谨慎和负责任,在提供专业意见时充分考虑可能的社会影响。因此,如果政治家轻信科学家的建议,就容易陷入错误、僵化和科学知识的不确定性,也就是说,"风险社会的教训是政治和道德正在获得而且是必须获得替换科学论证的优先权"❸。贝克主张对现行政治制度进行深入反思和改革。他强调,应通过制度性措施重新赋予科技领域决策政治和道德维度,这一观点旨在改变科技决策过程中

---

❶ 乌尔里希·贝克,约翰内斯·威尔姆斯.自由与资本主义——与著名社会学家乌尔里希·贝克对话[M].路国林,译.杭州:浙江人民出版社,2001:151.
❷ 乌尔里希·贝克,刘宁宁,沈天霄.风险社会政治学[J].马克思主义与现实,2005(3):42-46.
❸ 乌尔里希·贝克,刘宁宁,沈天霄.风险社会政治学[J].马克思主义与现实,2005(3):42-46.

可能存在的脱离政治和道德考量的倾向，需要采用一种更具包容性的科技发展模式，以应对现代社会中日益复杂的风险和挑战。

与贝克类似，吉登斯把"反思性"作为摆脱现代性困境的唯一出路。吉登斯在面对现代社会的诸多问题时，对资本主义的生产模式和核心理念提出严厉的批评。他认为，虽然资本主义推动经济发展和技术进步，但也带来诸如社会不平等、环境破坏等一系列负面影响。在反思性的指导下，现代社会产生了足够的风险意识和批判精神，以此应对现代社会发展的困境。简单地说，吉登斯所指出的道路就是"用现代性来对抗现代性"❶。吉登斯认为，在现阶段谈论现代性的终结为时过早，因为在当代社会中现代化的土壤依然存在。工业主义、资本主义、监控体系和军备力量仍在全球范围内存在。在这种情况下，实际上我们并没有进入一个所谓"后现代时期"，只是当前现代性的后果比以前任何一个时期都更加剧烈化、普遍化。❷吉登斯的这一主张与贝克非常类似，二人所提出的解决方案都体现了浓厚的乌托邦色彩。虽然他们提出的设想很难实现，但是毕竟给我们提供参考，使人们不至于从对工业社会发展的过度自信沦落到对风险社会的过度绝望。

三、儒家沟通伦理的现代转换

西方社会很早就通过逻各斯的交往方式对社会秩序进行设计，但是在古代中国存在另一套社会秩序的知识体系。1935年，梁漱溟在《中国文化的特征在哪里》和《中国文化要义》中指出："中国文化的特征在于人类理性开发太早。"❸梁漱溟所说的理性指两个方面：一是"伦理本位"，即中国的社会关系实际上是一种伦理关系；二是"人生向上"的积极态度。梁漱溟认为，中国与

---

❶ 乌尔里希·贝克,安东尼·吉登斯,斯科特·拉什.自反性现代化[M].赵文书,译.北京：商务印书馆，2001：6.
❷ 安东尼·吉登斯.现代性的后果[M].田禾,译.南京：译林出版社，2000：3.
❸ 梁漱溟.中国文化要义[M].上海：上海人民出版社，2005：265.

印度、西方不同，中国人既不厌世禁欲，也不极力追求欲望，享受物质幸福。中国人始终在肯定人生、努力追求人生的"对"，追求人生的合理并发挥人生向上的精神。❶因此，中国实际上是一种文化早熟的社会秩序设计，也就是说，儒家很早就通过交往伦理来解决社会秩序的问题。

（一）孔孟时代的儒学

"内圣外王"最早见于《庄子·天下篇》。虽然孔子没有直接使用这个词，但是"内圣外王"准确地表达了儒家的最高理想。《大学》中的"三纲领""八条目"告诉人们如何做到内圣的功夫，推己及人成就外王事业。孔子说："夫仁者，己欲立而立人，己欲达而达人。能近取譬，可谓仁之方也已。"❷"仁"的观念是孔子思想的逻辑起点，也是人追求圣王的最高境界。在孔子的政治理念中，外王的理想实际上是"无为而治"或者一种"吸引的政治"。他说："无为而治者，其舜也与！夫何为哉？"❸孔子的"无为而治"与道家不同，孔子认为，只有教化达到一定程度才能产生吸引的政治。正如社会是一个同心圆，从个人到家庭、家族、社会、国家、人类社群，一直到生命共同体，推己及人、从内向外、从私到公，如此便产生始于仁、归于仁的理想。❹站在交往的立场，孔子的思路是以自我对仁的探索为起点，进而在现实交往的过程中将仁的观念在个人生活与社会生活中实践，从而影响国家与人类社会的整体秩序。可以说，孔子的"仁"贯穿一套社会整体行动的规则，而"礼"与"乐"正是孔子在社会秩序中发现的结构力量。

孔子的思想开启了儒家"内圣外王"思想的大门，为日后儒家提供无限的拓展空间与细节补充。孟子发现，孔子实际上极少谈及人的心性问题。孟子认

---

❶ 廉如鉴，张岭泉."自我主义"抑或"互以对方为重"——"差序格局"和"伦理本位"的一个尖锐分歧[J].开放时代，2009（11）：68-78.
❷ 刘述先.儒家思想与现代化——刘述先新儒学论著辑要[M].北京：中国广播电视出版社，1992：1.
❸ 刘述先.儒家思想与现代化——刘述先新儒学论著辑要[M].北京：中国广播电视出版社，1992：3.
❹ 刘述先.儒家思想与现代化——刘述先新儒学论著辑要[M].北京：中国广播电视出版社，1992：3.

为，人皆有恻隐之心、羞恶之心，人性本善正是对心性问题的补充与拓展。美国哲学家赫伯特·芬格雷（Herbert Fingarette）认为，孟子的心性哲学推动了孔子思想进一步向主观拓展，具有深刻的哲学意涵。❶孟子说："尽其心者，知其性也；知其性，则知天矣。存其心，养其性，所以事天也。"❷孟子特别注重心的问题，尽心知性即可知天，天人不隔，于是有天降大任于斯人，动心忍性，增益其所不能。正如孔子所说："人能弘道，非道弘人。"自此，孔孟儒学确立了"内圣外王"的思想。然而，与墨家思想不同，孟子建构一套爱有等差的"仁爱"的秩序观，孟子在《尽心上》中说："君子之于物也，爱之而弗仁；于民也，仁之而弗亲。亲亲而仁民，仁民而爱物。"❸在爱物、仁民、亲亲三者之间，爱的情感由远及近，逐渐递增。对物珍惜、对人真诚、对亲人更加关爱，"孝悌"被放在"仁爱"实践的起点和参考点，"仁爱"理念正是儒家"仁爱"实践的操作程序。

（二）宋明时期的儒学

两汉时期，汉武帝采纳董仲舒的建议，"罢黜百家、独尊儒术"，使孔孟之学有了制度的依附。但是，在宋明时期，儒学受到道佛思想的影响，其内圣之学有了新的变化，尤其是陆象山、王阳明的心学思想，让儒家的内圣外王理想达到一个新的高峰。王阳明主张"致良知"与"知行合一"的内圣理想，强调"良知"是一种新的生命境界。在《传习录·中》里，王阳明说："心之虚灵明觉，即所谓本然之良知也。"❹也就是说，良知与心性本体本是一体，是一种超越理性的生命境界，良知的本体是情，并非程朱理学干枯的"理"。因此，张祥浩评价道："良知只是一个天理，自然明觉发见处只是一个

---

❶ FINGARETTE H. Confucius: The Secular as Sacred [M]. Illinois: Waveland Press, 1998: 32-36.
❷ 刘述先.儒家思想与现代化——刘述先新儒学论著辑要[M].北京：中国广播电视出版社，1992：6.
❸ 朱熹.四书章句集注[M].北京：中华书局，1983：363.
❹ 王守仁.王阳明全集：传习录[M].上海：上海古籍出版社，1992：190.

真诚恻怛，便是他本体。故致此良知之真诚恻怛以事亲便是孝，从兄便是悌，事君便是忠。"❶ "良知"是人生宇宙价值之源，但不具备从上至下、由内而外辩证发展的功能，并且良知不是一个"生成"的概念，良知仅是与事物互相感通的呈现。

据《传习录》记载，王阳明与友人同游南镇，一友指岩中花树问："天下无心外之物，如此花树，在深山中自开自落，于我心亦何关？"王阳明答曰："你未看此花时，此花与汝心同归于寂；你看此花时，则此花颜色一时明白起来，便知此花不在你的心外。"王阳明通过"感应"来理解"良知"与"心"，即"良知"与世界是"心通物""心应物""心安物"的关系，而非"心生物""心开物""心统物"的关系。在王阳明看来，"致良知"是一种除去私欲障蔽达至吾心天理之本、天地万物一体之仁的功夫，他认为良知本来自明，略加致知之功，此良知便自莹彻，达到"知行合一"便是通过"致良知"的功夫来除去心中私欲障蔽，从而达致良知心性与实践行动统一的实践状态。王阳明说："所谓致知格物者，致吾心之良知于事事物物也。吾心之良知，即所谓天理也。致吾心良知之天理于事事物物，则事事物物皆得其理矣。"❷

（三）熊十力时期的新儒学

近代以来，中国社会与现代性的距离越来越近，用李鸿章的话说中国社会面临三千年未有之变局。19世纪中叶以来，以儒家礼制为基础的中国传统制度开始崩溃，越来越多的中国人开始接受西方的现代观念，而儒学被视为中国社会向现代化转型的障碍。为了给儒学找到现代性方案，熊十力、马一浮、梁漱溟、方东美等一大批儒学大家开始探索儒学的现代化转型，现代儒学也由此走上了自我探索之路。

在余英时看来，儒学不只是一种单纯的哲学，而是一套全面安排社会秩序

---

❶ 张祥浩.王守仁评传：下[M].南京：南京大学出版社，2011：427.
❷ 余源培.哲学辞典[M].上海：上海辞书出版社，2009：85-86.

的思想体系，从一个人自生至死的整个历程，到家、国、天下的构成，都在儒学的范围内。在两千多年中，通过政治、社会、经济、教育种种制度的建立，儒学已一步步进入百姓的日常生活的每一个角落。❶但是，伴随现代化进程的持续深入，中国制度化的儒学已经死亡，尤其是中国传统的家庭结构也正在转型，传统的宗族社会结构正在被剥离人们的身体，现代中国人正在走入一种"大都会生活"。❷儒家的传统是为社会安排一种秩序，但是在现代社会中，没有社会实践的儒学如何重新安排一种新的秩序，或者说作为灵魂的存在形式，儒家思想如何在现代社会中找到其价值所在，对这一问题的思考成为现代儒学跳脱的主要困境与思考领域。

"新儒家"这个词最早由冯友兰使用，而后张君劢的英文著作《新儒家思想史》出版后才开始广泛流行。新儒学的范围主要指宋明理学之后的现当代儒学，代表人物有思想家熊十力、梁漱溟，史学家钱穆，政治家张君劢，思想家徐复观等一大批学者。熊十力是现代新儒家的开山祖师，第二代新儒家代表人物有唐君毅、牟宗三、徐复观，第三代新儒家学者有杜维明、成中英、刘述先、蔡仁厚及余英时等人，他们一直致力于探索现代儒学的现代性转换。

新儒家被人们了解最多的是，它是继陆王心学而起的一个哲学流派，因为新儒家中的人物大多以陆王心学作为思想源头。1949年，熊十力把自己的系统哲学思想写在《原儒》里，之后又出版《体用论》《明心篇》《乾坤衍》。熊十力深受陆王心学影响，在他房间的床头边，一边是陆象山的画像，另一边是王阳明的画像。熊十力师承陆九渊、王阳明的内圣之学，探索本体论、宇宙论和人生论的玄思。总的来说，熊十力的全部哲学工作就是面对西方理性精神与现代科学观念的冲击，在传统价值崩裂、意义结构解体、自我意识丧失的背景下，如何重建中国儒学的本体论，重建人的道德自我，重建中国

---

❶ 余英时.现代儒学论[M].上海：上海人民出版社，2010：230.
❷ LIN J，MELE C. The Urkan Sociology Reader [M]. New York：Routledge，2012：23-31.

文化的主体性，重新确立传统知识分子对宇宙人生的根本意义的终极信念。❶

熊十力不断思考：人的生命本体是什么？宇宙万物之源在哪里？人如何透过自己的生命去体悟本原？这些问题组成熊十力儒学的本体论与方法论哲学体系，前者叫作"境论"，后者叫作"量论"。熊十力坚持智与知识有别，知识是根据习、感，引心以化于物所得到的结果，智却是本心天然之明，所以由知识只能捕捉幻现的外境，不能把握形上真实。❷"体用不二"是熊十力的思想核心，在他看来，"本心""仁体"，或者"天""道""性""命""心""理""仁""知""明德"，乃是真实的存在，不仅是自身的主宰，而且是万物之主与万物的实体。❸因此，熊十力所说的"本体"不是僵死的、机械的、纯粹客观外在的"自然本体"，而是生生不息、主客内外合一的"生命本体"，并且这种本体又是人内在的"道德自我"，即"道德的主体"。

熊十力把宇宙论与人生论，把天体、道体与心体、性体都打通，他所回应并批评的是西方近代哲学思想把宇宙与个人、现象与本体、己与物、内与外、主与客二分的思维方式，否定西方哲学把宇宙秩序描绘成机械秩序、肯定存在的静止的自立性、抹杀人生的价值等弊病。熊十力所阐发的一种"天人场论"，即人只要充分守持住自己生命的理性和道德的理性，就能够发挥本性和投射到宇宙的大生命之中，理性地适应、回应天地，将天道内化为人的本性，人与宇宙成为一切价值的源头活水。❹

（四）牟宗三时代的新儒学

1958年1月1日，4位著名学者张君劢、唐君毅、牟宗三和徐复观联名发表

---

❶ 郭齐勇.现代新儒学的根基——熊十力新儒学论著辑要[M].北京：中国广播电视出版社，1996：编序13.
❷ 刘述先.儒家思想与现代化——刘述先新儒学论著辑要[M].北京：中国广播电视出版社，1992：237.
❸ 郭齐勇.现代新儒学的根基——熊十力新儒学论著辑要[M].北京：中国广播电视出版社，1996：编序15.
❹ 刘述先.儒家思想与现代化——刘述先新儒学论著辑要[M].北京：中国广播电视出版社，1992：编序16.

《为中国文化敬告世界人士宣言》。该宣言的主要撰写人是唐君毅,其他3位学者参与内容的讨论和修改,该宣言旨在向世界阐述中国文化的精髓和价值,是当时中国知识分子对本国文化传统的一次重要阐释和宣示。宣言的发表在学术界和文化界引起广泛关注,成为现代中国思想史上的一个重要事件。在该宣言中,4位学者呼吁西方人向中国文化学习以下5个方面:"第一,当下即是一之精神与'一切放下'之襟抱;第二,圆而神的智慧;第三,湿润而恻怛或悲悯之情;第四,使文化悠久的智慧;第五,天下一家之情怀。"❶该宣言历史意义重大,在中国文化史上第一次正式提出中西方文化会通与交往的问题,虽然宣言内容带有理想化色彩,但是随着中西方交往的日渐深入,人的实际行动终究与思想不可分割。

  牟宗三是现代中国哲学界的重要人物,他师从熊十力,在中国传统哲学和西方哲学的融合方面做出重要贡献。牟宗三的学术成就丰硕,其中最具代表性的著作有《心体与性体》和《政道与治道》。这些作品深入探讨中国传统哲学中的核心概念,并尝试将其与现代思想相结合,对中国哲学的现代化发展产生深远影响。牟宗三的思想不仅继承其师熊十力的学说,还在此基础上有所创新和发展,牟宗三成为新儒家学派的重要代表人物之一。从著作中可以看出,牟宗三在吸收王阳明、熊十力思想的基础上提出会通中西方哲学的"良知坎陷"说。他的"良知坎陷"说将良知理解为一种西方哲学意义上的理性概念,即良知有时等同于康德意义上的"道德理性",有时又等同于黑格尔意义上的"绝对精神"。牟宗三从西方哲学"理性"的脉络中把握"良知"概念,即无论他是从康德"超验理念"的"批判理性"进路把握良知,还是从黑格尔"辩证综合"的"辩证理性"进路把握良知,良知在其"良知坎陷"说的体系中成为一个"理性概念"。❷余英时说:"新儒家即根据此说而断定一切知识都依于其高一层次的良知决定'坎陷'其自己而生。故知识统摄于良知之下。良知是本体

---

❶ 刘述先.儒家思想与现代化——刘述先新儒学论著辑要[M].北京:中国广播电视出版社,1992:248.
❷ 蒋庆.政治儒学:当代儒学的转向、特质与发展[M].福州:福建教育出版社,2014:74.

界的事，知识则是现象界的事，两者的高下判然。"❶因此，牟宗三的致良知与王阳明的致良知在概念上有本质的差异。在牟宗三的良知体系中，良知变成西方哲学中的一个概念，即"思的有"（thinking being）、"思的我"（thinking self）、"思维主体"（thinking subject）、"形式的有"（formal being）、"形式的我"（formal self）。❷牟宗三的目的在于解决熊十力没有开出外王的问题，在他看来良知就是建立在独立知识的客观政法制度上，中国的内圣之学开出的外王不是西化，而是自己文化生命的发展与充实。❸吸纳西方的观念是会通中西方哲学的正确方向，但他的成就毕竟只是一个起点，如何吸纳西方长处之学的终点问题仍然需要漫长的探索。

唐君毅与牟宗三同是熊十力的学生，他被牟宗三誉为"文化意识宇宙的巨人"。唐君毅在其《生命存在与心灵境界》一书中提出"心通九境"的大系统论，"九境"分别为：第一，万物散殊境，即心灵相应于客观事物的体所形成的境；第二，依类成化境，即心灵相应于客观事物的相所成的境；第三，功能序运境，即心灵相应于客观事物的用所形成的境；第四，感觉互摄境，即心灵自己反省主观的感觉活动所成的境；第五，观照凌虚境，即心灵自己反省主观的相的呈现所成的境；第六，道德实践境，即心灵自己反省主观的用的活动所成的境；第七，归向一神境，即心灵超主客的有关体的向往所成的境；第八，我法二空境，即心灵超主客的有关相的向往所成的境；第九，天德流行境，即心灵超主客的有关用的向往所成的境。❹九境中，前三境为客观境，后三境为主观境，最后三境为超主客观境。❺唐君毅由道德自我的建立扩大到论人的生

---

❶ 余英时.现代儒学论[M].上海：上海人民出版社，2010：212.
❷ 蒋庆.政治儒学：当代儒学的转向、特质与发展[M].福州：福建教育出版社，2014：87.
❸ 牟宗三.略论道统、学统与政统[M]//郑家栋.道德理想主义的重建——牟宗三新儒学论著辑要.北京：中国广播电视出版社，1992：90.
❹ 刘述先.儒家思想与现代化——刘述先新儒学论著辑要[M].北京：中国广播电视出版社，1992：249-250.
❺ 唐君毅.生命存在与心灵境界[M].北京：中国社会科学出版社，2006：2-3.

命存在的整个表现,汲取灵源于世界各大源流的智慧,由浅入深,总括成为9种不同的境界,从而建立试图融通中西的系统哲学。

(五)"后牟宗三"时代的新儒学

20世纪80年代,第三代新儒家学者开始在国际学术舞台上发声,代表学者有杜维明、刘述先、成中英、蔡仁厚和余英时等人。他们大多为唐君毅、牟宗三的学生,其理论致思方向继承牟宗三、唐君毅的会通之说,但是他们长期生活在西方文化环境中的经历、与西方面对面亲身缠斗奋战的持久经验,以及完全陶冶浸润于西方哲学的思考,却使这一代人物的心智更具分析的触角,心灵更加拓展开放。❶牟宗三去世后,杜维明、刘述先、成中英等学者明确地表示当代新儒学的未来走向是进一步探索儒学如何进行人类文明的多元对话,为儒学在世界文化格局中寻找定位。刘述先说:"由现代到后现代,没有理由不能更进一步吸纳西方的彻底的批判精神,与传统固有包含在孟子、朱子、阳明的批判精神汇合,而趁着多文化主义的兴趣,对于传统的'理一分殊''天人合一'的睿识加以重新阐释和改造,以回馈于世界。"❷

第三节 疏解现代交往困境的儒家伦理方案

交往的误解是我们始终难以摆脱的困境,交往的共通性与不可交流性就像一块硬币的两面,它们时刻共存在我们的日常生活与社会秩序中。面对这个基本的事实,在日常生活愈发复杂、全球性交往不可避免的时代,当交流两端的主体从个体上升到民族、国家和文化时,我们应该思索和发展一种关于交往的

---

❶ 赵德志.现代新儒家与西方哲学[M].沈阳:辽宁大学出版社,1994:233.
❷ 刘述先.从典范转移的角度看当代中国哲学思想之变局[C]//儒家思想意涵之现代阐释论集.台北:"中央研究院"中国文哲研究所,2000.

伦理。[1]也就是说，我们问题的出发点不应该是我们能否彼此交流，而是应该问我们能否相互爱护，能否公正而宽厚地彼此相待，与其说交往是语义问题和心理问题，不如说它是政治问题和伦理问题。[2]交往的本质并非仅限于语言表达或心理层面的互动，它更深层地涉及政治和伦理的范畴。这意味着，真正有意义的交往应该建立在相互尊重、公平对待的基础上，而不仅是信息的传递。在人与人组成的社会关系网络中，人与人的团结显然比对事物的解释更加重要，虽然人人渴望超越、避免误解，但是真正让人最快乐的地方不在于超越彼此的接触，而在于接触的圆满。

以赛亚·伯林（Isaiah Berlin）说："消极自由是一种'免于交往的自由'，而不是'积极的对话'，也就是一个人拥有能够不被别人阻碍而行动的领域。"[3]"免于交往的自由"承认交往的不可交流性这一事实，但是它真正思考的是人与人之间的不同，以及在交流的实践中如何抑制自我复制的冲动，从而减少政治世界和日常生活的控制、冲突和战争。[4]

彼得斯说："20世纪的交流问题，与其说是人与外星人、动物和机器这些奇怪伙伴交流的问题，不如说是我们自己的问题。我们没有认识到奇怪的并不是这些伙伴，而是我们自己，一切交流的鸿沟，其实就存在于我们中间。"[5]恰如梅尔维尔（Melville）在《白鲸》中所描述的那样："来呀，我们大家手拉手，拽紧手；让我们紧紧地贴在一起。"我们首先所担忧的不应该是意义能否相通，而是应该担忧关爱邻居、他人、朋友乃至异类所遇到的障碍，我们如何佩戴文明的面具，既保护人们免遭他人的骚扰，又使人们能够享受彼此的相伴。[6]如果我们能多一些手拉手、少一些"心连心"，不因无法连心而拒绝拉

---

[1] 卞冬磊.传播思想史的"两条河流"[J].国际新闻界，2016，38（8）：6-17.
[2] 约翰·彼得斯.交流的无奈：传播思想史[M].何道宽，译.北京：华夏出版社，2003：252.
[3] 以赛亚·伯林.自由论[M].胡传胜，译.南京：译林出版社，2003：170.
[4] 卞冬磊.传播思想史的"两条河流"[J].国际新闻界，2016，38（8）：6-17.
[5] 约翰·彼得斯.交流的无奈：传播思想史[M].何道宽，译.北京：华夏出版社，2003：242.
[6] 理查德·桑内特.公共人的衰落[M].李继宏，译.上海：上海译文出版社，2008：337.

手，我们的交流是否会更顺利、更轻松且更充满乐趣呢？❶事实上，无论是彼得斯，还是梅尔维尔，抑或是马丁·布伯、哈贝马斯等诸多学者，都在试图以一种交往的伦理开出救赎之道。爱的教导是众多思想体系的核心，包括西方文化中对"爱的秩序"的追问。

西方伦理学的发展历来建基于面对人与人之间的交往问题，西方始终提倡神圣之爱能够带来一切的人间秩序，正如帕斯卡尔在《思想录》中说："任何物体合在一起、任何精神合在一起及所有它们的产物，都比不上最微小的仁爱行动。"❷也就是说，仁爱是协调人间交往秩序最有效的方案。与奥古斯丁相比，德国思想家舍勒跳脱出康德伦理学框架，发展出一套客观价值伦理学系统。❸对舍勒而言，"爱的秩序"可以解决以"理性"为基础的交往困境，人的心灵实际上是规范化的有序之物，如其所言，"法则铭刻在心灵之中"。舍勒认为，爱的本质就是倾向或随倾向而来的行为，此行为试图将每个事物引入自己特有的价值完美的方向，并在没有阻碍时完成这一行为。❹

事实上，儒家"亲亲而仁"的伦理学与舍勒的"情感的价值先天性""善恶的非现成性""爱的秩序""人格生成""榜样追随"等思想有着遥远的共鸣。❺长期以来，西方学界对儒家有两个流行的误解，分别是"经验主义"的误解和"泛道德主义"的误解。❻事实上，儒家所提倡的"仁爱"有两个层次：一是"等差之爱"，即仁爱程度上的亲疏差别，"亲亲而仁民，仁民而爱物"❼，儒家

---

❶ 黄旦.手拉手还是心连心：什么是交流?[J].读书，2004（12）：73-80.
❷ 帕斯卡尔.思想录：论宗教和其他主题的思想[M].何兆武，译.北京：商务印书馆，1985：395.
❸ 张少博，翟志宏.爱的秩序——云格尔对舍勒的批判[J].陕西教育（高教版），2012（Z1）：20-22.
❹ 马克思·舍勒.爱的秩序[M].孙周兴，等译.北京：北京师范大学出版社，2014：103-104.
❺ 张祥龙.舍勒伦理学与儒家的关系——价值感受、爱的秩序和共同体[J].世界哲学，2018（3）：74-87.
❻ 张祥龙.舍勒伦理学与儒家的关系——价值感受、爱的秩序和共同体[J].世界哲学，2018（3）：74-87.
❼ 《孟子·尽心上》中，孟子说："君子对于万物，爱惜它而不必施以仁爱；对于百姓，仁爱但不必视作亲人。亲近亲人而仁爱百姓，仁爱百姓而爱惜万物。"

承认这是生活情感的实情；二是"一体之仁"，即"博爱"[1]或"兼爱"[2]，儒家认为这是生活情感的普遍"推扩"，"亲亲"感受可以上行到"仁民"及"爱（万）物"[3]，甚至达到"鬼神之为德，其盛矣乎"[4]的神圣化境地，直到产生社会群体生存的和谐秩序。因此，"己欲立而立人，己欲达而达人"[5]"己所不欲，勿施于人"[6]正是儒家伦理精神的体现，社会规范正是建立在超越等差之爱，追求一体之仁的价值追求上。回归日常交往，儒家主张"仁爱"是个体情感存在的方式，真正的人与物本身也是由仁爱所生成的。"诚者，非自成己而已也，所以成物也""不诚无物"。[7]因此，仁爱的交往观念是儒家最本源的伦理精神，有仁爱才有正义，有正义就有适宜的伦理规范。在这个意义上，仁爱的交往思想正是疏解当前交往困境最有效的方案，也正好与彼得斯、梅尔维尔等学者形成最深切的呼应。

一、儒家沟通伦理的现代回应

对发展中国家来说，走上现代化、工业化的道路仍是当务之急，但是对高度发达的西方国家来说，现代化已经不再是一个有吸引力的名称。[8]当前，中国社会正经历现代化转型，传统的家庭结构正逐步消失，城市化成为迈向现代社会的标配。虽然中国的现代化转型与西方有所不同，但是在当前的全球化交往背景下，西方社会所面临的现代交往困境，未来中国也可能遇到。

---

[1] 韩愈《原道》。
[2] 《荀子·成相》是《荀子》全书26篇中的第25篇。
[3] 《孟子·尽心上》主要记录孟子关于修身、治国等方面的言论，是研究孟子思想的重要篇章。
[4] 《礼记·中庸》是西汉时期编纂的《礼记》中的一篇，是《礼记》49篇中的第31篇，宋代朱熹等理学家将《中庸》从《礼记》中抽出，与《大学》《论语》《孟子》合称为"四书"。
[5] 《论语·雍也》是《论语》中的第6篇。
[6] 《论语·颜渊》是《论语》中的第12篇。
[7] 《礼记·中庸》是西汉时期编纂的《礼记》中的一篇，是《礼记》49篇中的第31篇，宋代朱熹等理学家将《中庸》从《礼记》中抽出，与《大学》《论语》《孟子》合称为"四书"。
[8] 刘述先.中国哲学与现代化[M].台北：时报文化出版公司，1980：39-62.

回归问题本源,西方现代性的自我转化已经走过几百年,其中最大的问题是当前个体化社会发展现状使社会个体之间的沟通陷入困境,人与人之间虽不是霍布斯笔下的"敌人",但在一定程度上成了"陌生人"。齐美尔很早就注意到这种趋势,社会个体化是必然的,但是个体仍然离不开社会的力量,正是在这种相互纠结的矛盾中,个体之间的孤独与冷漠成为现代人的最大困惑。与此同时,伴随技术的不断进步与人类知识理性的进一步深化,现代人已越来越对自己理解与掌握的世界知识充满自信,但在这种自信的背后知识突然变得不再确定,现代人越来越难以相信曾经拥有的那些固定共识依然美好,人们宁愿相信非理性的谣言,也不愿意被专业知识机构"操弄"。于是,理性的怀疑成了固定知识最大的梦魇,"后真相"却成为现代人的普遍标签,差异成为所有社会互动的逻辑起点,整个社会紧张的个体互动关系越来越被明显地摆在台面上。20世纪90年代,亨廷顿所预言的人类文明冲突本质上是因为人与人之间的交流障碍难以调和,社会冲突变成最大的风险。回归问题的本源,如何在现代性的语境中找到疏解人类沟通障碍的方法,在现有的所有交往理论中,虽然贝克提出"重新嵌入"的解决方案,但是他也承认个体化的人们有一种道德冲动,个体化程度越深,就越可能出现一种既注重个性化又注重承担对他人之义务的新伦理,进而打破"爱和自由"的两难困境。❶贝克说,这种新的伦理目前没有人知道如何才能形成,如何学会与他人相处,如何协调我们对自己的要求和对他人的依赖,这种学习就像成长阶段的孩子一样,需要不断地建构和创造人的主体间性。现代社会实际上并不是人人为己的社会,恰恰相反,在日常生活的尝试中,我们会找到一种新的伦理,这种伦理能把个体自由和个体与他人的关系,甚至跨国关系结合起来。❷

---

❶ 乌尔里希·贝克,伊丽莎白·贝克-格恩斯海姆.个体化[M].李荣山,范譞,张惠强,译.北京:北京大学出版社,2011:146.

❷ 乌尔里希·贝克,伊丽莎白·贝克-格恩斯海姆.个体化[M].李荣山,范譞,张惠强,译.北京:北京大学出版社,2011:146.

贝克的这段论述是1999年他在伦敦与乔纳森·卢瑟福（Jonathan Rutherford）的对谈中提出来的，站在交往的层面，贝克的观点实际上与儒家的"仁爱"交往观念非常相似，贝克说在西方社会没有人知道这一套新的伦理如何形成，而中国儒家的"仁爱"交往伦理正好为西方现代人提供一套详细的知识体系。叶启政教授多年来致力于破除西方社会理论中主客二元对立的思维世界，立足于中国儒家的"天人合一"，提出"修养社会学"的概念。他认为，人的主体性概念完全可以被扬弃，重新建立一种人与天地万物、自然之理相互融合的圆融境界。❶

人与人之间的"仁爱"交往观念与社会秩序一直是儒学思想家追求的崇高理想，可惜在中国历史上一直沦为政治化的操作。几经变形后，人们对它的误解尤深。传统儒家的"仁与礼"伴随社会的动态变迁，"礼"始终静止未变，尤其在两汉和宋明时期被高度结构化和固定化，从而在很大程度上限制社会整体的变迁速度。然而，伴随现代社会的转型，现代中国的社会结构发生根本性的变化。1949年以后，传统僵化的礼制结构被人们忘却和悬置，这一悬置恰恰保证中国在现代化的过程中得以快速发展和转化，尤其在经济领域，儒家的实用精神帮助中国以最快速的资源配置方式完成城市化改造。另外，伴随现代化进程的持续深入，传统的家庭村落结构逐步解体，德国社会学家滕尼斯所描述的"共同体"社会在中国逐渐消失，人与人之间的行为方式发生根本性的转变，从机械团结到系统整合，人与人之间的互动行为模式与社会关系结构发生变革。在新的社会进程中，如何运用新的交往方式建立新的交往结构，成为当前我们需要探究的新问题。从传播学的角度来看，儒家"仁爱"交往伦理与"心性良知"观念如何重塑新的交往"礼"法，也就是如何建立新的交往关系与社会规范，进而在新的"制度""规范""结构"中形成新的社会关系与社会秩序。

---

❶ 叶启政.进出"结构—行动"的困境：与当代西方社会学理论论述对话[M].台北：三民书局，2000：579；叶启政.迈向修养社会学[M].台北：三民书局，2008.

二、儒家伦理如何疏解现代交往困境

重新安排生活秩序，是"轴心时代"数千年前古希腊、印度和中国文化圈的基本特征。❶儒家致力于通过"仁爱"的交往行动建立一整套"内圣而外王"的伦理秩序，正如韦伯在《儒教与道教》一书中写道："儒家是一种理性的伦理，它将与这一世界的紧张性减至绝对低弱的程度。"❷从交往的角度来看，儒家的仁爱沟通观念实际上在调和多元主义、协调新的国际政治秩序方面起着非常重要的作用。儒家沟通伦理在现代社会中是否有生存的空间，能否在日常生活与社会秩序中发挥它的价值，探究这个问题正是时代赋予我们的任务。

新儒家终身致力于内圣之体验以求开出外王理想，从目前看来仍有明显的不足。余英时曾宣称，"新儒家"不能用在钱穆身上，因为钱穆是史学家而不是哲学家，他的重点是中国学术思想史。❸作为钱穆的学生，余英时也没有承认自己属于新儒家。余英时说："细究新儒家重建道统的根据，关键之处在新儒家只是假借于超理性的证悟，将西方的一切成分都安排在中国文化的价值体系之内。尤其对良知的理解，新儒家主张良知高于知识，良知是本体界的事，知识是现象界的事，知识是由良知的'坎陷'而生的。"❹从这段话的描述中可以得知，余英时对牟宗三的"良知坎陷"之说有明显不同的观点和态度，内圣能否开出新的外王这一论述存在很大争议。另外，在孔子的"三纲领""八条目"中，"齐家"怎样能一跃而至"治国"这一逻辑实际上存在很大的问题。余英时指出，个人、社会、国家都是西方概念，传统中国不存在这样的划分，更何况"修身""齐家"属于私人领域，"治国""平天下"则属于公共领域，

---

❶ 刘小枫.现代性社会理论绪论[M].上海：华东师范大学出版社，2018：84.
❷ 马克斯·韦伯.儒教与道教[M].王容芬，译.北京：商务印书馆，1995：257.
❸ 余英时.现代儒学论[M].上海：上海人民出版社，2010：193.
❹ 余英时.现代儒学论[M].上海：上海人民出版社，2010：204-212.

中间存在一道难以跨越的鸿沟，无论是传统儒家还是当代的新儒家，实际上仍然没有探索出解决这个问题的方法。❶

面对众多对新儒学的批判，杜维明进行了很多回应和反驳。杜维明认为，"为什么儒家一定要对西方概念和观念做出回应呢？理由很简单，因为儒家讲究入世和经世致用，如果儒家不能面对来自西方观念的挑战，想要进一步发展就非常地困难"❷。因此，在杜维明看来，在一个多元现代性、全球化和地方化进行复杂互动的时代，儒家必须进入国际社会的对话领域才有可能开发出很多新的可能，如此儒学才可能有新的发展契机。

无论是余英时对新儒家的批判，还是杜维明的反驳声音，我们都可以发现他们有一个共同的起点，即从中国儒学的立场出发，承认西方现代性的合法性价值，在中西会通中寻找中国儒学能否开出现代的政治制度。这一理想的追求路径与方法在现实中几经波折，历经近百年的探索，至今仍未能明确找到一个理想的解决方案。如果我们换一种逆向思维方式，那么从贝克对现代性解困的呼吁出发，从中国儒学中寻找现代社会人与人交往的伦理智慧。也就是说，从这种新的视角回应西方现代性的交往困境，从中国哲学中寻找自我解救的智慧。正如梁漱溟所说，儒家的仁爱秩序很早就探讨人与人之间的关系，儒学已经做好对社会秩序的安排，从家庭出发，阐发等差之爱，在同心圆中由内而外拓展，从而建立一套伦理的实践秩序。这种新视角的关键是对中西交往观念进行视阈融合，消解西方世界中长期占垄断地位的"主客二分"世界，采用"主体间性"或者建立"天人一体"的本体观念。用贝克的话说，这种新的日常生活伦理将会形成自身的亚政治，而且具备很强的地方性，并且非常具体，政治家一般不会予以承认，但是人们能够冲破大型机构的束缚，并且以自组织的方式去关心他人，这个新的伦理看似是非政治的

---

❶ 余英时.现代儒学论[M].上海：上海人民出版社，2010：204-212.
❷ 杜维明.儒家传统的现代转化[J].浙江大学学报（人文社会科学版），2004，34（2）：5.

东西，实则都有政治性。❶

正如刘述先所说："至于要西方来向东方虚心学习，正由于他们现在正掌握权力中心，只怕更难于上青天。但东西会合在东西方都逐渐有呼声，事实上哲学观念永远站在转变的最前哨。然而理念与实践都需要作更深细的检讨，才可能在未来得到更大的回响，而逐渐产生重大影响。"❷新儒家要应对的问题是中国从传统到现代转型之际，尤其是当前全球跨文化的交往中，如何使儒学具有现代性价值，需要经历一次艰难的"古罗马式分裂"。当年，牟宗三提出的"良知坎陷"之说正是触及今天现代社会的症结所在，才从内圣之说中树立人生与社会的终极关怀。在现代复杂的情况下，现代人需要重新寻求一种全新的分全不二、内外合一之道，内在得以安立，外在得以开展，这才是人类在未来的新希望。❸

第四节 研究的理论视角与基本框架

一、研究的理论视角

在传播学的研究中，围绕交往的观念展开对社会结构与社会秩序论述的文献相对较少。尤其是当前的主流传播学研究主要集中在由施拉姆所规定的大众传播学框架内，鲜有文献将交往的社会关系维度放在传播与社会变迁的脉络中进行梳理。笔者尝试从人与人的交往观念出发，通过对西方现代社会的交往困境进行理论梳理，从儒家的仁爱沟通伦理中找到疏解西方现代社会交往困境的思路与方法，从而在交往这一微观的过程中把握现代社会秩序的规律，在底层

---

❶ 乌尔里希·贝克，伊丽莎白·贝克-格恩斯海姆.个体化[M].李荣山，范譞，张惠强，译.北京：北京大学出版社，2011：246.

❷ 刘述先.儒家思想与现代化——刘述先新儒学论著辑要[M].北京：中国广播电视出版社，1992：260.

❸ 刘述先.文化哲学的试探[M].台北：台湾学生书局，1986：序2-3.

架构中寻找建立现代社会新秩序的可能。

笔者在选题构思之前就避免不了对哈贝马斯"交往行动"理论的思考，尤其是其关于的"公共领域"（public sphere）与"话语伦理"（discourse ethics）的论述，更是将西方的语言学、社会学、哲学思想发挥到极致。哈贝马斯从维特根斯坦的"语用学"中找到交往理性（communicative reason），采用主体间性（inter-subjectivity）取代主体性，将公共领域的概念发展为生活世界的概念，将意识哲学替换为以语言为基础的生活哲学，并将早期理论中的核心概念，即建立在以私人财产所有权关系为基础的市民社会概念，转向文化交往基础上的文化创生和抵制能力。如此一来，公共领域—生活世界—社会批判—市民社会—政治哲学—现代性，这些表面看似并不相关的问题，在哈贝马斯的后期理论中得到了内在的统一。❶毫无疑问，哈贝马斯的交往理论与先前法兰克福学派的批判理论相比具有范式上的变革特征，在一定程度上将批判理论从悲观的泥潭中拉出，赋予其新的希望。虽然德国学者讲究先有规范后有事实的理论传统，但是哈贝马斯的交往理性思想经受几十年的现实检验。在今天看来，他的"规范性"理论不仅没有得到检验，反而备受后现代理论家的批评和质疑，最多的质疑是哈贝马斯的交往理性过于理想化，乌托邦式的批评盖过后人对哈贝马斯的褒扬。

沈清松教授在《身命、群命与天命：结合中国哲学与现象学的思考》一文中指出："对哈贝马斯而言，沟通是通过论辩的语言来进行的，其中一方提出论题，另一方提出反对论题，然后双方彼此通过事实和论证寻找论据，以便在更高层次、共同可接受的命题中寻求共识。"❷哈贝马斯所使用的是康德的"纯粹理性"（pure reason）方法，他以现代性问题为基点，企图在现代社会理论的内部寻求自我解困的方案。事实上，正如康德所论述的那样，纯粹理性仅代表人类知性活动发展的高峰，凸显出"知识"和"真理"的客观地

---

❶ 李佃来.公共领域与生活世界——哈贝马斯市民社会理论研究[M].北京：人民出版社，2006：15.
❷ 沈清松.身命、群命与天命：结合中国哲学与现象学的思考[J].华中国学，2018（1）：1-18.

位。纯粹理性代表了人类知性思维的高峰，凸显了知识和真理的客观性。人类摆脱了过去道德观念的束缚，采用价值中立的态度冷静审视外部世界和内心世界。他们坚信，只有这种客观的方法才能正确理解并掌控自然现象。现代社会的物质文明正是这一切的注脚，但问题是从理性思维和知识的角度来看，事实陈述（factual statement）和价值判断（value judgment）被明确区分。事实陈述可以客观验证，而价值判断仅反映个人主观感受，缺乏客观理性基础，接受这种区分意味着我们无法从客观事实推导出主观价值结论。由于价值被视为主观且无法客观验证，我们就缺乏客观依据来判断价值观念的正确性，这种观点成为现代社会普遍接受的价值相对主义和文化多元论的基础，它认为不同的价值观和文化都有其存在的合理性，没有绝对的对错之分。埃德蒙德·胡塞尔（Edmund Husserl）曾说："社会性是经由一种特殊社会性的沟通行动所构成的，在这种沟通行动当中，自我转向他人，在其中自我也意识到他人正是自己所转向，且了解到自己这种转向，并且或许会针对此而调整其行为，且相互对应，透过同意和不同意的行动来转向另一自我。"❶这段话反映胡塞尔的"主体间性"交往思想，交往并不只是理性或语言性的沟通，还包含人们通过伦理的方式共同建构有意义的生活。也就是说，主体之间的相互了解除了通过可理解的语言来达成之外，还有可能要通过沟通的伦理实践来共同达成。❷

二、研究目标

笔者的研究目标是探索儒家的沟通伦理是否有助于疏解西方现代社会的交往困境，以便让现代西方人从中国的儒家思想中寻找解决现代性危机的灵感与方案。现代化是一个全球性进程，不同的文化圈呈现不同的现代性面貌。中国

---

❶ HUSSERL E. Ideen Ii [M]. Den Haag: Martinus Nijhoff, 1952: 193.
❷ 沈清松.身命、群命与天命：结合中国哲学与现象学的思考[J].华中国学，2018（1）：1-18.

的儒家文化为现代中国迈入现代化进程提供很多的价值引导,尤其是儒家的沟通伦理思想与家庭结构的秩序安排让现代中国自我消除很多的现代性弊病。正是儒家思想在现代社会中的协调作用,使中西方社会在沟通伦理上找到共同的语言,也为开启中西方文化对话提供新的可能。

本书的理论意义在于通过对交往与社会秩序关系的梳理,为现代社会构建新的交往伦理提供理论的支持与指导。交往是社会关系得以建立的基础,在经典的社会学理论中,以韦伯为代表的社会唯名论和以涂尔干为代表的社会唯实论历经上百年之争。但是,在他们的争论中,有一个共同点就是承认个体互动或者个体的交往是构成社会关系的基础。社会交往是社会关系和社会规范产生的动力。在交往、关系和规范中,交往是社会关系和社会规范产生的逻辑起点,社会成员在多次交往中所形成的互动规范一经产生,便可能在交往关系中凝固,从而脱离个体交往行动的绝对控制,成为反制个体交往行动的新规范。比如,价值、规则、制度等社会规范凝固的结果,产生文化、经济、政治等社会各子系统,而且各子系统之间便产生相互的"结构—功能"关系,从而维系整体社会的运行。一旦社会系统产生自主运行的独立机制,社会个体也就具备交往的自主性。依托这一逻辑,笔者梳理交往与社会秩序的关系脉络,更加清晰地描述交往作为一种社会行动在社会结构、系统功能、社会秩序等方面起着重要的决定作用。

本书的现实意义在于为疏解当前现代社会交往困境这一紧迫问题提供理论解决方案与思路。正如渠敬东教授所说,这个时代的紧张亟须化解,我们从韦伯、涂尔干、吉登斯、贝克等众多西方学者那里也听到了这样的呼声。另外,结合当前的国际关系形势,一些西方国家试图将其政治制度和观念移植到其他地区,使西方文明在全球范围内产生影响,但实际情况是不同文明之间的思想与文化冲突愈演愈烈,全球社会正经历安全危机和精神恐慌。结合上述现实,本书在观点上有以下创新。

第一,笔者对亨廷顿所预言的文明冲突提出质疑。研究表明,这种冲突论并不完全符合现实。事实上，正如牟宗三、杜维明等新儒家学者所主张，中国儒家思想完全能够参与与西方文明的对话。笔者发现，这种对话的核心恰恰是探讨人际交往的伦理与道德哲学，通过深入分析儒家经典和当代西方伦理学理论，揭示东西方文明在价值观念上的潜在共通点。

第二，笔者深入探讨中国文化自信的根源。我们认为，中国文化的核心精神体现在儒家的"内圣"之学与"天人"哲学中，这不仅是中国文化自信的来源，而且是其独特魅力所在。在世界文化的多元格局中，中国文化以其深厚的历史积淀和独特的思想体系占据重要地位。特别值得注意的是，当代中国提出的"人类命运共同体"理念正是儒家"天下一家"思想的现代表达，也契合当前全球化发展的需要。我们通过案例分析和比较研究，展示中国文化如何在现代化进程中展现魅力，彰显中华民族的文化特质，并积极参与世界文化对话，推动人类文化的共同进步。

第三，笔者明确中国文化对外传播的具体策略和方法，提出中国文化对外对话的核心应聚焦于传播儒家的孔孟之学、王阳明心学等思想精华。通过分析国际文化交流的成功案例，笔者总结出一套有效的国际传播模式与策略。这种模式不仅让西方国家有机会深入了解和借鉴中国儒家思想，也有助于他们从中吸取经验，以应对现代社会的诸多挑战，如环境保护、社会和谐等问题。我们还探讨如何利用现代媒介技术和文化产业来增强中国文化的国际影响力。

此外，笔者探讨在全球化背景下如何在坚定文化自信的同时，保持开放包容的态度，实现文化的创新发展。笔者认为，文化自信不应导致文化封闭，而应成为促进文化交流和互鉴的动力。通过对当代中国文化政策的分析，笔者提出一些建设性的建议，以促进中国文化在国际舞台上的良性互动和发展。总之，面对上述这种全球化、风险化、现代化的转型，尤其是随着当前全球跨文化交往规模的不断扩大，新儒家正面临对这一世纪难题的探索与解答。对现代新儒家而言，接受西方现代性的理性观念，主动将"现代"纳入儒学范围仍然是其必经之路。现代新儒家主要继承陆象山、王阳明的心学传统，其哲学的动机是以大生命的境界和伦理人的道德为原则，在现代语境中探索现代人心失序的疏解方案，使儒家的"仁爱"秩序内化为疏解时代难题所需的重要价值，这样才能让儒学在现代语境中显示其现代性价值。

三、研究的基本框架

本书是一次颇具野心的初步探索，尝试从人与人之间最原初的交往观念与行动出发，分析如何从交往的关系中延伸出现代社会所形成的逻辑与特征。图1-2清晰地展示笔者研究的思路与基本框架。

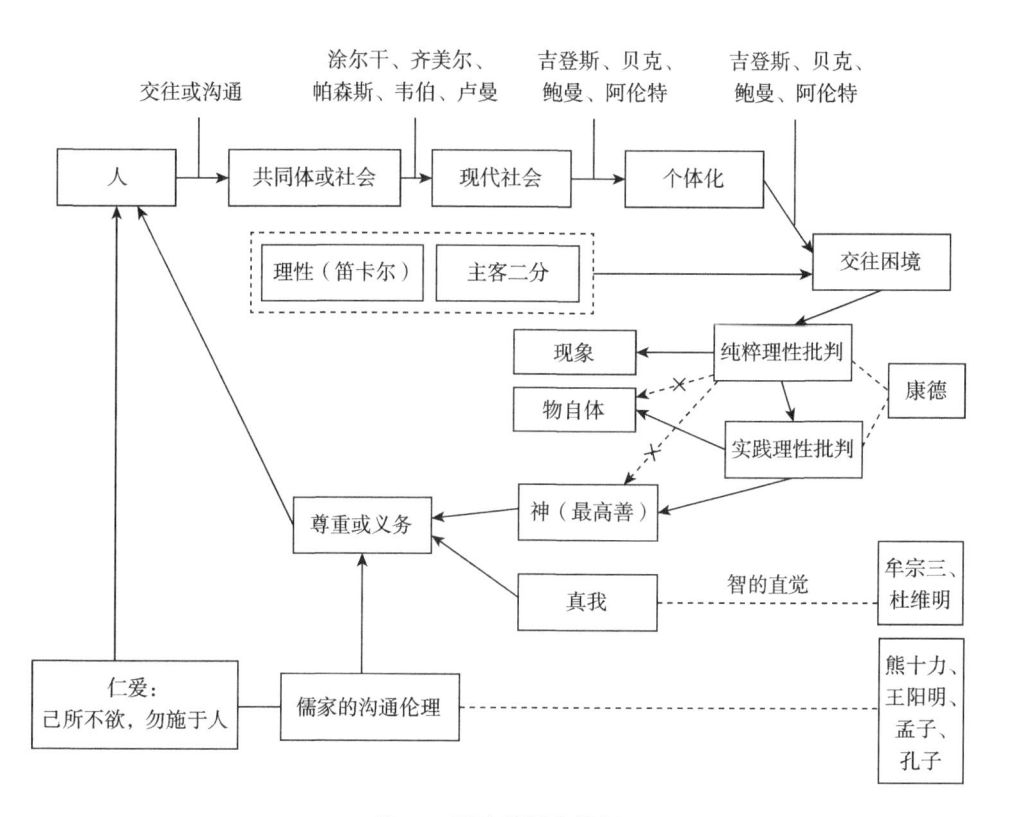

图1-2 研究的基本框架

具体来说，现代人的交往困境是本书的研究对象与理论的轴心，笔者研究的目的是为疏解现代交往困境提出理论方案，笔者的观点是疏解现代交往困境的理论方案除了依靠现代性的自我反思机制之外，更重要的是可以向儒家的"仁爱"沟通伦理寻找自我解困的灵感，以帮助现代人应对现代交往困境的危机。笔者尝试论证儒家的"仁爱"沟通伦理是否有助于处于全球交往进程中的现代人建立一种交往的伦理，从而改善西方的"理性"传统和"主客二分"的主体哲学所带来的交往困境。

在图1-2中，人与人通过交往形成一张超大规模和复杂的社会关系之网，现代社会正是因涂尔干、齐美尔、滕尼斯、帕森斯、卢曼等一大批结构功能主义或其他范式的学者的理论梳理而形成清晰的脉络。简单地说，现代社会就是一个功能高度分化的社会。20世纪80年代，一大批反思现代化学者，如贝克、吉登斯、鲍曼、阿伦特等发现现代社会的个体化进程，"脱嵌或解域""去传统""时空分离""全球化""再嵌""反思性"等多个理解现代社会变迁的词语和理论不断地出现，如今人们越来越强烈地感受到现代社会的个体化进程所带来的影响，最直接的后果是现代人陷入交往的困境，如个体孤独、沟通无奈、多元价值冲突、风险社会、结构解散、道德失序等一系列现代交往弊病层出不穷。

如何疏解现代交往困境，实际上可以从康德、胡塞尔、海德格尔、哈贝马斯等诸多思想家的理论中寻找灵感。康德的知识律与道德律哲学实际上已经为人如何交往这一问题构建伦理和道德的理论大厦。虽然现代化起始于西方，但它不是西方的专利，处于儒家文明圈中的现代中国也正步入现代化这一历史进程，儒家伦理如何与西方现代理论进行对话和转化，这一问题从熊十力、梁漱溟、牟宗三、杜维明等一大批新儒家学者开始就已经展开探索。但是，在21世纪众多现代性问题的纠葛中，儒家的"仁爱"沟通伦理越来越开始显示它的魅力。

牟宗三很早就提出他所理解的儒家仁爱交往观，也就是说，在儒家思想体系里实际上存在"智的直觉"（intellectual intuition），它与康德的"经验的直观"（empirical intuition）相似，是一种实践的理性，中国人的至高理想是"内圣"之学，不同于康德所说的"最高善"。也就是说，牟宗三将我们的视阈从康德的神学世界引入世俗的人间世界，中国哲学里没有谁是"最高善"的化身。中国早期的孔子、孟子、王阳明、熊十力等的学说在牟宗三这里得到汇聚。无论是西方还是东方，在交往中彼此尊重与遵守义务是交往的普遍法则，"己所不欲，勿施于人"成为全球文明交往的"金规则"。回到个体与个体的原初交往世界，我们可以发现，儒家的交往伦理在社会的底层逻辑上可以发挥作用，早期人与人之间混沌的交往观念被添加人伦的理性，这一模式也正好印证梁漱溟所说的中国文化是早熟的理性文化，我们早在两千年前就已经开始在底层的交往行为中加入人伦的理性。

第二章　现代社会的构成与运作

在西方，现代化革命终结了中世纪，文艺复兴、启蒙运动、工业革命和地理大发现四个历史转折使欧洲社会呈现新的面貌。在政治上，现代国家形式逐渐推翻传统制度。在文化上，伽利略、牛顿的科学革命横扫欧洲的神学认知，霍布斯、洛克、孟德斯鸠、卢梭等诸多启蒙大师将古希腊的"逻各斯"理性精神推广到政治、经济、社会等各领域。在社会结构上，现代化工业革命迫使人们与土地割裂，传统制度与村落共同体结构在产业化过程中急速瓦解，伴随城市化、产业化和劳动分工的精细化，现代社会也开始逐步形成。

第一节　现代社会如何可能

现代社会的形成与"社会结构""社会变迁"两个概念密不可分。所谓"社会结构"，就是构成社会的各要素之间相对恒常的结合，这些要素既可以是微观的个人行动，又可以是宏观的整体社会制度，如角色、制度、社会群体、社区、社会阶层、国民社会等要素都是社会结构的概念范畴。[1]起初，"社会结构"这个词并不是人们最早使用的概念。19世纪中叶，孔德、斯宾塞等人使用"社会有机体"来描述社会的发展形态，把政治、经济、货币流通等一系列社会机制比作生物有机体的大脑、心脏、血液循环等，认为社会的发展就像人体

---

[1] 富永健一.社会结构与社会变迁：现代化理论[M].董兴华，译.昆明：云南人民出版社，1988：19-20.

一样,在进化过程中不断地进行社会结构的自我完善。社会有机体与生物有机体一样是实际存在的,对生物有机体的解剖方法同样也可以运用于社会有机体。对社会进行简单的解剖就能清晰地发现社会内部的结构示意图,我们把这种观点称为社会唯实论。❶

然而,进入20世纪后,滕尼斯、涂尔干、齐美尔、卢曼等人发现,社会之所以存在并稳定发展,是因为人与人之间产生联系,并且形成稳定的社会关系。德国社会学家齐美尔认为,个人作为有机体存在当然是实在的,但社会绝不是有机体的集合,是人与人之间的心的作用。❷齐美尔的"心的相互作用"就是社会关系论,他发现社会的存在是以人与人之间的互动为基础的,社会是无形的,但是由于人与人之间产生联系,社会便产生。与齐美尔的观点不同,涂尔干对齐美尔的心灵连接观点并不认同,他认为社会现象并不是主观的"心"或"意识"等心理现象,作为科学,连接人与人之间的纽带应该是一种概念化、客观化的"集体意识"或"共同意识"。❸由此可见,涂尔干的社会唯实论观点更契合现代社会的特点。一方面,这种集体意识基于普遍的社会互动;另一方面,这种互动是经历长时间、大规模的社会互动后才形成一套稳定的客观集体意识。因此,在劳动高度分工的社会中,人与人之间的连接是一种"有机团结"的状态,虽然现代社会使个体之间的差异越来越大,但是在普遍意义上社会通过"合作法",即个人之间通过契约组织成员进行社会互动,并通过共同的精神信仰与道德的力量整合社会的秩序。❹

---

❶ 富永健一.社会结构与社会变迁:现代化理论[M].董兴华,译.昆明:云南人民出版社,1988:23.
❷ 乔治·齐美尔.社会是如何可能的:齐美尔社会学文选[M].林荣远,编译.桂林:广西师范大学出版社,2002:359.
❸ 埃米尔·涂尔干.社会分工论[M].渠东,译.北京:生活·读书·新知三联书店,2000:9-80,203-204,228.
❹ 雷蒙·阿隆.社会学主要思潮[M].葛智强,胡秉诚,王沪宁,译.上海:上海译文出版社,1988:342-343,348,350.

一、交往作为现代社会形成的基础单位

（一）帕森斯的社会行动理论

虽然社会唯名论与社会唯实论在社会科学理论中的争论激烈，但是无论采取哪种立场，社会行动始终是把握"社会"这一抽象概念的核心，因为行动是人的基本属性。正如《企鹅社会学辞典》中的描述，行动区别于人的行为，行动关涉目的、意识和行动对象。帕森斯认为，行动是社会学分析的基本单位，涉及四个关键要素：一是行动的主体；二是行动所达到的状态；三是行动所关涉的语境和行动的工具；四是一整套行动的规范。❶事实上，帕森斯这一套关于"社会行动"的观点源于德国社会学家韦伯的思想，韦伯在《经济与社会》一书中提出社会行动的四种类型：①目的合乎理性的社会行动，即通过对外界事物的情况和其他人的举止期待，并利用这种期待作为条件或者手段，以期实现自己合乎理性的目的，该目的是自己争取和考虑的成果；②价值合乎理性的社会行动，即通过有意识地对一个特定的举止的——伦理的、美学的或任何其他阐释的——无条件的固有价值的纯粹信仰，不管是否取得成就；③情绪的社会行动，尤其是感情的社会行动，即现时的情绪或感情状况；④传统的社会行动，即约定俗成的习惯。❷也就是说，帕森斯提出的"目的、手段、条件和规范"社会行动四要素明显借鉴韦伯的目的理性行动与价值理性行动学说。在帕森斯看来，社会行动就是人在一定的条件与规范下，采用特定的手段实现特定目的的过程。在这个过程中，个体必须通过理性与他人进行有方向的互动与联系，在个体的理性互动过程中建立个体之间的合作、交换、冲突三种最基本的社会关系。具体来说，个体在与他人互动或者交往的过程中，理性贯穿于每一个环节，如行动的目标就是行动者所期望达到的未来状态，情景是行

---

❶ ABERCROMBIE N, HILL S, TURNER B S. The Penguin Dictionary of Sociology [M]. London: Penguin Books, 2006: 2.

❷ 马克斯·韦伯.经济与社会[M].林荣远，译.北京：商务印书馆，1997：54.

动者认为他能够把控各种要素，并且能够对可能的手段或工具进行选择，而行动者目标的制定是通过所处情景与价值和规范取向的双重考虑后形成一个清晰的社会行动的结构模式（如图2-1所示）。

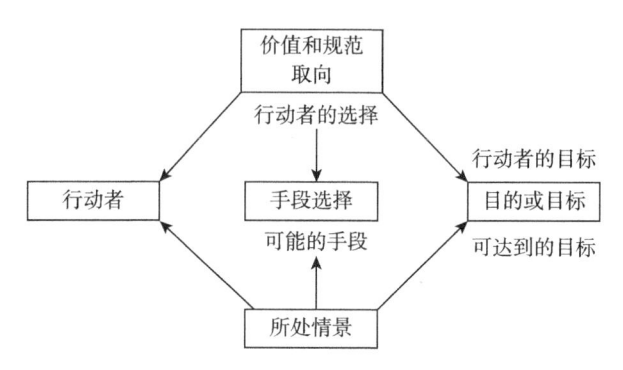

图2-1　社会行动的结构模式

韦伯曾说，行动是社会的。这意味着行动者的主观意义就含有对他人行动的考虑，而行动者基于这种考虑来决定自己的行动取向。也就是说，社会行动就是社会互动。❶和韦伯一样，在帕森斯的观念里，社会行动也并非单向和孤立的。帕森斯说："行动的概念包含一个或多个行动者对他人状态和取向的判断。因此，行动不能不强调关系，这个概念所分析的是行动单位及其处境之间的关系所构成的系统，这个系统既是结构性的，也是过程性的。"❷行动的关系如图2-2所示。

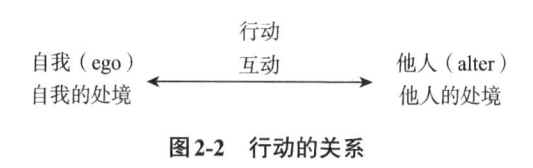

图2-2　行动的关系

实际上，社会行动的过程本质上就是形成社会关系，并且使社会关系稳固

---

❶ 马克斯·韦伯.经济与社会[M].林荣远，译.北京：商务印书馆，1997：4.
❷ 张静.社会结构：概念的进展及限制[J].社会学研究，1993（6）：34-40.

化。❶韦伯行动理论中的目的理性与价值理性无不贯穿于帕森斯社会行动的每个环节，具有浓厚的唯意志论色彩。帕森斯指出，行动者是一个分析单位，行动的主体除个人之外，还可以是单位。但是，在宏观的社会理论中，社会行动的微观互动分析框架如何上升到更大的宏观层次，也就是单位行动之间如何联系才能建构整体的社会系统。❷对这一问题的梳理正是解析现代社会如何成形的关键。在帕森斯看来，社会行动正如细胞对于生物有机体一样，行动者通过社会行动与其他社会成员建立社会互动，在互动时逐渐产生约定，并维持互动模式，这就是制度化。因此，这种制度化模式可称为社会系统，也就是帕森斯所说的从行动单位走向社会系统的转化。❸

（二）卢曼的社会系统理论

德国社会学家卢曼曾在帕森斯那里访学一年，深受帕森斯的社会行动与社会系统理论的影响。回国后，卢曼提出比帕森斯更加野心勃勃的宏大社会系统理论，克服帕森斯静态的结构功能主义缺陷，采取先有功能再有结构的立场，主张结构既可以在社会的时间横轴上协调个体的互动方向，又可以随着社会的时间纵轴不断进行调整。因此，卢曼被称为"新功能主义"的代表人物，在对现代社会的描述上更加立体与丰富。

卢曼认为，交往如同现代社会的"细胞"，是现代社会系统得以进行自我生产和自我再生产的重要条件。交往是一种复杂的社会自我选择活动，通常所说的"行动""交换""言行"等，都是卢曼所说的交往。❹因此，在卢曼的理论中，对"交往"这一概念不能做狭义的理解。对于人类的全部交往行为的具

---

❶ 吴铮强.发现行动者：社会学观念在史学研究中的应用[J].厦门大学学报（哲学社会科学版），2014（2）：11-19.

❷ 乔纳森·H.特纳.社会学理论的结构[M].邱泽奇，译.北京：华夏出版社，2001：32.

❸ 乔纳森·H.特纳.社会学理论的结构[M].邱泽奇，译.北京：华夏出版社，2001：32-33.

❹ 樱井芳生，李卓钧.卢曼社会系统论中的媒介观简介[J].新闻与传播评论，2010（0）：49-55.

体内涵，卢曼的系统理论进一步做出了解释。卢曼认为，差异（区别）是整个社会系统运作的逻辑起点。[1]因此，差异（区别）是交往的出发点，交往时我们不仅要看到"什么是信息"，而且要看到"什么不是信息"，二者只有相互区别的时候才能真正发生交往。[2]

交往活动的过程到底如何？卢曼认为，在交往活动中有三个选项，即信息、告知、理解。选择意味着从诸多可能性中进行挑选，同时交往又是承接上一次交往而形成的。当信息被选择，许多告知可能性中的一个被选取，并且在理解选项中选择一种可能时，系统内这三个选项先后做出选择并结合在一起，此时交往活动就出现了。因此，交往事实上是各种选择的综合。[3]

交往如何承接上一次交往，或者说交往为何能自我生成下一次交往？卢曼吸收了胡塞尔现象学的意义概念，将系统看作复杂性化约的过程，在这个过程中系统本质上是连续的意义关联。[4]意义是一种自在之物，具有基本的不确定性。[5]卢曼将世界描述成当下意图的界域[6]，意义是从可能性界域中挑选出一个现实性，从而通过可能性与现实性的选择过程建构出意义。[7]意义的基本性质是差异，但现实性的核心是不稳定的，刚刚被实现的事物会让人对它没有感觉，变得无聊，然后瓦解。这样迫使系统再次从可能性的界域中挑选出某些新的事物，使之在下一刻实现，所以意义不断地对"可能性/现实性"这个区分重新安排，不断地将可能性加以实现。[8]

---

[1] LUHMANN N. What is Communication? [J]. Communication Theory, 1992, 2 (3): 251-259.
[2] 葛星.N.卢曼社会系统理论视野下的传播、媒介概念和大众媒体[J].新闻大学, 2012 (3): 7-20.
[3] 葛星.N.卢曼社会系统理论视野下的传播、媒介概念和大众媒体[J].新闻大学, 2012 (3): 7-20.
[4] 黄钲堤.卢曼的风险社会学与政策制定[J].政治科学论丛, 2006 (28): 123-162.
[5] LUHMANN N. Social Systems [M]. California: Stanford University Press, 1995: 99.
[6] 尼可拉斯·卢曼.生态沟通：现代社会能应付生态危害吗？[M].汤志杰, 鲁贵显, 译.台北：桂冠图书股份有限公司, 2001: 30.
[7] LUHMANN N. Social Systems [M]. California: Stanford University Press, 1995: 99.
[8] 克内尔, 纳塞希.卢曼社会系统理论导引[M].鲁贵显, 译.台北：巨流图书公司, 1998: 95.

意义有三个维度，根据这三个维度可以观察到心理和社会所发生的事件。一是事物维度，信息的选择总是关于某物的交往，所以某物和意见等被选择出来；二是社会维度，系统的交往总会指涉一个主体将某物、意见等加以论题化；三是时间维度，系统的交往指涉某些事物在什么时候发生。[1]由于意义在时间维度上是不稳定的，一个刚刚被实现的交往会很快承接下一次交往，如此递归，社会系统不断地在交往层面上进行自我生产式的建构。在交往过程中，实际上存在各种差异的选择，因此交往是不确定与连续的差异自我生产。[2]

综上所述，无论是以帕森斯为代表的结构功能主义体系，还是以卢曼为代表的新功能主义理论，对现代社会或者高度抽象和复杂的社会系统的认知是一致的，二者共同的起点都是个体之间最朴素的互动行动，只不过帕森斯所理解的社会行动贯穿于韦伯的唯意志论，个体在理性的驱动下进行有方向的行动。帕森斯的行动应当被理解为工具理性的，算计的并能够有效地适应外部的物质环境。[3]然而，卢曼在个体互动过程上走得更远，他对人与人交往的内容、意义、过程及其内外各种因素的集合进行细致的描述。[4]实际上，诺贝特·埃利亚斯（Norbert Elias）也注意到"行动"和"互动"这两个概念的差异，他主张应该更多地用"互动"的概念取代"行动"的概念，并采用从社会结构到互动的思考取向，进一步深入解决行动和社会秩序之间非常复杂的关系。[5]

---

[1] 克内尔, 纳塞希.卢曼社会系统理论导引[M].鲁贵显, 译.台北：巨流图书公司, 1998：100.

[2] LUHMANN N. The Improbability of Communication [J]. International Social Science Journal, 1981, 33（1）：122-132.

[3] 乔纳森·H.特纳.社会学理论的结构[M].邱泽奇, 译.北京：华夏出版社, 2001：49.

[4] 高宣扬.鲁曼社会系统理论与现代性[M].北京：中国人民大学出版社, 2005：140.

[5] 高宣扬.鲁曼社会系统理论与现代性[M].北京：中国人民大学出版社, 2005：227.

二、社会结构：社会交往中的集体共识

行动与结构的关系是社会理论的基础问题。在帕森斯的理论中，行动与结构的关系一直是帕森斯研究的中心问题，他一生致力于探索行动者如何能被整合于社会的关系结构和制度化的结构系统。自社会学诞生以来，孔德、涂尔干等人主张社会行动中的共识部分是构成社会存在的基础。虽然韦伯不同意社会唯名论者的观点，但是对于社会行动的基本构成，韦伯认为它包含目的、手段、条件和规范四个要素。具体来说，规范是由人类主观创造并将它客观化的结果。根据《企鹅社会学辞典》中的解释，规范是"协调社会行动进行普遍合适的行动期待与行动实践。人类的社会行为普遍受制于一定的行为规则，一个行为在发生之前，个体会提前预判该行为是否符合普遍的社会期待，一旦违法或者是错误行为危害社会，那么该个体会受到相应的惩罚。社会规范的形成依靠个体的内化与社会化过程，它属于社会秩序理论的核心范畴"❶。仔细梳理，社会规范的形成基于普遍的社会共识，正如帕森斯所说，社会秩序是建立在一个一般的价值共识之上。

从价值共识到社会规范，其间到底如何转化？帕森斯在涂尔干的基础上进行更深入的探索。根据韦伯对社会关系的表述，合作、交换、冲突是社会行动之间最基本的关系，也是社会行动具体实施的过程。在这个过程中，价值产生于合作关系，是社会成员共同目标逐渐固化的结果。而规则源于交换关系，反映社会成员之间交换条件的固化过程。制度则是冲突互动的产物，即当社会成员发生冲突时，会形成目标的等级秩序，这种目标秩序和手段关系的固化最终形成稳定的社会制度。❷因此，这些社会元素之间存在一个清晰的发展链条：首先是社会成员的行动，这些行动培育出社会关系，而社会关系又孕育出社会

---

❶ ABERCROMBIE N, HILL S, TURNER B S. The Penguin Dictionary of Sociology [M]. London: Penguin Books, 2006: 272.

❷ 吴铮强. 发现行动者：社会学观念在史学研究中的应用[J]. 厦门大学学报（哲学社会科学版），2014（2）：11-19.

规范。社会关系和规范都是社会行动的产物，而社会行动则是推动社会关系和规范形成的基本动力。

因此，在行动、关系和规范三者的关系中，一方面，社会行动是逻辑起点；另一方面，由社会行动导致的社会规范一经产生，便可能在社会中凝固，从而脱离社会行动的绝对控制，成为社会行动者的异化力量并反制社会行动。在帕森斯看来，这种制度化模式可被称为社会系统。❶1951年，帕森斯出版他的第二部重要著作《社会系统》，这本书是在1937年出版的《社会行动的结构》的基础上进一步对社会行动进行更加系统的论述。在帕森斯看来，社会系统就是互动制度化逐渐稳定的过程，其中渗透人格，并为文化所限制，制度化的规范、角色行动者的决策、文化价值取向的轮廓都可以被那些反映每一行动组成部分变量特征的概念类型化。❷具体来说，可以通过图2-3观察帕森斯论述行动与结构如何转化的过程，社会规范（如价值、规则、制度）在逐渐固化的过程中，形成了文化、经济、政治等不同的社会子系统。这些子系统之间建立起相互依存的"结构—功能"关系，共同维持整个社会的正常运转。在这些社会系统之间的结构功能关系形成后，每个系统都获得其独特的意义和价值。更重要的是，这些系统逐渐发展出独立于个体行动者的自主运行能力。

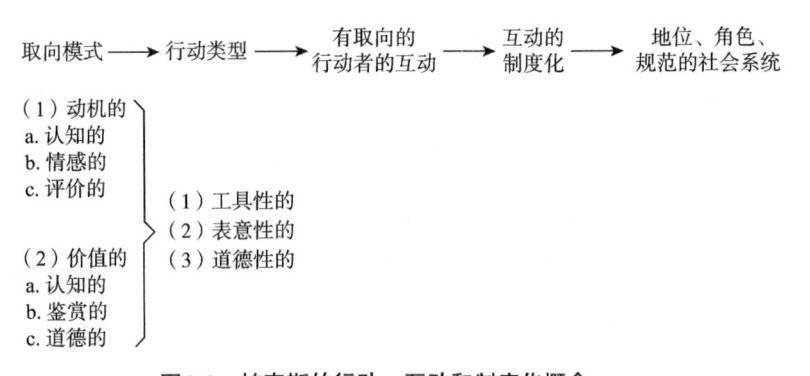

```
取向模式 ——→ 行动类型 ——→ 有取向的 ——→ 互动的 ——→ 地位、角色、
                          行动者的互动    制度化      规范的社会系统
         （1）动机的
           a.认知的
           b.情感的
           c.评价的
                    （1）工具性的
                    （2）表意性的
         （2）价值的 （3）道德性的
           a.认知的
           b.鉴赏的
           c.道德的
```

图2-3 帕森斯的行动、互动和制度化概念

---

❶ 乔纳森·H.特纳.社会学理论的结构[M].邱泽奇,译.北京：华夏出版社，2001：49, 33.
❷ 乔纳森·H.特纳.社会学理论的结构[M].邱泽奇,译.北京：华夏出版社，2001：49, 35.

三、功能子系统：社会系统的分出机制

经帕森斯的发展，社会结构已经成为一整套观察社会的原则，借助结构可以把社会分成若干成分之间的功能联系。1951年，帕森斯在《社会系统》一书中提出，社会系统是决定社会行动的三个子系统之一，另两个子系统是文化系统和人格系统。文化系统，即价值系统，它规定人类行为；社会系统，即人际关系系统，它通过社会角色再现文化；人格系统则是由个人组成的子系统。三个子系统的总和就是社会整体。[1]后来，帕森斯又加上了有机体（又称行为）系统，也就是说，文化系统、社会系统、人格系统、有机体系统是帕森斯所说的四个功能子系统。但是，帕森斯对这四个子系统的分出机制描述得相对模糊，或者说这四个子系统如何在环境中进行自我识别、如何应对来自环境的复杂性变化，帕森斯似乎缺少专门的论述。1951年，帕森斯在出版《社会系统》后，如横空出世般在西方学术界引起极大的震动，获得极大的声誉。但是，从20世纪60年代后，帕森斯的结构功能主义遇到极大的挑战，科塞与达伦多夫的冲突功能主义、布劳（Blau）的社会交换理论、米德的符号互动论及以卢曼、杰弗里·C.亚历山大（Jeffrey C. Alexander）为代表的新功能主义都对帕森斯的理论大厦进行质疑。帕森斯最受人诟病的地方是结构功能主义过度依赖规范的力量。以系统结构来规范社会行动实际上是一种静态的社会知识观，帕森斯想用解剖学的思想方法对社会进行横断面式的观察，使人被概念化，忽略人的能动性特征。

面对来自外界的批评与质疑，晚年的帕森斯一直致力于修补他的结构功能主义。他发现，货币作为经济系统中最重要的交换媒介，贯穿于四个功能子系统内部的一切交换过程，即适应（adaption）、达到目标（goal attainment）、整合（integration）、维模（latency pattern maintenance）这四个系统功能，从而在系统内部和系统之间的交换中发现像货币一样的一般符号媒介的类型。

---

[1] 于海.行动论、系统论和功能论——读帕森斯《社会系统》[J].社会，1998（3）：44-45.

帕森斯提出分析各种基本符号媒介或者信息的概念框架，并运用该框架在控制等级中把各系统联结起来，但是他从未清晰地阐释这些媒介的本质。因此，在帕森斯学术生涯的最后十年中，他关注社会变迁，无奈这一浩大工程未能完成。延续帕森斯这一论题的人是他的学生卢曼，卢曼认识到帕森斯的缺陷，也注意到一般符号媒介是连接系统内部与外部交换的重要纽带。因此，在帕森斯的基础上，卢曼提出他的社会系统理论。

在进入卢曼对社会系统运作的分析前，首先要面对的一个概念是"媒介"（medium）。卢曼在不同作品中提到的"媒介"是一个颇为复杂的概念，卢曼对"媒介"的定义是使交流（交往）的接续得以确保的东西。这个定义虽然包含媒介作为中介的意思，但是随着"交往"的定义是人类的一切交往活动，因而媒介就是能够保障人类一切交往活动发生的机制，其中包括真理、权力、爱、货币等作为媒介，这些符号媒介的功能不是传递信息，而是确保特定交往活动的成功，以维持系统的存在。显然，卢曼的这一定义与之前大众交往研究中的媒介（media）概念存在很大的不同。

在卢曼的社会系统理论中，"媒介"概念的内涵包含三个层面：一是"传布或理解媒介"，如口语、动作等语言的使用，它保证交往中理解的实现。二是"拓展媒介"，它指的是克服即时场景中的时空限制以保证交往在更广阔的时空范围内被理解，如文字、舞蹈、风俗等通过符号而一般化的交往媒介。三是"象征扩展型交往媒介"，这种媒介完全脱离在场之间的互动，采用高度抽象的符号化媒介以保证所有的交往主体在进行各种各样的交往活动时做到分门别类、有序地达及理解并自我生产下一次交往，如货币、法律条文、科学真理、政治权力等属于象征扩展型交往媒介。❶

社会系统的形成依赖于交往生产交往的自我生产过程，媒介的作用就是为了保障交往能够持续地进行自我生产，以消除交往的不可能性，从而保证交往

---

❶ 安德烈亚斯·齐曼.尼古拉斯·卢曼的社会系统理论[J].社会理论，2007（1）：156-176.

生产交往的运作规则处于不间断地进行中。卢曼从他的交往的不可能性论点出发解释媒介概念，即三个不可能性：理解的不可能性、到达接收方的不可能性和交往成功的不可能性。❶语言作为特殊媒介，通过约定俗成的符号系统降低理解的难度，将交往从单纯的感知中解放出来。符号的有限组合减少意义的复杂性，语言的使用也预设信息与告知的区分。为消除传达的障碍，扩展媒介得以发展，打破交往双方必须在场的限制。卢曼提出"象征扩展型交往媒介"的概念，用于解决交往成功的困难。这种媒介通过特定的二进制符码方式，既限制连接的选择范围，又提高被接受的可能性。以经济系统为例，支付行为是一种交往形式，而货币作为成果媒介，确保支付行为能够形成连续的链条。每次支付都必须与下一次支付产生关联，这种连续性维持经济系统的运转。因此，象征扩展型交往媒介的核心功能在于降低交往过程中的不确定性，同时简化来自环境的复杂因素，并指引后面交往的方向。作为对这种类型媒介的规定，如"科学系统"的媒介是事实，遵循的是真或不真的二元符码；密切的"互动系统"和"家庭系统"的媒介是爱；"经济系统"的媒介是金钱和财富，遵循的二元符码是支付或未支付；"政治系统"的媒介是权力，遵循的二元符码是在职或非在职；"大众媒体系统"的媒介是交往技术，遵循的二元符码是讯息或非讯息。❷交往、媒介与社会的理论关系见表2-1。

表2-1 交往、媒介与社会的理论关系

现代功能系统	教育系统	政治系统	科学系统	经济系统	法律系统	大众媒体系统
功能	人类的改造、发展前程的调整	权力分配	获取知识	稀缺品的制造和调整，以使未来的需求得到满足	预防冲突、相似的行为期待和标准特征的观察与调节	建构社会现实

---

❶ 安德烈亚斯·齐曼.尼古拉斯·卢曼的社会系统理论[J].社会理论，2007（1）：156-176.
❷ 尼可拉斯·卢曼.大众媒体的实在[M].胡育祥，陈逸淳，译.台北：左岸文化，2006：53.

续表

现代功能系统	教育系统	政治系统	科学系统	经济系统	法律系统	大众媒体系统
交往的要素运作	授课	集体的决定	真理的断言、出版	支付	法律断言、法律判决、标准确定	阅读、观看、听
象征扩散型交往媒介	受教育者（中小学生、大学生等）	权力	真理	金钱和财产	法律	交往技术
编码	好或坏、表扬或谴责	政府或在野党	真实的或非真实的	支付或不支付（拥有或不拥有）	正当的或不正当的	讯息或非讯息
程序	教学计划、考试、评分	意识形态、党纲	理论和方法	价格	条例、判决、命令、条约	新闻与深度报道、广告、娱乐

因此，社会系统是靠人们所选择的各种符号之间的交往建构起来的，构成一个社会系统的基本因素和基本关系就是交往。在卢曼看来，"行动可以看作是社会系统内进行复杂选择的过程，一切社会行动都是在其前前后后面临着一系列选择，而且这些选择过程完全决定于系统本身"❶。系统如何决定行动的选择，卢曼认为"期待"起着关键的作用。期待是介于行动与经验之间的中间环节，使行动朝着期望的方向发展，正是期待的过程及其走向反映出行动者在社会系统及其环境的复杂关系中可能产生的多面向态度。

第二节 现代社会秩序如何可能

社会秩序如何可能？早在两千多年前，古希腊先哲早已尝试对这一古老的命题进行各种系统的论证，还有自康德、霍布斯之后，洛克、孟德斯鸠、

---

❶ 高宣扬.鲁曼社会系统理论与现代性[M].北京：中国人民大学出版社，2005：107.

卢梭、马克思、涂尔干、韦伯、帕森斯、卢曼等社会科学理论大家也分别对社会秩序进行详细而充分的阐释。他们的理论涵盖对社会秩序这一问题的各种观察视角，如霍布斯从自然法系统中提炼出自然权利概念，从而确立社会契约与"利维坦"这只国家巨兽；洛克在霍布斯的基础上提出自然权利的私有化概念，让社会秩序再次从新的契约关系中得到启发与释放；马克思、韦伯从经济和政治资本的不平等关系中发现权力与理性这两个概念对作为主体"人"的存在影响，这种极具煽动力和穿透力的观察对社会秩序的影响至今仍在发挥决定性的作用，人的境况始终摆脱不了马克思和韦伯的世纪命题。另外，区别于马克思和韦伯的激进立场，以涂尔干、帕森斯、卢曼为代表的结构功能主义或新结构功能主义，以一种更加冷静、系统的观察方式对现代社会的秩序进行系统的论证与解释，尤其是帕森斯作为结构功能主义的巅峰人物，他对现代社会秩序的观察至今仍具有很强的解释能力。虽然在20世纪60年代后，一大批后期社会理论不断地对帕森斯的理论提出挑战和质疑，但是解释现代社会秩序的具体运作，并能在横切面的维度上进行解剖式分析，至今仍鲜有人超越帕森斯。

一、角色期待：结构协调交往的方向

"角色"一词是社会学领域的基础概念。根据《企鹅社会学辞典》的解释，角色是指当人们处于某个社会位置时，他的言行需要符合社会对该成员的行为期待。在通常情况下，"角色"一般是用于分析社会制度的基本单位，如教师与学生就是用于分析学校这一社会制度的基本单位。[1]在帕森斯的理论体系中，身份（status）和角色（role）通常作为身份角色组（status-role bundle）的概念出现。帕森斯在《社会系统》一书中明确指出："需要澄清的

---

[1] ABERCROMBIE N, HILL S, TURNER B S. The Penguin Dictionary of Sociology [M]. London: Penguin Books, 2006: 332.

是，角色这个概念并不是对行动者的泛称，而是属于社会系统中的基本单位，虽然有时候在特定条件下它被当成一个属性值来看待，但是角色与社会的关系在本质上如同分子与物质，角色是分析社会系统的最重要的主要成分。"❶

帕森斯的出发点是基于社会行动导致社会关系，在社会互动中形成稳定的互动模式与社会规范。一旦社会规范在社会中成为稳定的制度与结构，身份和角色就可以作为最基本的分析单位对社会系统进行描述。在帕森斯的描述中，身份用来体现行动者所处的社会结构位置，角色用来体现社会对这一位置的行动期望，如果符合社会期望，该社会成员就被认可为合格的角色。

在这里，帕森斯延续韦伯最大的行动预设，即人是基于目的理性（工具理性）最大化的满足。在对角色的分析中，帕森斯假定处于社会中所有的社会角色都趋向于追求最大化的满足，因此角色必须是社会与个人联系的中介，也是众人分享的象征。❷也就是说，角色在社会系统中的位置是固定的，无论个人如何变化，角色赋予个人的社会期望与要求都促使个人最大化地追求尽可能使人满足的社会期望。因此，角色的模式化与个体的理性化保证整体社会结构的稳定，而社会结构就是一系列稳定的角色与模式化的互动过程催生的结果。这种对社会结构的理解体现帕森斯对社会的整体角色进行一种整合功能的分类，而这一分类的逻辑直接承袭涂尔干关于社会劳动分工的思想。另外，帕森斯抓住社会结构最稳定的行为规范，这种规范是由一系列的价值模式组成的，作为行动的向导和标准，可以在更多细节之处规定人的行动边界。一旦规范上升为普遍的社会共识，对行动者来说，协调社会规范与个人需求，一定是通过理性实现既要满足个人的需求，又满足社会的处境需要。因此，在一个高度秩序化的社会过程里，社会价值通过习得、教育等多种社会化的方式内化成个人的自觉意识，而角色正是将这一社会意识与个人需求统一起来的最好设置，如此社

---

❶ PARSONS T. The Social System [M]. New York: Free Press, 1951: 16.
❷ PARSONS T. The Social System [M]. New York: Free Press, 1951: 6.

会价值的支配作用转化为行动者的自觉，好像它并不是一个外部的支配结构，而是角色互动的结果。❶

很明显，帕森斯对涂尔干、韦伯二人学说的吸收是全方位的，他既使用韦伯的社会行动分析方法，又把涂尔干的集体良知带入一个更深刻的领域。虽然帕森斯把自己的结构功能主义称为社会行动理论，但是意大利经济学家维尔弗雷多·帕累托（Vilfredo Pareto）提出的"均衡"概念对帕森斯的影响很大，也就是把社会看作一个各个部分密切联系、相互作用的平衡系统，这一观点让帕森斯将结构功能主义理论扩展到一般的社会系统理论和一个包含万象的社会行动体系。❷

二、系统功能："AGIL"功能分析模型

帕森斯在建构社会系统这栋理论大厦后，面临的第一个问题就是社会系统如何进行自我生存，或者说制度化的互动模式为什么能够存在并保持一种高效稳定的运行状态。对这一问题梳理后，帕森斯发现，基于行动制度化模式建构的社会系统，在特殊的结构安排中有着精密的功能调整。

首先，帕森斯说："社会科学的任务就是把地位、角色和规范组织起来，组织的结果便是将行动概念化为三种相互渗透的行动系统，即文化的行动系统、人格的行动系统和社会的行动系统。"❸简单来说，在行动的内部结构中，由价值观、信仰、规范及其他观念组成的联合体被称为文化系统；由动机与角色扮演技巧组成的结构被称为人格系统；由行动制度化的模式构成社会系统。如此，帕森斯便确定社会系统是通过互动的制度化过程形成稳定的状态，并且其中渗透着人格系统，为文化系统所限制。

---

❶ PARSONS T. The Social System [M]. New York：Free Press，1951：227.
❷ 于海.行动论、系统论和功能论——读帕森斯《社会系统》[J].社会，1998（3）：44-45.
❸ 乔纳森·H.特纳.社会学理论的结构[M].邱泽奇，译.北京：华夏出版社，2001：34.

其次，在帕森斯的《社会系统》出版后不久，在与罗伯特·贝尔、爱德华·希尔斯合著的《行动理论论文集》、与尼尔·斯梅尔塞合著的《经济与社会》两本书中，帕森斯提出"结构的功能在于满足系统的必要条件"[1]。具体来说，系统的必要条件就是满足必要的生存条件：一是处理系统内部的复杂状态与应对外部复杂性；二是系统要有方向性追求目标与选择手段。因此，在帕森斯看来，他的行动系统，即社会系统、文化系统和人格系统都需要解决四个生存问题：一是适应环境，从环境中获取必要的生存资源；二是建立并达成系统目标，使系统在系统目标中建立次序级别，增加内部的复杂性，从而调动系统资源以达到系统目标；三是整合系统内部各单位之间的关系，使系统内部尽可能地处于合作的状态；四是维持稳定的系统模式并有能力处理突发的内部紧张。因此，基于系统生存的四种功能，帕森斯提出著名的"AGIL"功能分析模型，即 A 代表系统适应（Adaption）环境，G 代表系统的目标达成（Goal attainment），I 代表系统内部整合（Integration），L 代表系统的模式维持（Latence）。具体来说，社会系统被分成几个部分，每个部分都应对一种功能的必要条件，同时每个子系统又被分成四个功能部分，这些子系统的每个部分又可以被分成四个功能部分，依此类推（如图2-4所示）。[2]

后来，帕森斯在《现代社会的结构与过程》一书中利用"AGIL"功能分析模型对政治与经济两个领域进行详细分析（如图2-5所示）。[3]

---

[1] PARSONS T, BALES R F, SHILS E A. Working Papers in the Theory of Action [M]. Glencoe：Free Press，1953；PARSONS T, SMELSER N J. Economy and Society [M]. New York：Free Press，1956.
[2] 乔纳森·H.特纳.社会学理论的结构[M].邱泽奇，译.北京：华夏出版社，2001：37.
[3] 塔尔科特·帕森斯.现代社会的结构与过程[M].梁向阳，译.北京：光明日报出版社，1988：134.

适应　　　　　　　　　　　　　目标达成

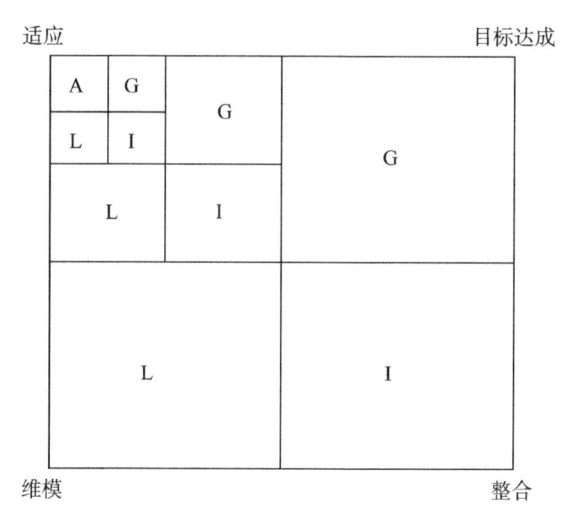

图2-4　帕森斯的"AGIL"功能分析模型

维模　　　　　　　　　　　　　整合

经济综合体

A		G
手段： 财产		指定目标： 职业
价值： 经济合理性		主要规范： 合同
L		I

政治综合体

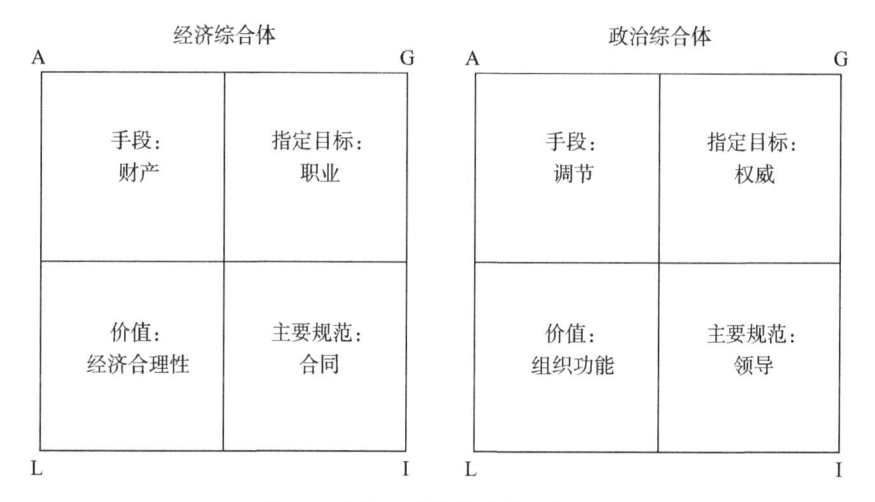

A		G
手段： 调节		指定目标： 权威
价值： 组织功能		主要规范： 领导
L		I

图2-5　经济与政治综合体功能分析

三、处理"冲突"：社会化机制与社会控制机制

在帕森斯的"AGIL"功能分析中，如何使人格系统融入社会系统，对这一问题帕森斯也给出答案。帕森斯认为，关键在于两种机制的运作，它们分别是"社会化机制"与"社会控制机制"。

首先，社会化机制是将价值观、信仰、语言和其他符号等文化模式内化于人格系统，从而使行动者主动向角色期待的方向靠拢，同时行动者通过学习的过程能够掌握基本的社会互动技能；社会化机制的另一种功能是提供稳定安全的人际纽带，这些纽带有助于行动者减少在互动过程中出现的紧张与焦虑。❶也就是说，个人社会化的过程也是一种角色化学习的过程，每个行动者都是社会的产物，是一种社会的自我，并且会以某种方式进入社会的角色。我们所说的行动者不是抽象的个体，而是已经被社会化的人。❷

其次，社会控制机制可减少社会个体的越轨与紧张情绪，它的作用主要是维持社会结构的稳定。帕森斯认为，处理社会冲突实际上有多种特定的控制机制，具体分为：①制度化能够使角色期望清楚明了，同时在时间和空间上分离对冲突的期望；②人际的处罚与友好，行动者巧妙地运用这种机制来保持互相的一致；③仪式活动，行动者通过仪式活动来消除具有破坏性的紧张的来源，并增强主导性文化模式的地位；④安全阀结构，普遍存在的越轨倾向通过这种结构从时间和空间上与正式制度模式分离开来；⑤再整合结构，专门负责使越轨倾向回到正轨；⑥把强制力及其运用制度化为系统的一部分。❸在帕森斯看来，这些机制共同作用能够有效地管理社会冲突、维持社会秩序，同时在一定程度上解决社会系统长期面临的可持续问题，也保证整体系统的稳定与发展。无疑，虽然帕森斯的这一功能分析方法从现在看来仍然适用，但是作为一种宏观社会理论，在中观与微观层面上，帕森斯并未作太多细致的解释。例如，文化模式如何维持社会秩序的均衡？帕森斯在最抽象的层面上提出两种促进社会互动的方式。第一，他强调提供共同的文化资源对所有行动者的重要性。以共同语言为例，它为互动提供基本条件，使社会成员能够进行有效沟通。第二，帕森斯指出，源自价值观、信仰和意识形态

---

❶ 乔纳森·H.特纳.社会学理论的结构[M].邱泽奇，译.北京：华夏出版社，2001：35.
❷ 夏光.论社会行动的规定[J].社会学研究，1990（6）：98-105.
❸ 乔纳森·H.特纳.社会学理论的结构[M].邱泽奇，译.北京：华夏出版社，2001：35.

等文化模式的观念，能为行动者提供共同的情境定义和意义理解，这些共享的文化元素有助于减少个体互动中的障碍，使社会交往更加顺畅。这两种方式反映帕森斯对文化在社会互动中的核心作用的认识。他认为，共同的文化基础不仅提供互动的可能，还能减少社会交往的阻力，从而促进社会的整合和稳定。这一观点凸显了文化在维持社会秩序中的关键地位，也为理解社会运作提供重要视角。

虽然帕森斯的这种解释看起来具有很强的解释力，但是当我们继续追问：在个体日益差异化的趋势中，行动者拥有共同的语言、共同的价值意义，就一定能保证交往的绝对顺畅吗？万一出现互动失败的情况，行动系统将如何做出反应，如何在社会动态的变迁过程中再观察这一横切面式的"AGIL"功能分析模型，就会发现虽然帕森斯抓住现代社会内部的结构特征，但是对于现代社会的变迁与未来走向，甚至像后期现代性理论学者一样去发现现代性危机，帕森斯没有走得更远。20世纪50~70年代是帕森斯时代，但是70年代后现代社会如何进行自我的动态变迁，则需要更有穿透力的学者进行观察。

第三节　现代社会如何变迁

在"后帕森斯"时代，西方社会科学界出现大量以"时间"为探讨主题的文献，结构与过程是很多西方学者关注的焦点。默顿与索罗金在《社会时间：方法和功能的分析》中指出，如果我们要增加涉及社会变迁和过程的时间方面的知识，那么我们必须扩展时间范畴，从而把社会时间涵盖进来。[1]对于时间的关注，本质上是分析社会在进行功能分化时的变迁过程，思考社会在结构上实现突变，或者说社会在系统层面上如何进行结构调整，这一问题始终是后帕

---

[1] SOROKIN P A, MERTON R K. Social Time: A Methodological and Functional Analysis[J]. The American Journal of Sociology, 1937, 42 (5).

森斯时代讨论的主要核心。在具体的主题分布上，涉及的自我同一性、女权运动、种族运动、劳动矛盾、人权社会运动、阶级斗争、历史危机、极权主义、战争、环境、灾难、核恐惧、生态危机等都是推动社会变迁的推力❶，这些重大的突发事件曾对社会结构产生深远的影响，直至推动社会结构过程的不断变化与调整。如何发现结构与过程之间的规律，探索社会变迁方式，这一问题实际上帕森斯在他的论述中给出了答案，但是他的学生卢曼作为新功能主义的代表，其系统功能分化或许在今天看来更具解释力。

一、结构功能主义视角：突变催生新的结构

在帕森斯学术生涯的最后十年里，他更关心社会变迁问题。前文已经梳理的社会控制机制反映出帕森斯对社会突变这一现象的思考。在帕森斯的理论中，行动系统之间的信息和能量交换不仅是维持系统生存的基础操作，而且可以用来分析系统与环境之间的互动过程和结构变化。也就是说，信息的空余与能量的过剩对系统的变迁至关重要。帕森斯说："社会变迁是指在社会系统中多数成员认为在现行结构下功能先决条件未能充分满足，因此在系统内部充满了发动改变现行结构的行动动机，系统的均衡随之崩溃。认识到系统这种状态的成员们为寻求能够实现新的均衡与新的结构，开始进行种种尝试，在这些尝试中有极多的变异（variations），最后从中选择一个，结果归结于新的结构，从而一次结构变迁宣告结束。种种变异的出现，反复的试错，从中选择其一，这个过程同生物进化的过程基本一致。"❷

谈及社会变迁，我们绕不开斯宾塞的社会进化论学说。"物竞天择，适者生存"的自然规律同样适用于社会，社会发展如同生物的进化过程一样，随着外界环境的改变，在其内部开始一种自动、自发的进化过程。帕森斯是结

---

❶ ADAM B. Timecapes of Modernity：The Environment and Invisible Hazards [M]. London：Routledge，1998.
❷ 富永健一.社会结构与社会变迁：现代化理论[M].董兴华，译.昆明：云南人民出版社，1988：126.

构功能主义的集大成者，自然也绕不开社会变迁这一永恒议题。在帕森斯对社会变迁的理解中，我们可以发现，帕森斯对社会变迁的理解具有明显的斯宾塞式进化论色彩。斯宾塞主张按照社会结构功能的复杂程度，把社会划分为简单社会、复合社会、多重复合社会，而帕森斯在这一基础上提出未开化社会（primitive societies）、中间社会（intermediate societies）、现代社会（modern societies）三个阶段，其中对于现代社会的定义，帕森斯认为科层制组织、货币和市场是作为普遍规范的法的体系，中间社会等四个要素体现现代社会的特征。

二、新结构功能主义视角：系统不断提高内部复杂性

作为新结构功能主义的代表之一，卢曼与帕森斯的最大不同是他选择了一个与帕森斯完全相反的理论立场。帕森斯延续传统结构功能主义的路径，主张系统先有结构后有功能，而卢曼与帕森斯相反，他主张系统先有功能再有结构，只有这样，社会才能完成自主性的转换。

因此，在卢曼的理论中，系统的功能不断地化约来自环境的复杂性。系统通过一系列复杂性化约机制，使自己在环境中不断维持独立性，并与环境不断进行能量和信息的交换以保持开放性。化约复杂性是指消除或减少可能的状态和事件。系统正是通过排除不断出现的可能性来简化世界的复杂性。系统在面对来自环境的问题时，有许多可能的问题解决方式，但当系统从众多可能性中选择一种解决方式时，其主要的依据还是系统的内部条件和状况，从而决定选择的标准，并通过自我观察与自我指涉的方式区分自己与环境的差异，确定与环境的边界，进而建构系统的同一性。因此，在世界之中，只有少部分的事物可能被允许进入系统，绝大多数事物仍然被排除在系统之外。在系统中，系统进行有方向性的选择，通过化约来自环境的复杂性帮助系统中的个人找到互动的方向，进而不断地发展和完善自己特有的结构，以内在分化的形式完成复杂

性的建构。此时，自我指涉为系统的分化提供可能，系统与环境连续的差异又为系统的自我指涉不断地提供了依据。❶

自我指涉是卢曼社会系统理论中的核心概念，在卢曼的理论体系中多次被提及。何为"自我指涉"？卢曼借用英国数学家斯宾塞·布朗（Spencer Brown）于1979年在《形式计算法》（Laws of Form）一书中所提出的形式计算法则，将指涉定义为一种运作，这种运作作出一个区别，并标示其中一面，即只有通过A或-A这个区别才能指涉或标示A这一面。自我指涉是指一个区别借着所标示的一面，来指认自我。❷因此，系统的自我指涉是持续地通过各种"二元符码"与否定其中另一面的方式，在众多的可能性中进行区分和选择。这种方式一方面可以对其中一面进行标示，另一方面能通过"二元符码"反映两个方面之间的差异或联系。例如，"元素或关系"是一个区别，通过将元素这一面标示出来，"元素或关系"就能以元素来指认或指涉自己。这时，元素就是自我。但是，这个自我不可能单独地存在于世界之中，因为从上述的指涉运作来看，元素的存在必然意味着关系的存在，并且二者必须区分开来。在这里，关系执行着选择功能，某个刚刚被实现了的元素又会与其他元素形成新的关系，新的关系接下来又会让某些可能的元素达到实现的状态，如此递归下去。这种运作方式被称为"再进入"（re-entry）方式，系统通过这种运作产生自己的时间，系统内部生产出来的未规定性就在各种运作的先后接替之中被解决，而且这些运作能够一个接着一个先后实现不同的东西。因此，根据卢曼的说法，自我指涉的特色就是系统通过否定他者的方式指示自己，并且在自我指涉的过程中会持续地通过否定他者的方式使自我与他者之间的差异"再进入"自我，并建构一种差异的同一。系统就是通过自我指涉实现区别环境与持续建构自身同一性的首要差异。同一性是系统通过特殊的反身性运作获得的；反身性指的是一种过程的自我指涉，也就是说，系统借着一次次持续的标示建构一个由众多

---

❶ 尼可拉斯·卢曼.大众媒体的实在[M].胡育祥，陈逸淳，译.台北：左岸文化，2006：73.
❷ 克内尔，纳塞希.卢曼社会系统理论导引[M].鲁贵显，译.台北：巨流图书公司，1998：65.

元素结合而成的整体，每个元素属于同一种类型。[1]因此，系统在不断与环境进行区别的过程中渐渐形成自己的特性，并表述自身特有的语义内涵。

另外，从社会的历史进化角度分析，卢曼提出区别于斯宾塞、帕森斯的历史社会形态区分方法，他将不同的社会形态分成三种分化形态，即远古社会的碎片式分化（segmentre differenzierung）、传统社会的层级式分化（stratifikatorische differenzierung）和现代社会的功能分化（funktionale differenzierung）。[2] 碎片式分化是指社会分化成性质基本相同、地位基本相等的家庭、家族或者部落等，层级式分化是指社会分化成性质不同、地位不等的阶层或者阶级。也就是说，现代社会的主要特征不是碎片式分化或层级式分化，而是功能分化，这种分化表现为社会在宏观层面上分为不同的功能次系统，如政治、经济、科学、法律、教育、家庭、大众媒体、体育和艺术等。虽然这些功能次系统性质各异，但地位相互平等。每个系统为社会的自我生成和再生产做出独特贡献，执行其他系统无法替代的功能。它们正是因为彼此不可替代，所以地位平等。因此，功能分化的社会是一个"无顶端、无中心"的社会。这种结构与传统社会中的家庭、家族或部落等基本单位的平行分化，以及阶层或阶级的垂直分化有本质的区别。这种功能分化的观点揭示现代社会结构的复杂性和多元性，强调各个社会领域的独特性和相互依存性，同时指出现代社会中权力和影响力呈分散的趋势。这一理论为理解当代社会运作提供重要视角，有助于我们更好地把握社会变迁的动态过程。[3]

综上所述，对于社会分化的理解，帕森斯与卢曼采取两种完全不同的理解方式，甚至可以说它们是两种范式的差异。在斯宾塞、涂尔干、帕森斯那里，社会分化就像劳动分工一样，整个社会的设置被理解成将一步步拆分成专门化

---

[1] LUHMANN N. Social Systems [M]. California: Stanford University Press, 1995: 450.

[2] LUHMANN N. Soziale Systeme: Grundrisseiner Allgemeinen Theorie[M]. Frankfurt a. M.: Suhrkamp, 1984: 25.

[3] LUHMANN N. Die Gesellschaft Der Gesellschaft [M]. Frankfurt a. M.: Suhrkamp, 1997: 803.

部门的过程，但是在卢曼看来，社会分化实际上是一个突变和功能分出的过程，最终的结果是系统随着环境的变化不断在内部形成高度专门化，不断简化外部复杂性的结构。因此，帕森斯式的社会分化追求的目标仍然是系统内部的共识，从而保障社会秩序的产生；而卢曼所说的突变式分化更多地意味着价值领域和功能的差异化、多元化、自主性，整个社会本来就是以差异为逻辑起点的，那些追求价值共识的理想在现代社会已是不切实际的。

第三章　现代社会的个体化趋势与交往困境

虽然现代社会一直被视为功能高度分化的存在，经历多次的变迁，当然已经形成稳定的结构，但秩序问题一直未引发人们思考。随着全球交往的深入，不同文化之间的差异开始使现代社会进入一种自我怀疑的状态，现代人是否真的处于一种帕森斯所说的均衡秩序状态。社会秩序实际上是一种动态的过程，随时可能会产生新的秩序。仔细梳理，当前国际社会表面上处于政治与文化层面的秩序冲突，但是深入研究后发现，实际上现代性这一历史进程是导致冲突最重要的历史推动力。处于现代性进程中的社会个体，一方面享受现代性所带来的美好生活，另一方面品尝着现代性所带来的恶果。"理性的牢笼"成为韦伯留给后人最大的警示。现代社会建基于工具理性、个人权利和民族认同三大支柱上，个人权利和民族认同已经导致人类的第一次全球化危机，而工具理性目前还没有造成人类的普遍危机。但是，随着时间的推移，一种大趋势正在显现，即现代社会的个体化进程正大步走上历史舞台的前场，"后真相""隐私安全"等现代性问题反映人类在新世纪遇到的危机。当前，越来越多的现代人发现人类对价值领域的终极关怀正退出公共领域，个体对私人生活的追求使人与人之间的沟通变得愈加困难。金观涛在《探索现代社会的起源》一书中写道："新世纪生活里，人们在消费社会里忘记了思想的存在，思想一词正在从公共领域中消失，思想家开始进入隐秘的历史黑暗，这是从轴心时代以来从未发生过的事情，现代性的演化也是人类三千年来未有之巨变。"❶音乐家耶胡迪·曼

---

❶ 金观涛.探索现代社会的起源[M].北京：社会科学文献出版社，2010：164.

纽因（Yehudi Menuhin）曾说："如果一定要我用一句话为二十世纪作总结，我会说，它为人类兴起了能想象的最大希望，但是同时却也摧毁了所有的幻望与理想。"❶

第一节　现代社会的个体化

古希腊哲学家普罗泰戈拉说："人是万物的尺度，是存在者如何存在的尺度，也是非存在者如何存在的尺度。"❷这一观点的提出宣告具有主观能动性的人被凸显出来。苏格拉底所说的"认识你自己"❸告诉世人，人才是一切活动的基础和出发点。但是，随着历史的变迁，欧洲社会进入黑暗的中世纪，哲学沦为神学的婢女，人的天性被压抑。直到近代欧洲资本主义的兴起和各种社会改革运动的推进，欧洲人开始相信理性原来是人获得真理与幸福的途径。

勒内·笛卡尔（Rene Descartes）认为"我思故我在"❹，人只有通过理性才可以认识事物。也就是说，人可以怀疑一切，理性让人的主体性进入历史视野。由此，笛卡尔确立主体性概念是将思维的内容与思维的形式分开，产生人的身心二元论，即主客二元思想的雏形。此后，康德发起哲学界的变革，他在《自然通史与天体理论》（*General Natural History and Theory of Heavens*）中提出"人为自然立法""把每一个当作本身即是目的来对待"的人类中心主义思想。❺康德用"二律背反"生成共通性的普遍理性和先验意识代替笛卡尔有限的自我意识，强调理性无须从自然中获取，理性本身就在人的心中，人可以通过理性来为自然立法。如此一来，康德将"主体性"哲学提到一个新

---

❶ 艾瑞克·霍布斯邦.极端的年代：二十世纪史（上册）[M].台北：麦田，1996：5.
❷ 罗素.西方哲学史：卷一[M].何兆武，李约瑟，译.北京：商务印书馆，1982：82.
❸ 罗素.西方哲学史：卷一[M].何兆武，李约瑟，译.北京：商务印书馆，1982：90.
❹ 罗素.西方哲学史：下卷[M].何兆武，李约瑟，译.北京：商务印书馆，1976：87.
❺ 罗素.西方哲学史：下卷[M].何兆武，李约瑟，译.北京：商务印书馆，1976：250-255.

的高度。后来，黑格尔将康德的自我意识发展为绝对精神，认为"现实的即是合理的，理性就是宇宙世界的主宰，它既是无限力量也是实体，它自身是一切自然生命、精神生命的无限素材与无限形式，理性是宇宙的实体"❶。显然，黑格尔的"绝对精神"在本质上肯定人和人的主体性，他在本体论上通过宇宙精神化学说解决认知主体哲学的二元分裂的难题，黑格尔的主观唯心哲学推动"形而上学"到达哲学的顶峰，使后期现代哲学都以批判黑格尔哲学为起点。通过以上梳理，笔者发现近代哲学通过理性把人的主体性一步步推到历史舞台的前场，使人的主体性意识、主体性思考与认识成为近代哲学的中心。人在理性的世界里可以勇敢地追求自由和真理，被带入知识论的理性范畴，在哲学史上完成从本体论到认识论的全面转向。与此同时，这一认识论转向也相应地反映在欧洲的社会学理论中，也就是个体主义、个体化进入人们的视野。

根据《企鹅社会学辞典》的解释，个体主义起源于欧洲的改革运动，强调人的重要存在，个体需要获得更多的自由与权利。韦伯认为，个人作为拥有自主精神的行动者，可在自由的市场环境中与他们产生互动与联系。❷显然，个体主义这一概念既是欧洲近代主体哲学发展到成熟阶段的结果，又是主体存在哲学的文化表征现象。与个体主义同时出现的概念是个体化，根据《企鹅社会学辞典》的描述："个体化有两层含义，第一层是个体获得独立并区别于其他个体的社会进程；第二层是个体在社会或集体中获得自主性、个人权利以及个人责任。"❸也就是说，个体化不仅具有个体主义的基本属性，而且包括更深层次的内涵，即个体可以随着社会的发展具有更多的个性和与他人的差异，还有个体在追求更多自主和权利的同时，也负有一定的个人责任。个体化实际上是

---

❶ 罗素.西方哲学史：下卷[M].何兆武,李约瑟,译.北京：商务印书馆,1976：283.

❷ ABERCROMBIE N, HILL S, TURNER B S. The Penguin Dictionary of Sociology [M]. London: Penguin Books, 2006: 194.

❸ ABERCROMBIE N, HILL S, TURNER B S. The Penguin Dictionary of Sociology [M]. London: Penguin Books, 2006: 195.

一种动态的社会变迁进程,其中隐藏着主体与客观、个体与社会这两组二元关系。根据郑杭生等人的说法,个体与社会既是社会学的元命题,又是社会学的基本命题,它的展开构成了社会学的理论元层面,是社会学知识体系的基础。❶

一、个体与社会的关系脉络

近代以来,欧洲的文艺复兴、理性启蒙运动唤醒了人们的个体意识,使人作为一种独立的个体走上历史舞台的前场。1789年开始的法国大革命使个体以最激烈的方式争取人的生存自由与权利。发生在英国的工业革命也迅速征服欧洲,促使农民离开传统家园与土地,在城市中寻找新的生活。伴随这一历史进程,欧洲社会进入一个完全不同形态的个体化进程。

(一)以"共性"为媒:个体与社会相融

社会的产生晚于共同体,尤其是从工业化革命以来,大批农民离开土地成为工厂的工人,人们传统的共同体聚集方式被新的一切打破,从此人类走上社会聚集的道路。❷滕尼斯在《共同体与社会》一书中清晰地描述人们从共同体中脱离成为个体,然后在新的领地里自发形成社会。作为继孔德之后的社会学奠基人之一,滕尼斯用二分法的概念抽象地概括人类的两种结合方式:一是共同体,二是社会。在滕尼斯的概念中,共同体是建立在自然的基础上的家庭、宗族群体里实现的。他认为,共同体建立在人的本能聚集或与思想、习惯有关的共同记忆之上,是一种原始的或者天然状态的人的意志的完善统一体。在滕尼斯看来,共同体是一种持久和真正的共同生活,血缘共同体、地缘共同体等

---

❶ 郑杭生,杨敏.个人与社会的关系——从前现代到现代的社会学考察[J].江苏社会科学,2003(1):1-9.

❷ 斐迪南·滕尼斯.共同体与社会:纯粹社会学的基本概念[M].林荣远,译.北京:商务印书馆,1999:98.

是共同体存在的基本形式。❶与此相反，社会是一种有目的的联合体，是一种"人的群体，他像在共同体里一样，以和平的方式相互共处地生活和居住在一起，但基本上不是结合在一起，而是分离的"❷。在滕尼斯看来，社会的基础是个人与个人的思想、意志，人的意志在很多方面都处于相互的关系之中，关系本身即结合，这就是社会的概念。❸因此，在新的生活方式中，个体与社会的关系从传统的个体隐身于集体，诸如家庭、家族、族群等之后的自明状态转变到个体和社会关系需要重新认识的未知新状态。❹

涂尔干说："越来越复杂精细的社会分工在促进个体不断从各种'集体'中脱离的同时而又不得不密切和别人合作。"❺涂尔干与滕尼斯是同时代的人，对于个体与社会的关系，涂尔干有更深刻的理解。1893年，涂尔干提交了他的博士论文《社会分工论》，该论文详细地阐述"社会团结""功能"和"集体意识"等基本概念，奠定涂尔干思想的基础。作为社会唯实论的代表，涂尔干主张社会除了是一个有机的整体之外，还有更为重要的特征，就是集体生活还有一种超越功利原则的精神联结。涂尔干说："同一社会的每个成员共有的信仰和情感的总体组成的一个有着独立生命的特定体系，我们可以称之为集体意识或共同意识。"❻涂尔干这样论述："任何彰显的社会机构都具有它所代表的集体属性，这是一种普遍规律。这样社会便具有了超人的性质，它们正是从我们所说的共同意识中产生出来的。"❼在涂尔干的概念体系里，"机械团结"与"有机团结"是建立社会秩序的中心环节，集体意识的发现直接让涂尔干进入对社会秩序这一永恒命题的探讨。那么，涂尔干所说的共同意识如何产生社会

---

❶ 斐迪南·滕尼斯.共同体与社会：纯粹社会学的基本概念[M].林荣远，译.北京：商务印书馆，1999：65.
❷ 斐迪南·滕尼斯.共同体与社会：纯粹社会学的基本概念[M].林荣远，译.北京：商务印书馆，1999：98.
❸ 斐迪南·滕尼斯.共同体与社会：纯粹社会学的基本概念[M].林荣远，译.北京：商务印书馆，1999：98.
❹ 解彩霞.个体化：理论谱系及国家实践——兼论现代性进程中个体与社会关系的变迁[J].青海社会科学，2018（1）：111-117.
❺ 埃米尔·涂尔干.社会分工论[M].渠东，译.北京：生活·读书·新知三联书店，2000：26.
❻ 埃米尔·涂尔干.社会分工论[M].渠东，译.北京：生活·读书·新知三联书店，2000：42.
❼ 埃米尔·涂尔干.社会分工论[M].渠东，译.北京：生活·读书·新知三联书店，2000：141.

团结呢？涂尔干说："意识越是能够使行为感受到各种不同的关系，它就越是能够把个人紧密地关联到群体中去，继而社会凝聚力也会由此产生出来，因此共同的意识会把个体带向某个目标，这个目标既可以是观念的，也可以是具体的对象。"也就是说，在涂尔干的社会理论里，他建立了一个最基本的社会秩序模型，即"个体—集体意识—有机团结—社会秩序"。根据这一模型，我们可以得出一个结论，即社会秩序的问题通常被理解为个体与社会的关系问题。❶

（二）以"差异"为界：个体与社会分离

韦伯说："历史就是一场持续的战斗，不同社会等级与其他等级之间也相互斗争，这些分层过程构成了我们日常生活的基本结构，同时也导致了人类社会整体的社会变迁。"❷对于现代社会的观察，韦伯无比地冷静。柯林斯说，除了马克思和弗洛伊德之外，其他任何从事社会理论研究的学者的影响力都无法与韦伯相比，因为韦伯的官僚制、理性化、理解（verstehen）、理想型（ideal types）等概念都是对现代社会发展的深刻描述。1864年，韦伯生于德国，年少时就已经在家中见到了滕尼斯、齐美尔等多位杰出的知识分子。❸什么样的秩序将人们与那些他们也许从来没有见过的人连接在一起呢？韦伯找出三种这样的秩序：经济、政治和文化。❹韦伯的核心假设是在经济舞台上、政治斗争中及文化领域中具有共同地位和利益的人倾向于共同行动并相互团结在一起，而

---

❶ 郑杭生.中国特色社会学理论的深化（上卷）："实践结构论"的提出与"理论自觉"的轨迹[M].北京：中国人民大学出版社，2010：275.

❷ 兰德尔·柯林斯，迈克尔·马科夫斯基.发现社会之旅——西方社会学思想述评[M].李霞，译.北京：中华书局，2006：198.

❸ 兰德尔·柯林斯，迈克尔·马科夫斯基.发现社会之旅——西方社会学思想述评[M].李霞，译.北京：中华书局，2006：187.

❹ 兰德尔·柯林斯，迈克尔·马科夫斯基.发现社会之旅——西方社会学思想述评[M].李霞，译.北京：中华书局，2006：190.

将所有其他人排除在他们平等的团体之外。❶由此，这一假设建构韦伯的社会分层理论，即政治、经济、文化三个不同领域中的各种力量随着互动规模的增加，其复杂性和激烈程度也不断增加，政治分层受到经济联盟的影响，反之经济联盟也受到政治分层的影响，而二者同时与文化分层产生互动。因此，社会在稳定时期，这三类分层存在一种相互融合的趋势，但是当这三类分层之间的变迁与竞争加剧时，整个社会就面临不断地巩固、崩溃和重组的局面。

齐美尔用"人类上演的戏剧就是一场个人与社会之间的斗争"这句话来描述现代社会的发展。虽然齐美尔赞同涂尔干的"社会事实"这一描述，但是他发现"货币给现代生活装上了一个无法停转的轮子，使生活这架机器成为一部永动机，由此就产生了现代生活常见的骚动不安和狂热不休"❷。齐美尔延续康德、黑格尔、威廉·狄尔泰（Wilhelm Dilthey）、威廉·冯特（Wilhelm Wundt）的德国哲学传统，采用如何通过自己的知觉形式来看这个世界，以及这些形式如何通过语言、艺术、神话和法律体系等在历史变迁中代代相传。齐美尔说："社会是一个有着自身规律的不可见世界，这个规律隐藏在人类各种的互动形式与模式中，它既对个体的行动产生影响，也同时会帮助文化塑造个体成为人。"❸齐美尔又进一步说："群体中的人是由最低程度的共同点来统领的，而更高形式的知识和道德往往是个人的产物。"❹因此，齐美尔在此基础上进一步追问：个体是不是完全摆脱了他人和集体的牢笼，成为不可依赖任何别人纯粹的个体？他的回答是"现代社会虽然促进了个体朝着更加个性化的方向发展，而且使个体也获得了更多的自主性与自由空间，但是

---

❶ 兰德尔·柯林斯，迈克尔·马科夫斯基.发现社会之旅——西方社会学思想述评[M].李霞，译.北京：中华书局，2006：192.

❷ 乔治·齐美尔.金钱、性别、现代生活风格[M].顾仁明，译.上海：学林出版社，2000：8.

❸ 兰德尔·柯林斯，迈克尔·马科夫斯基.发现社会之旅——西方社会学思想述评[M].李霞，译.北京：中华书局，2006：258.

❹ 兰德尔·柯林斯，迈克尔·马科夫斯基.发现社会之旅——西方社会学思想述评[M].李霞，译.北京：中华书局，2006：262.

个体在摆脱传统社会关系的同时,却使个体更多地需要一个更为复杂的组织和别人的帮助才能满足需求"❶。也就是说,个体在与社会互动的过程中,不仅获得越来越多的个体自由,而且更多地依赖于与他人进行新的社会互动。齐美尔在他的《货币哲学》一书中说:"自由,意味着更多地依赖更多的他人。"❷这句话更直白的表达是在竞争的社会逻辑中要获得更多货币就得需要依赖他人。

综上所述,韦伯与齐美尔并没有否认滕尼斯与涂尔干通过集体共识所搭建的社会结构的高塔,而是注意到在社会结构中存在的内部紧张的矛盾和冲突。制造这种矛盾和冲突的根源是个体之间原本就已存在和随着社会互动不断增加的个体性差异,从而在结构层面持续地凸显个体的重要作用。齐美尔用"玫瑰园"的比喻来批驳马克思的哲学,认为自然分配的土壤与阳光必然使一部分人拥有玫瑰,马克思式的平等主义必然只是一种理想。但正是这种天生不平等的自然状态使社会不可能像涂尔干所说的那样,以社会的"共同精神"保证整体社会秩序的均衡。

二、从传统个人走向现代个体

文明的进程既是社会不断进行功能分化的过程,又是保持个体化不断持续深入的过程。细数人类社会的变迁历史,每一步变迁实际上是个体和社会关系的不断变化与重塑。滕尼斯、涂尔干、韦伯、齐美尔四位社会学大师的生活和写作都基于对19世纪末至20世纪初欧洲社会的现代化进程的思考,他们的思想既延伸19世纪孔德、马克思、弗里德里希·威廉·尼采(Friedrich Wilhelm Nietzsche)等人对理性主义的思考,同时对20世纪帕森斯、卢曼、贝克、鲍曼、阿伦特、米德、欧文·戈夫曼(Erving Goffman)等人产生重要影响。"二

---

❶ 乔治·齐美尔.社会是如何可能的:齐美尔社会学文选[M].林荣远,编译.桂林:广西师范大学出版社,2002:44.

❷ 乔治·齐美尔.货币哲学[M].陈戎女,耿开君,文聘元,译.北京:华夏出版社,2002:28.

战"后，人类社会的现代化进程出现新的趋势，工业主义全球化渗入世界的每一个角落，媒介信息技术悄无声息地让现代人进入全球网络社会，"消费主义""女权运动""福利制度"等一系列现代性事件正成为全球社会生活的标准化操作。总之，不受约束的现代性正持续不断地超出它的坐标空间，而且在时间上正迫使人们与传统进行决裂。

吉登斯、贝克、拉什、鲍曼、阿伦特等人是20世纪80年代前后对现代性问题最具洞见的学者。"现代"一词用法最早可追溯到古罗马帝国时期，从而引出了antique（古代）与modern（现代）这对词语及其用法。❶在这里，"古代"与"现代"构成了一种生存性的张力。实际上，最早使用"现代"一词来审视社会结构特征的学者是特洛尔奇（Troeltsch），其现代学最重要的文本是《现代世界》，这本书由八篇论文组成，最具代表性的是第二篇"启蒙运动"与第八篇"19世纪"。❷因此，"现代"一词在概念上是从时间上以历史分期方式从启蒙运动起就开始了它的"社会之旅"。

作为现代性问题的观察者，贝克、吉登斯、鲍曼、阿伦特等人如何看待传统与现代之间的"断裂"（discontinuities），如何对这种"断裂"与人类的生存境况进行解释呢？对这一问题的追问，实际上确定后帕森斯时代社会科学的整体基调。现代性区别于现代主义与现代化这两个概念，它是西方世界的社会组织模式、文化形态和生活方式，大约出现在16—17世纪的欧洲，是资本主义与工业化相结合的产物，在此后的时代里在世界范围内产生不同程度的影响并扩展到其他地区。在现代性的社会理论中，传统与现代是一对二元成组的概念，这两个词之间必然存在一个"断裂"的过程。我们从特洛尔奇的描述中得知，现代性已经走过300多年的历史，西方社会乃至全球社会已经或者正在发生翻天覆地的改变，这种改变用"断裂"来形容一点也不为过。一些后现代学者，如雅克·德里达（Jacques Derrida）、让-弗朗索瓦·利奥塔（Jean-François

---

❶ 刘小枫.现代性社会理论绪论[M].上海：华东师范大学出版社，2018：61.
❷ 刘小枫.现代性社会理论绪论[M].上海：华东师范大学出版社，2018：64.

Lyotard）等人宣称历史的发展已经不同于现代社会的特征，人类已经进入后现代时期。然而，在贝克、吉登斯、拉什等人看来，"我们实际上并没有迈进一个所谓的后现代时期，社会的发展正处于向一种新的不同的社会秩序转化，正在迈向一个更高的阶段，也可以说是激进现代化或高度现代化阶段"❶。贝克说："以20世纪后半期为界，17世纪至20世纪后半期是第一现代性时期，或者称之为工业社会时期；20世纪后半期到现在是第二现代性时期，也称之为风险社会时期。"❷为了打破现代性与后现代性之间无休止的争论，1989年贝克、吉登斯、拉什三人共同提出用"反思性现代化"（reflexive modernization）这一理论破除概念上的迷雾，同时确定"破除传统"是现代性的第二个共同的主题。❸

（一）"脱域"与"反思性现代化"：吉登斯关于现代性的论述

吉登斯生于1938年的英国，获得剑桥大学博士学位。吉登斯说："近代以来社会理论大师的写作，大多是为了理解'什么是现代社会'而展开的。"❹吉登斯也不例外，他关于现代性的论述创新性十足，比肩帕森斯的学术影响力。吉登斯对现代性的思考正处于"后帕森斯"时代，20世纪70年代各派思想家对"社会事实"（social facts）、结构等概念展开强烈的质疑与批判。吉登斯的理论也不例外，他在20世纪八九十年代完成《社会的构成》《民族-国家与暴力》《现代性的后果》《现代性与自我认同》《亲密关系的变革》等著作，这些著作汇集他对现代社会的独特思考。简单来说，吉登斯对现代性的论述可分为以下方面。

---

❶ 安东尼·吉登斯.现代性的后果[M].田禾，译.南京：译林出版社，2000：3.
❷ 乌尔里希·贝克.风险社会[M].何博闻，译.南京：译林出版社，2004：2.
❸ 乌尔里希·贝克，安东尼·吉登斯，斯科特·拉什.自反性现代化[M].赵文书，译.北京：商务印书馆，2001：1.
❹ 安东尼·吉登斯.社会的构成：结构化理论大纲[M].李康，李猛，译.北京：生活·读书·新知三联书店，1998：60，5.

第一，现代社会的脱域（dis-embedding）机制。脱域是吉登斯对由传统社会向现代社会制度转化的概念总结，是指社会关系从传统社会彼此互动的地域性关联中，从通过不确定时间的无限穿越而被重构的关联中"脱离出来"。❶这句话吉登斯说得非常抽象，简单地说就是现代社会借助象征性的符号媒介（symbolic tokens）与专家系统（expert system）建立普遍的社会信任（social trust），促进现代人与人之间的互动在时间与空间上得到拓展（time-space distanciation），从而保证人们从传统社会中依托面对面式的在场（presence）互动中解放出来，进入现代社会依靠一系列稳定的社会信任机制进行非在场（absence）的互动。❷这一过程正是吉登斯阐释脱域思想的核心论述，其脱域机制如图3-1所示。

吉登斯用"断裂"这个词来形容现代社会与传统社会之间的决裂，认为这种断裂不仅体现在现代性步伐的绝对速度之上，还在变迁范围上席卷了地球的每一个角落与整个层面，它让现代的城镇替换了一切传统乡村的秩序生活。❸

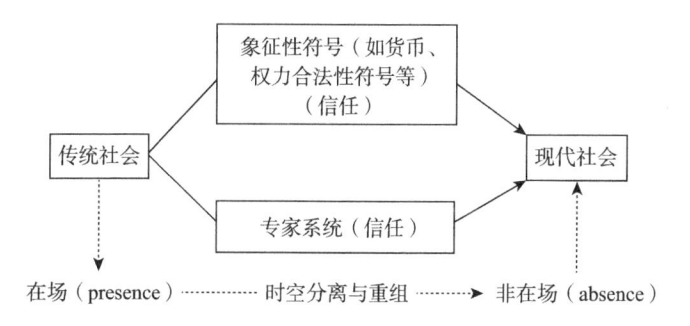

图3-1 吉登斯的脱域机制

第二，现代社会的再嵌入机制。吉登斯用"dis-embedding"这个词来描述"脱域"概念，词根"bed"表明现代人从传统社会中安身立命的"床位"脱

---

❶ 安东尼·吉登斯.现代性的后果[M].田禾，译.南京：译林出版社，2000：18.
❷ 安东尼·吉登斯.现代性的后果[M].田禾，译.南京：译林出版社，2000：12-19.
❸ 安东尼·吉登斯.现代性的后果[M].田禾，译.南京：译林出版社，2000：6.

离,重新进入现代社会就是发现新的"床位"。吉登斯用"再嵌入"来形容这一着落新"床位"的过程,他说:"所谓再嵌入,是指重新转移或重新构造已经脱域的社会关系,以便使这些关系与地域性的时空条件相契合。"❶也就是说,脱域机制促使现代性这一历史进程通过时空分离与重组的方式让全球化成为现代人的标准生活。与此同时,由象征性符号和专家系统构成的抽象体系帮助现代人增加对社会的信任(trust)与信赖(faith)水平。❷因此,再嵌入帮助现代人创造与更多陌生人进行互动的可能,在现代社会生活中那些数不清的彼此相遇(encounter),或者被霍夫曼称为"世俗的不经意"(civil inattention)的东西实际上表明现代人具有复杂而高度熟练的自我管理能力。现代人之间的"不经意相遇",不用冷漠(indifference)这个词来形容,而是礼貌的疏远(polite estrangement)与彼此的刻意控制。❸

第三,反思性现代化动力机制。吉登斯明确指出,欧洲目前已经到达晚期(高级)现代性(late/high modernity)的时代❹,这种推动力主要由反思性(reflexivity)来完成。反思性是吉登斯论述现代性的核心概念,是指多数社会活动及人与自然的现实关系依据新的知识信息而对之做出阶段性修正的那种敏感性。❺吉登斯的这句话依然说得抽象,实际上反思性有一个概念前提,即人类通过自主性选择与更多的理性卷入,促使现代人从稳固的传统社会关系中解放出来,也是随着现代社会"脱域"机制不断深化,现代人越来越具备自我创造新生活的能力。这一创造新生活的驱动力正是依靠人的理性和怀疑一切的创新精神让现代人不断做出新的选择,以替代传统。反思性现代化机制正是这种新

---

❶ 安东尼·吉登斯.现代性的后果[M].田禾,译.南京:译林出版社,2000:69.
❷ 安东尼·吉登斯.现代性的后果[M].田禾,译.南京:译林出版社,2000:69.
❸ 安东尼·吉登斯.现代性的后果[M].田禾,译.南京:译林出版社,2000:71.
❹ 安东尼·吉登斯.社会的构成:结构化理论大纲[M].李康,李猛,译.北京:生活·读书·新知三联书店,1998:23.
❺ 安东尼·吉登斯.现代性与自我认同[M].赵旭东,方文,译.北京:生活·读书·新知三联书店,1998:22.

旧替换的过程，让现代社会的人工属性越来越强，从而使人类的活动全面地影响自然。现代人生活的世界越来越依靠更加抽象化的政治、法律、经济等各种健全的社会制度，让现代个体过上拥有最大自主性的现代生活。因此，反思性是现代性制度化的动力，在制度化的过程中现代人定期地把知识应用到社会生活的情境上，并把它作为制度组织和转型中的一种建构要素。❶当然，反思性现代化并非完美无缺，在吉登斯看来，它正是现代性风险和影响本体性安全的不确定性来源，现代制度的导入会引起人们日常社会生活的嬗变。

（二）"脱嵌"与"再嵌"：贝克关于现代性的论述

贝克于1944年出生于德国，1972年获得哲学博士学位，20世纪80年代出版一系列关于现代性、个体化、风险社会、全球化的著作，其影响力极为广泛。和吉登斯一样，贝克的关注点主要集中在自反性现代化这一领域，出版两本有分量的著作：《个体化：制度化的个人主义及其社会的和政治的后果》《风险社会：迈向另一种现代性》。贝克在关于现代性的论述中指出，"这是一种制度化的个体主义"（institutionalized individualism）。❷总的来说，贝克关于现代性的论述主要有以下几个方面。

第一，"脱嵌"（dis-embedding）与"再嵌"（re-embedding）的个体化过程。对于"脱嵌"与"再嵌"，贝克和吉登斯都使用"dis-embedding"和"re-embedding"这两个词，两人描述的意义是一致的。但是，贝克与吉登斯不同，他更关注个体如何成为"个体"，以及当个体走上高度个体化的道路时，人的生存方式与状况是怎样的景象，还有脱离传统的个体在得到解放后又如何再次嵌入社会。另外，在高度个体化的社会中，是否存在一种重新进行社会整合的

---

❶ 安东尼·吉登斯.现代性与自我认同[M].赵旭东，方文，译.北京：生活·读书·新知三联书店，1998：17.

❷ 乌尔里希·贝克，伊丽莎白·贝克-格恩斯海姆.个体化[M].李荣山，范譞，张惠强，译.北京：北京大学出版社，2011：序1.

方式？这些问题构成贝克对个体化论述的主要内容。贝克说："现代化导致了个体化有三个先后的过程，分别是脱嵌、去传统、再嵌入。"[1]贝克将现代性划分为第一现代性和第二现代性两种。第一现代性是指个体从传统的义务和关系中脱嵌出来，而第二现代性是指"现代性自己改变自己"或者"自反性现代化"的阶段，"第二现代性"实际上是指一种"再嵌入"的过程，就是在对个体权利保护的一系列制度性保障的基础上实现全员个体化。[2]那么，个体化是如何发生的呢？贝克说："由于教育机会增多的缘故，就出现了对职业劳动和劳动市场的要求，而由此产生的主动进入劳动市场的必然性也就随之启动并维持了个体化的进程，促进转变的决定性力量、根本的因素是教育。"[3]具体来说，从传统社会过渡到现代社会这一变迁的动力实际上来自教育和劳动力市场，个体从传统中脱嵌出来投入自由支配的劳动力市场，看似自由地开启自己为自己负责的人生，进入劳动力市场的同时，个体又进入消费市场，通过从众的消费来创造自己的生活。另外，个体通过社会福利政策和制度消解传统工业社会的设置，使人们的阶级权利和义务同时被解除，进而使个体不得不规划自己的职业生涯。这一过程正是贝克所说的"自反性"过程，也就是说社会不断地完善福利政策与制度，使个体连续地过上为自己而活又对自己负责的生活。"自反性"贯穿于社会与个体生活的每个角落，从而保证第二现代性成为一种制度性个体化过程。

第二，个体化之路上的"选择性人生"。现代化给我们的经济生活、政治生活带来一系列的变化，如资本集中、劳动分工加强、人口流动等，"它同样导致一种'三重'的个体化"。个体化涉及三个维度，即解放的维度、去魅的

---

[1] 解彩霞.个体化：理论谱系及国家实践——兼论现代性进程中个体与社会关系的变迁[J].青海社会科学，2018（1）：111-117.

[2] 解彩霞.个体化：理论谱系及国家实践——兼论现代性进程中个体与社会关系的变迁[J].青海社会科学，2018（1）：111-117.

[3] 乌尔里希·贝克，约翰内斯·威尔姆斯.自由与资本主义——与著名社会学家乌尔里希·贝克对话[M].路国林，译.杭州：浙江人民出版社，2001：70-72.

维度和控制或重新整合的维度。在解放的维度上，脱离是指从历史规定的、在统治和支持的传统语境意义的社会形式和意义上的脱离；在去魅的维度上，脱离是指与实践知识、信仰和指导规则相关的传统安全感的丧失；在控制或者重新整合的维度上，脱离也是重新植入、再联结、控制或整合的面向，是一种新的社会联结方式和新形式的社会义务。❶ 如何理解个体化？贝克说："个体化，它不是指个人主义，也不是个性化的意思。个性化是指如何成为独一无二的人，也就是说个体化并非原子化。相反，个体化是一个结构概念，是指制度化的个人主义。"❷ 例如，在福利国家，大多数权利和享受权利的基础都是为个人而不是家庭设计的。在很多情况下，它们都是以雇佣为先决条件的，雇佣反过来又暗示着教育，而在现代社会雇佣和教育都是多变的。在这些要求下，人们必须把自己理解和计划为个体，人在设计自己的生活的时候，把自己当作一个企业来经营，自己经营自己，"如此一来，人就成了他自己的雇主"❸，如果他们失败了，就只能归咎于自己。因此，现代社会个体的人生实际上就是一种自我"选择性人生"。在传统社会中，个体命运及先决条件被事先确定，似乎一切都被标准化。但是，在现代社会，为自己而活意味着标准化的人生轨迹成为一种可选择的人生。❹

第三，个体化之路上的"风险人生"。贝克说："为自己而活，同时意味着失败也是属于自己的。"❺ 选择的一面是成功，另一面是失败。自主选择的人生实际上是一种"风险人生"，美好、繁华的背后可能隐藏着危险，自主的人生也可能转眼变成裂变的人生，选择有风险，人始终处于危机的状态。因此，虽

---

❶ 乌尔里希·贝克.风险社会[M].何博闻，译.南京：译林出版社，2004：156.
❷ 乌尔里希·贝克.世界风险社会[M].吴英姿，孙淑敏，译.南京：南京大学出版社，2004：11.
❸ 乌尔里希·贝克，约翰内斯·威尔姆斯.自由与资本主义——与著名社会学家乌尔里希·贝克对话[M].路国林，译.杭州：浙江人民出版社，2001：74.
❹ 乌尔里希·贝克，伊丽莎白·贝克-格恩斯海姆.个体化[M].李荣山，范譞，张惠强，译.北京：北京大学出版社，2011：27.
❺ 乌尔里希·贝克，伊丽莎白·贝克-格恩斯海姆.个体化[M].李荣山，范譞，张惠强，译.北京：北京大学出版社，2011：27.

然现代社会中的个体灵活地从身份阶级中脱离，貌似处于一种"超阶级"的生存形态，但面对短期失业或者长期失业的个人问题，个体不得不为自己而活，而且必须再嵌入这种生活，独自面对各种问题，这也是"自反性"现代社会个体化的特征。❶但是，根据贝克的描述，在第二现代性的今天，"自反性"实际上并没为现代个体提供真正"重新嵌入"的"床位"，即使有，也只是尺寸大小不同、风格不一的演奏凳（music chairs），它们的数量和位置会发生变化，迫使男男女女忙碌奔波、无休无止，没有到达的满足，也没有抵临终点时忧虑顿失的惬意，在抽离的个体所走的这条路的尽头，现代人看不到"重新嵌入"的希望。❷

（三）"被强迫的个体"：鲍曼关于现代性的论述

作为一名犹太裔学者，鲍曼将大部分的注意力集中在大屠杀、流动的现代性和个体化问题上。鲍曼是当今最多产的社会理论家，自20世纪60年代移居英国后，他完成了《流动的现代性》《被围困的社会》《个体化社会》等经典著作。在鲍曼的视野中，个人与社会的关系始终决定着人类社会变迁的中轴，从传统社会到现代社会，个体与社会之间的纠葛发生了剧烈的变化，尤其是随着全球化的不断扩展，现代性的"流动"特征驱使个人在生存方式上出现整体的转向。简单来说，鲍曼对现代性的论述主要有以下几个方面。

第一，被强制的个体化进程。鲍曼说："个体化是命定而非可选择之事，在个体自由选择的范围内，逃避个体化和拒绝参与个体化游戏这种选择，都没有提上议事日程。"❸与贝克不同，鲍曼对个体化的认识更关注个体选择自由的无奈，认为现代社会的个体化实际上是一个强制的过程，身处历史洪流中的个

---

❶ 解彩霞.个体化：理论谱系及国家实践——兼论现代性进程中个体与社会关系的变迁[J].青海社会科学，2018（1）：111-117.

❷ 乌尔里希·贝克，伊丽莎白·贝克-格恩斯海姆.个体化[M].李荣山，范譞，张惠强，译.北京：北京大学出版社，2011：23-24.

❸ 齐格蒙特·鲍曼.个体化社会[M].范祥涛，译.北京：生活·读书·新知三联书店，2002：181.

体不断地出现流动的特征，这种流动让刚刚从"共同体"或者阶层中脱离出来的个体再一次被教育、劳动、就业、工资制度等重新铸造和形塑，个体只有在不断流变的世界中"自己为自己负责"。❶简而言之，个体化在于确立合法的自主性，个体化在于把人的身份从既定的东西转变成一项责任，要求行动者承担执行这项任务的责任，并对其行为的后果负责。因此，人的身份不再是与生俱来的，正如让-保罗·萨特（Jean-Paul Sartre）所说："光有资产阶级出身还不够，还必须像资产阶级那样生活。"❷现代性用强制性的、义务性的社会地位自决（self-determination）取代社会地位的被决。

第二，自由的稀缺性。和许多犹太裔学者一样，鲍曼也看到了以"手段—目的"为主的工具理性将人的生活世界物化成追求利润最大化的市场环境，这极易导致个体自由被异化与被剥夺。鲍曼看到在个体化进程中个体自由的两难困境：一方面，个体作为一个合法的行动者，可以通过教育、劳动、消费等途径扩大其自由选项；另一方面，多数个体缺乏足够的资源来获得实际的自由，也就是说只有少数人能够通过货币、地位或其他社会资源形式来占有更多的自由分配。这就是鲍曼理论中的个体化自由悖论，鲍曼用"变化多端的人"（protean man）来描述个体化所带来的自由困境，即自由的个体既是"低度社会化"的，因为外部世界已经不存在一个总体的稳定法则，与此同时，自由的个体又是"高度社会化"的，因为自由不是自足的，而是必须来自社会结构的规定。❸因此，在鲍曼的结论中自由是稀缺的，个体化所带来的自由并不是均质、普遍和不对称的，它所遭遇的困境是自由的非均衡性与阶层结构的不平等性呈现出相互契合的态势。这也符合风险社会中"财富向上聚集，而风险向下聚集"的分配逻辑。❹

---

❶ 齐格蒙特·鲍曼.流动的现代性[M].欧阳景根，译.北京：生活·读书·新知三联书店，2002：181.
❷ 乌尔里希·贝克，伊丽莎白·贝克-格恩斯海姆.个体化[M].李荣山，范譞，张惠强，译.北京：北京大学出版社，2011：22.
❸ 齐格蒙特·鲍曼.自由[M].杨光，蒋焕新，译.长春：吉林人民出版社，2005：53.
❹ 齐格蒙特·鲍曼.自由[M].杨光，蒋焕新，译.长春：吉林人民出版社，2005：53.

三、现代社会中性别与家庭结构的嬗变

在个体化的论述中,吉登斯、贝克、鲍曼三人都看到现代社会的"脱嵌"这一必然历史进程,"脱嵌"导致妇女境况的改变和家庭结构的嬗变,"解放"成为现代女性角色变化的关键词。

(一)妇女"解放"与劳动的嬗变

在现代社会中,"妇女从婚姻的供养中脱离出来"❶,妇女曾因为婚姻的供养而受到束缚,现在则大批地涌向劳动市场。贝克认为,从以下几个明显的方面能够看出妇女已经从传统的特征中被解放出来。

首先,现代化,特别是"二战"后重构了家庭劳动。"二战"后,随着科技的发展,各种技术产品开始进入家庭,各种各样的家用设备在很大程度上减轻了家务劳动。这使妇女拥有更多的闲暇时间,指引妇女走出家庭去寻找一种更充实的生活。其次,现代科技的发展推动计划生育措施的进步,女性从"母亲的命运"中被解放出来。与此同时,很多妇女涌入劳动力市场脱离丈夫的终身供养,在这个意义上妇女被解放了。从家务劳动、婚姻中解放的妇女,开始进入劳动力市场,并承受事业计划的压力。农业社会或者传统社会已经预设了男女角色,在家庭内外夫妻双方各司其职、分工明确。然而,现代社会的发展逐步改变传统社会预设的角色,家庭中的各种冲突开始出现,许多关系也在逐步改变。❷

此外,劳动的去标准化也是个体化的表现之一。劳动与职业始终是一体的,职业是一个人得以进入社会的渠道。不同的职业代表不同的收入、工作环境、背景等。因此,在日常生活中,职业成为一种能力和社会地位的象征。但是,如今的职业状态发生了变化,职业正在失去很多原有的保障作用。连同职

---

❶ 乌尔里希·贝克.风险社会[M].何博闻,译.南京:译林出版社,2004:158.
❷ 乌尔里希·贝克.风险社会[M].何博闻,译.南京:译林出版社,2004:128.

业一起，人们失去了一种源于工业时代的内在的生活支柱。❶曾具有高度标准化特征的劳动，即"终身的全职工作"，从20世纪70年代起在人工智能浪潮的冲击下，这一高度标准化的工作形式开始有所改变，灵活而多元的不充分就业形式开始流行起来。工作场所和工作时间开始不具有统一标准，公司的工作可以通过非集中的、不考虑地理因素的方式进行组织。在这一过程中，原来可见的办公室、办公楼被不可见的组织形式代替。劳动的去标准化同时带来雇佣劳动的变化。在终身的全职工作模式下，雇主必须为员工提供各种保障，这些保障费用是不小的支出。相比之下，商业越来越倾向于兼职工作和不完全就业，因为企业在兼职工作和不完全就业中得到现实的利益。一方面，公司可以根据订单情况灵活安排工作时间，以这种方式部分企业将公开失业的限制通过灵活的不充分就业转嫁到员工身上；另一方面，雇主可以通过这种方式将生产时间从工作时间中分离出来，从而更长久、更集中、更紧凑地使用生产装置。❷

"个体化进程越深入，人们对既定的集体性范畴的依附就变得越脆弱"❸，在对个体化进行总结的时候，贝克认为个体化具有矛盾的基本特征。他说："个体化的生涯，一方面与自我形成重新联系在一起，另一方面却又向事实上无限的可能性发展。"❹个体被抛入社会，同时矛盾和冲突也被扔给个体。失去保障的个体必须思考如何用自己的方式、依靠自己的力量解决这些问题，这将是极大的挑战。虽然个体化确实给我们带来了一些自由，但是在自由的背后是另一个笼子，而且是一个完全无法预知的笼子。这种对未知的恐惧会让人痛苦，这痛苦是与现在联系在一起的，正如贝克所说"将苦痛感受全部回溯到早期童年社会化的个体历史的心理学，正在变得行不通"❺。

---

❶ 乌尔里希·贝克.风险社会[M].何博闻，译.南京：译林出版社，2004：171.
❷ 乌尔里希·贝克.风险社会[M].何博闻，译.南京：译林出版社，2004：180.
❸ 乌尔里希·贝克，约翰内斯·威尔姆斯.自由与资本主义——与著名社会学家乌尔里希·贝克对话[M].路国林，译.杭州：浙江人民出版社，2001：20.
❹ 乌尔里希·贝克.风险社会[M].何博闻，译.南京：译林出版社，2004：168.
❺ 乌尔里希·贝克.风险社会[M].何博闻，译.南京：译林出版社，2004：145.

（二）婚姻秩序与性别秩序的嬗变

贝克认为，去传统化与个体化使西方社会的"共同体"结构消失殆尽，但是人们对共同体的需求和渴望并未消失。爱情成为人们最珍视的追求，这种状况使爱情成为现代社会的唯一共同体。贝克将由爱情组成的相爱双方称为"二人存在"的共同体，这一爱情共同体让个体对婚姻的选择更加自由。在传统社会里，婚姻是指男人和女人被法律承认，并指向某种持续的生活共同体的联结，但是在现代社会个体化浪潮的推动下，传统婚姻特征发生了根本性的转变。在今天的西方世界里，婚姻已经作为个体化的纲领被制度化，其内容、形式和延续时间完全由当事人自己决定。但是，贝克说，婚姻的"个体秩序"并非想象那样美好，伴随选择的自由，婚姻的其他风险特征也在增加。

首先，伴随个体化进程的持续深入，离婚率正逐年上升。结婚自由伴生的是离婚更加自由。这种婚姻自由的内在需求更符合个体的需求和想象。不仅如此，贝克强调"野生婚姻"的数量也在快速增加，如未婚同居、婚外恋等。另外，单身的个体也在增加，现代人越来越倾向于独自生活，要么选择不结婚，要么选择不和情侣一起生活。贝克认为，这种婚姻秩序的变化并不意味着私生活领域出现了一种"无政府主义"，相反，现代社会的婚姻生活形式有两条平行线：一条是离婚率的增多与多种类婚姻形式的增加，另一条是传统婚姻仍有三分之二的保持比例。[1]虽然今天很多的年轻人对传统的婚姻家庭观念持怀疑态度，但是大部分人还是期待稳定的伴侣关系和忠诚，这种期待巩固传统婚姻的观念在一定范围内存在。

其次，核心家庭基石的动摇促使性别秩序也面临挑战与变化。伴随现代婚姻秩序的变化，传统的核心家庭模式受到挑战，这一过程也促使传统家庭的性

---

[1] 秦明瑞.现代性中的个体化与性别秩序的嬗变——贝克的研究及启示[J].山东女子学院学报，2014（2）：1-9.

别秩序发生变化。例如，随着女性在教育和劳动力市场中地位的提高，她们从传统家庭角色中解放出来的意识也越来越强，对女性来说家务劳动与哺育孩子已经不是分内之事。这种变化导致性别秩序出现变化，甚至一些男性开始放弃工作成为"家庭主夫"。

第二节　现代社会的交往困境与认同危机

现代社会最大的问题是伴随个体化的深入推进，人从传统的结构中被解放出来，从固有的"床位"转换到另一个新的"床位"，但是无论贝克还是鲍曼、吉登斯等人，他们共同的观点是个体从传统的结构中脱离出来后，并没有找到合适的"床位"进行"再嵌"。也就是说，高度现代化的个体被强制地抛入现代社会的生活形态，现代个体可以通过"高度抽象化的媒介"与"专家系统"解决一系列社会信任的问题，从而保证其在社会生活中进行可期望的社会互动。现代生活的模式固然美好，但正如贝克、吉登斯、鲍曼隐忧的那样，现代个体无不处于一种"非自由"的生活状态，个体化对现代人来说并非选择之事，而是一种制度化的强制过程。人被抛入现代社会，陷入自我认同的困境。传统社会中，人的角色和身份是固定的，标准化的生活模式与互动规则让个体可以脚踏实地地进行角色和身份的自我认同。但是，在现代社会，个体化式的"解放"让传统固定的"阶级""道德""社会身份"等全部消解，剩下的只是一个个靠自己确定的职业生涯规划，以及为自己而活并由自己负责的人生。人的理性进一步促使个体进入尼采式的"理性已死"的世界，在这个世界里每个人极其自信又高度的敏感与怀疑，任何真理式的陈述都被认为是一种"全景式监狱"的再现，现代人只相信自己，但同时又不得不更多地依赖他人。齐美尔的"预言"至今仍然有效，但是现代人对此不屑一顾。现代社会中，人与人之间的交往变得越来越难以找到共识，个体与个体之间的心灵障碍正成为现代人日常生活的常态。正如卢曼所说，差异才是现代社会的逻辑起点，任何想要追求共识的愿望都只是徒劳。另外，贝克提醒人们，其实现代人的生存状况并不美好，短期失业、长期失业、突发的风险像达摩克利斯之剑一样时刻悬挂在现代人的心头，恐惧让现代人处在文明的火山上，永远不知道危机何时来临。总之，现代人最大的困境是人与人之间的交往，现代社会的交往表面上看规模宏大、时间迅速，但是真正从交往的心灵秩序角度出发，现代人的交往意愿比任何时代都更强烈，心灵交往的可能却比任何时代都要糟糕。

现代社会的交往困境是一个复杂而深刻的问题，反映科技发展与人际关系之间的矛盾。德国社会学家贝克提出的"个体化"理论为我们提供了一个重要视角。他认为，现代社会的个体化进程使人们从传统的社会关系中解放出来，获得了更多自主权，但同时面临着更大的风险和不确定性。在这种情况下，人际交往变得更加复杂和充满挑战。另外，美国政治学家罗伯特·D.帕特南（Robert D. Putnam）的社会资本理论指出，现代社会中人们的社会参与度下降，导致社会资本减少，这直接影响了人际交往的质量和深度。从传播学角度看，加拿大学者马歇尔·麦克卢汉（Marshall Mc Luhan）的"媒介即信息"理论提醒我们，新的交流媒介不仅改变信息传播的方式，也重塑人们的思维方式和社交模式。虽然数字技术的普及扩展了交往的范围，但也可能导致面对面交流的减少和人际关系的浅层化。心理学研究揭示现代社会中普遍存在的孤独感和社交焦虑问题。虽然社交网络让人们看似更加"连接"，但真正深入的情感联系可能变得稀缺。面对这些挑战，我们需要重新思考在数字时代如何构建有意义的人际关系。这不仅涉及个人交往能力的提升，也关乎社会制度和文化氛围的营造。理解现代社会的交往困境是我们探索更好的社交方式、创造更加和谐的社会关系的第一步。

一、风险社会的产生

风险社会是贝克最担忧的现代性危机,他的风险社会理论是以反思现代性为视角,在个体化理念的基础上进行论证的。因此,只有读懂贝克所说的个体化论述,才能准确理解贝克所说的风险社会的即将来临。

(一)从工业社会到风险社会

从人类社会产生到工业社会前,人们更多应对的是自然风险,但是在进入工业时代后,基因风险、生化风险等工业化所产生的威胁开始占据主导地位。贝克说:"风险是一个指明自然终结和传统终结的概念,主要表现了一种未来的内容和一种可能性,风险预示则是一个需要避免的未来。"[1]

贝克认为,现代性风险与传统社会的风险具有明显不同的四个特征:第一,现代性风险所造成的灾难不再局限于发生地,可能是一种全球性破坏;第二,现代性风险的严重程度可能会超出预期,人们的预警和事后处理能力达不到风险的变化;第三,现代性风险发生的时间界限无法确定,导致人们对风险的计算无法评估;第四,灾难性事件的类型多种多样,常规标准等已经无法适用新的变化。[2]因此,现代性风险的特点对传统的风险应对方法和技术提出了挑战,使风险预测变得更加困难。卢曼在《风险社会学》中对"风险"和"危险"进行区分,他认为二者的关键差异在于与人的决策的关联性。当潜在的损害是由人的决定引起的,我们可以将其称为风险。相反,如果可能的损害与人的决定无关,完全来自外部因素,那么这是危险,而非风险。值得注意的是,风险并不等同于毁灭,但它确实包含导致毁灭的可能性。这种区分突出了人类决策在现代风险形成中的关键作用,同时强调风险的不确定性和潜在的严重后果。卢曼的这一观点为我们理解现代社会中的风险提供了新的视角。它不仅强

---

[1] 乌尔里希·贝克.风险社会[M].何博闻,译.南京:译林出版社,2004:35.
[2] 乌尔里希·贝克.风险社会[M].何博闻,译.南京:译林出版社,2004:35.

调人类行为在风险产生中的作用，也指出现代风险的复杂性和难以预测性。这种理解对制定有效的风险管理策略和政策具有重要意义，同时也提醒我们需要重新审视决策过程及其可能带来的长远影响。贝克说："风险概念表述的是安全与毁灭之间一个特定的中间阶段的特性。在这个阶段，对有危险的风险的'感知'决定了人的思想和行为。"[1]这反映了我们在面对风险时的双重态度：一方面，我们依靠已有的经验知识来评估风险，试图对可能发生的情况做出合理判断；另一方面，我们又不得不在风险的不确定性中做出决策或采取行动。在这种情况下，"知"与"不知"实际上是交织在一起的。知识帮助我们理解和分析风险，同时我们也清楚地认识到，许多因素是我们无法完全掌握或预测的。这种状态反映现代社会中风险决策的复杂性。我们不能完全依赖已知信息，也不能因为未知因素而裹足不前。相反，我们需要在已知和未知之间寻找平衡，在有限的认知基础上做出更好的判断。这种"知与不知"的融合是我们应对现代风险社会的一种必要能力。

（二）有组织的不负责任

贝克指出，当代社会中的危险往往由公司、政策制定者和专家联盟所制造，而后他们又构建一套话语体系来规避责任。通过这种方式，他们将自身制造的危险转化为所谓"风险"。这种"有组织的不负责任"现象反映现代治理模式在风险社会中面临的困境，主要表现在两个方面。首先，虽然现代社会的制度体系高度发达，关系网络紧密，几乎涵盖人类活动的各个领域，但在面对风险社会的到来时，这些制度往往无能为力，难以有效履行事前预防和事后解决的责任。其次，从人类环境的角度来看，几个世纪以来的环境破坏难以准确界定责任主体，这种责任的模糊性使追究和解决环境问题变得更加复杂。贝克的观点揭示现代社会在面对风险时的结构性矛盾。一方面，社会制度的复杂性

---

[1] 乌尔里希·贝克,郗卫东.风险社会再思考[J].马克思主义与现实，2002，54（4）：46-51.

增加风险的产生和扩散;另一方面,这种复杂性又使应对风险和确定责任变得困难。在这种情况下,"有组织的不负责任"成为一种普遍现象,反映现代社会在风险管理和责任分配方面的深层次问题。贝克说:"与高度分工化的劳动分工相一致,存在一种总体的共谋,而且这种共谋与责任的缺乏相伴。任何人都是原因也是结果,因而是无原因的。"[1]现代社会是一个法治社会,为了维护社会的正常运行,国家需要不断地修改法律和出台新的法律,但是"立法机构将环境污染标准制定得越严格,环境风险和灾难的责任主体就越多,而责任主体越多,每一个责任主体所承担的责任就越小,而且还越容易造成相互扯皮、责任模糊、无人真正负责的怪现象,导致真正的责任主体缺位和虚位"[2]。各种治理主体反而利用法律和科学作为辩护利器,进行"有组织地不承担真正责任"的活动。

(三) 风险的生产与分配的逻辑

在传统工业社会中,人们主要关注物质财富的分配问题。然而,随着社会的发展,当今时代的物质需求已经在很大程度上得到满足。面对日益复杂的生活环境和各种不确定因素,人们的关注点发生了转移。在现代社会中,风险的增加和多样化会引发人们更多的担忧。贝克指出:"在发达的现代性中,财富的社会生产系统地伴随着风险的社会生产。相应地,与短缺社会的分配相关的问题和冲突,同科技发展所产生的风险的生产、界定和分配所引起的问题和冲突相重叠。"[3]这些风险可能涉及环境、健康、科技等多个领域,其不确定性和潜在影响超越单纯的物质层面。人们开始更多地思考如何应对这些风险,如何在不确定性中保证生活质量和长远利益。这种关注点的转变反映了社会发展的

---

[1] 乌尔里希·贝克.风险社会[M].何博闻,译.南京:译林出版社,2004:34.
[2] 乌尔里希·贝克,王武龙.从工业社会到风险社会(上篇)——关于人类生存、社会结构和生态启蒙等问题的思考[J].马克思主义与现实,2003(3):26-45.
[3] 乌尔里希·贝克.风险社会[M].何博闻,译.南京:译林出版社,2004:20.

新阶段。在基本物质需求得到满足后，人们开始追求更高层次的安全感和生活质量。风险管理和预防成为现代社会的重要议题，影响着人们的生活方式和社会决策。这种转变也暗示着社会价值观的变化。人们不再单纯追求物质财富的积累，而是更加关注如何在复杂多变的环境中维护自身利益，寻求可持续发展的生活方式。这种观念的转变对社会治理、经济发展和个人生活都产生深远影响。

另外，风险与财富一样，也是一种需要分配的资源。在现代社会中，财富和风险的分配呈现出一种复杂而矛盾的关系。在传统的阶级社会中，财富的分配决定人们的社会地位，而在现代的风险社会中，风险的分配则形成新的社会分层。这两种社会形态并非完全割裂，而是在很大程度上相互重叠。有趣的是，财富和风险的分配模式呈现出一种镜像关系，财富往往集中在社会的上层，使富人能够通过其收入、权力和教育获得安全和免除风险的特权。相反，风险则倾向于聚集在社会的底层，使贫困群体不得不承担更多的风险和不幸。这种现象似乎不是消除阶级差异，反而强化了它。这种风险分配的不平等反映社会结构的深层问题，它不仅体现了经济资源的差异，还揭示社会群体在面对风险时的不同处境。富有的人可以通过各种手段减少风险暴露，而底层群体则更容易成为风险的直接承担者。

因此，这种情况凸显了风险社会中的新型不平等。虽然现代社会在物质财富分配方面可能取得了一定进步，但在风险分配上可能增大社会差距。这种新的不平等形式对社会公平和稳定提出了新的挑战，需要我们重新思考社会治理和风险管理的方式。阶级社会和风险社会还有一个差别是本质上的，即"在阶级地位上，是存在决定意识，而在风险地位上，是意识决定存在"❶。在阶级社会中，阶级状况对人产生的影响是明显的，不需要特殊的认知方式就可以感受得到。但是在风险社会中，人们往往不知道自己是否受到伤害，即有些伤害

---

❶ 乌尔里希·贝克.风险社会[M].何博闻,译.南京：译林出版社,2004：61.

是在人们没有感受到的情况下发生的。蛋糕里是否有甲醛，在哪里发生的污染，这些物质是否会导致长期或者短期的有害作用，这样的问题超出了人们的知识范围。然而，对这些问题如何确定，决定了一个人以这样或者那样的方式经受苦难，无论是还是否，人们受危险的程度、范围和征兆，基本上是依赖于外部知识。❶公众缺乏这种专业知识，所以也只能相信科学家的权威判断。但是，我们在听取专业人士的建议时，需要反思我们所听到的专业人士的话是否被扭曲，或者说并没有表达原本的意思。

二、知识的不确定性与价值多元

科学实践的发展可以分为两个阶段，与现代化进程的两个阶段相对应。第一个阶段是初级科学化。在这个阶段，科学主要被应用于研究自然界、人类和社会。科学家们致力于探索和阐释世界的基本规律，建立各种理论和方法。这个阶段为科学发展奠定了基础，但它已经在相当长的时间前结束。现在，我们已经进入科学发展的第二个阶段，即反思性科学化阶段。在该阶段，"科学文明进入一个它不再只是科学地认识自然、人和社会，而是去认识它自己、它的产物、影响和错误的阶段"❷。也就是说，在这个阶段科学不仅关注外部世界，还开始反思自身。科学家们开始审视科学研究的方法、过程和结果，关注科学对社会的影响，以及科学与其他领域的关系。这种转变反映科学思维的成熟和深化，科学家们不再单纯追求知识的积累，而是更加关注科学研究的社会责任和伦理问题。他们开始思考科学发展可能带来的风险和不确定性，但是以这种方式，科学又成了一种造成问题的原因，即科学揭示了与其基础和后果有关的不安全感。

---

❶ 乌尔里希·贝克.风险社会[M].何博闻，译.南京：译林出版社，2004：62.
❷ 乌尔里希·贝克.风险社会[M].何博闻，译.南京：译林出版社，2004：194.

（一）科学知识的去神秘化

在科学研究中，有一种早就形成的研究逻辑，即先试验后应用。但是现在，这样的研究逻辑已经被一种相反的逻辑替代，即"试验跟在运用之后而产品先于研究"❶，如核反应堆只有在建成后、试管婴儿只有先诞生，其安全性才能被研究。也就是说，为了研究它们是否安全，我们必须假定它们是安全的，然后将它们制造出来，然后再研究安全性。这样的研究逻辑在制造小玩具上或许可以适用，但是对核能、遗传基因等具有极大危险的试验而言，科学已经陷入两难境地。在未得到充分的探索前就被实际运用，科学将实验室和社会之间的界限模糊了，甚至是清除了。此时，对于科学而言，社会成为它的一个大实验室。实验室中各种各样不确定的反应将会产生。同时，"科学的历史一直不是获得知识的历史，而是错误和实践的历史"❷。任何人都不知道试验的后果是什么，包括科学家。一次次的打击逐渐削弱科学技术的权威，科学的核心功能，即对知识的确定性也丧失了。在到处都显示着不确定性的社会中，虽然科学的神秘感已经消失，但是惊慌失措的人们依然迫切地想从科学那里寻求答案，然而此时科学家也无能为力，正如贝克所说"在危险事件中，没有人是专家——尤其是没有专家们"❸。科学家在实际上已经与对他们成果的应用分离。科学家从事的是研究，对于成果的应用，由其他人对此负责。这就导致科学家不能为他们从研究角度得出的实际后果负责，所以科学将会产生的次级影响的确定性与可计算性也就变得越来越小，可计算性减少意味着不可计算性的增加，即可估计性的增加。按照这种逻辑，科学研究的实际后果变得越来越不可估计，可能会产生的影响越来越多，最后一切都将变得难以确定。

---

❶ 乌尔里希·贝克.世界风险社会[M].吴英姿，孙淑敏，译.南京：南京大学出版社，2004：80.
❷ 乌尔里希·贝克.风险社会[M].何博闻，译.南京：译林出版社，2004：195.
❸ 乌尔里希·贝克.世界风险社会[M].吴英姿，孙淑敏，译.南京：南京大学出版社，2004：77.

(二) 多元价值的竞争与冲突

现代批判理性（critical reason）已经渗入人们的日常生活，成为人们人生哲学和存在意识的重要组成部分，这就导致了怀疑意识的广泛流传。❶与此同时，现代性把极端的怀疑精神制度化，坚信所有的知识体系建构都必须采取假说的形式进行验证，在知识团体的内部不同权威的学术群体以竞争的方式来获取支持，此时权威格局出现竞争态势，日积月累之后不同的权威知识在内涵上千差万别。自亚里士多德以来，欧洲所形成的思想实践一直秉承着一种本体论的认识论。在这种认识论下，人总是将除自身以外的一切事物当成客体，人成为解释世界的主体，世界上的一切事物都是按照因果关系的图式进行的。然而，不同的认识主体会因生活经验和实践经历不同，他们的认识结构也会不同，每个人对世界的理解也会不一样。哈贝马斯倡导沟通的理性，追求价值的共识，建立一个所有人共同理解的生活世界。但是，正如卢曼批评哈贝马斯一样，你的生活世界不是我的生活世界，现代社会中不存在一个共同理解的生活世界，现代社会应该是差异的逻辑起点。在韦伯看来，现代性以来的社会是一个"诸神不和"的时代，终极价值多元化是常态，但是社会和个体生活逐渐理性化和理智化，缠绕人类历史良久的世界之迷魅被祛除。❷个体化社会带来了价值观和道德标准的多元化与碎片化。在传统社会中，价值观和道德标准往往由共同体或权威机构统一规定。而在个体化社会中，每个人都有权利和机会形成自己的价值观与道德标准。虽然这种多元化增加了社会的包容性和创新性，但也可能导致社会共识的缺失和道德相对主义的盛行。

因此，在当今高度个体化的社会中，许多原本属于社会层面的问题逐渐转化为个人层面的困扰。这种转变导致人们在面对问题时不再倾向于从社会

---

❶ 安东尼·吉登斯.社会的构成：结构化理论大纲[M].李康，李猛，译.北京：生活·读书·新知三联书店，1998：16.

❷ 马克斯·韦伯.韦伯作品集Ⅰ：学术与政治[M].钱永祥，等译.桂林：广西师范大学出版社，2004：157.

结构或制度等宏观角度寻找根源，而是更多地将目光聚焦于个人，试图从个体层面找寻解决之道。这种现象反映社会问题认知方式的重大转变。人们倾向于将失业、贫困、教育不平等等社会性问题归因于个人能力、选择或努力程度的不足，而忽视了这些问题背后可能存在的社会制度缺陷或结构性矛盾。这种个体化的问题解读方式可能导致人们过分强调个人责任，而忽视社会责任和集体行动的重要性。它可能使一些本应通过社会改革来解决的问题被简化为个人奋斗的议题，从而掩盖问题的真正根源。这种趋势给社会治理和问题解决带来了新的挑战。它要求我们在关注个体责任的同时，也不能忽视社会结构和制度对个人命运的深远影响，需要在个人努力和社会支持之间寻找平衡点。

（三）社会文化层面冲突的深度和广度逐步加大

社会文化层面冲突的深度和广度逐步加大是当今全球化背景下的一个突出现象。要理解这一现象，我们需要从多个角度进行分析。从社会学的角度来看，全球化进程加速了不同文化之间的接触和交流，同时加剧了文化差异带来的冲突。现代社会的个体化进程使人们从传统的社会关系中解放出来，获得更多自主权，但同时也面临着更大的风险和不确定性。在这种情况下，人际交往变得更加复杂和充满挑战，容易引发文化冲突。从心理学的角度来看，文化冲突往往源于人们对自身文化认同的强烈需求和对其他文化的误解或偏见。社会心理学家亨利·塔杰费尔（Henri Tajfel）的社会认同理论指出，人们倾向于将自己归类为某个群体的成员，并通过与其他群体的比较来维护和提升自我价值。[1]这种心理机制可能导致对外群体的偏见和歧视，从而加剧文化冲突。从文化人类学的角度来看，文化冲突的深度和广度增加反映全球化背景下文化多样性与文化同质化之间的矛盾。一方面，全球化促进了文化交流和融合；另一

---

[1] HENRI T E. Social Identity and Intergroup Relations [M]. London: Cambridge University Press, 2010.

方面，为了维护自身文化特色，一些群体可能采取更加保守和排外的态度，这种文化保护主义也可能引发冲突。

技术的发展，特别是社交媒体和AI技术的普及，在加剧文化冲突方面起到了推波助澜的作用。虽然社交媒体为不同文化背景的人提供更多交流机会，但也可能加剧误解和偏见的传播，甚至放大文化冲突。虽然AI技术在跨文化交流中的应用，如机器翻译、文化分析等，在某些方面促进文化交流，但也可能因为技术的局限性而产生误解。更重要的是AI技术的发展会引发人类对文化本质和未来的深层次思考，这本身就是一个潜在的文化冲突点。

全球化背景下的经济不平等加剧了文化冲突，虽然经济全球化促进世界经济的整体增长，但也加大国家之间和国家内部的贫富差距。这种经济不平等往往与文化差异相互交织，导致特殊群体对主流文化产生抵触情绪，进而引发更深层次的文化冲突。与此同时，全球化进程中的文化同质化趋势引发一些群体的文化保护主义。一些人担心本土文化在全球化浪潮中被边缘化，甚至消失，因此采取更加保守和排外的态度。虽然这种文化保护主义源于维护文化多样性的初衷，但也可能加剧文化之间的对立和冲突。在这种情况下，如何处理文化差异、如何在尊重多元文化的同时建立共同的工作规范，成为一个重要挑战。

因此，社会文化层面冲突的深度和广度逐步加大是全球化时代的必然现象，反映人类社会在面对文化多样性时的挑战和机遇。我们需要正视这些冲突，理解其根源，并采取积极措施来管理和化解冲突。通过增强文化意识、加强跨文化对话、培养全球公民意识，我们可以将文化冲突转化为促进社会进步和人类共同发展的动力。这需要个人、组织和国家的共同努力，也需要我们以开放、包容和尊重的态度面对文化差异，共同构建一个和谐多元的全球文化生态系统。

三、现代社会的个体孤独

个体化是现代社会发展的重要特征，它既带来个人自由和选择的扩大，也引发一系列社会问题。首先，我们需要理解个体化的概念。德国社会学家贝克将个体化定义为个人从传统社会关系和约束中解放出来的过程。在这个过程中，个人获得更多的自主权和选择权，同时面临着更大的风险和不确定性。贝克认为，个体化是现代性的重要特征，是劳动力市场变化的产物。个体化社会带来的首要问题是社会关系的松散化和原子化。传统社会中，个人被嵌入家庭、社区等稳定的社会关系网络。而在个体化社会中，这些关系变得松散和脆弱。正如前文所说，人们有了更多的选择机会，不再像以前那样困守在一个地方、一个单位及做一项事情，另一方面许多在以前看来是稳定的、熟悉的、理所当然的社会关系不再那么稳定，人们更多的是生活在变动不居的社会关系中，显得自由的同时也变得比以前孤立、孤独。这种社会关系的变化导致个人支持网络的弱化，增加孤独感和社会疏离感。

现代社会是对传统社会的一次彻底的颠覆与重构，它为现代人提供了超出想象的生活便利与自由活动的空间。虽然现代生活充满美好与繁华，填充一切对人类美好生活的想象，但是现代社会毕竟不是人类理想的乌托邦，它在为人们创造美好生活的同时，也让每一个现代人走向一条孤独之路。虽然"漫游"远方固然美好，但是"何处是家园"？这是每一个现代人始终找不到答案的问题。

（一）工具理性的制度牢笼

工具理性（instrumental reason）是韦伯眼中最耀眼也是最刺眼的一朵"玫瑰"，它的艳丽装饰了每个现代人对现代所有美好的浪漫想象，虽然玫瑰固然好看，但是它的刺异常锋利与坚固，而且注定要穿透每个人的身体和灵魂。吉登斯说："工具理性把人类科学和技术的组织原则应用到对社会世界的控制中，它所带来的后果是使人不断被困于人工环境之下。生活在人工环境之中的现代人与很多日常的经济相分离，在残缺不全的个人的生活体验或经历中，要想反思地建构出完整的自我认同是非常困难的。现代社会中的风险因素也使得人们不屑于人生博弈，退缩到对心理与身体的自我改造等纯粹的个人关切之中。"❶因此，在吉登斯看来，现代社会中个体的自我认同越来越被工具理性的世界侵占，人们往往放弃了对价值理性世界的追求。正如鲍曼所说："在现代社会中，所有进一步的理性化，并没有使价值理性取代工具理性而占据主导地位，现代人不再关心价值问题，只是会沉迷于手段和方法上。"❷

另外，工具理性所带来的消费主义让现代人进入一种无意义感的生存状态。在商业化的符号世界里，每个人必须在已经被高度标准化的广告与商品中购买商品，通过消费把自己的个性展示出来。但是，消费作为一种满足人类需求的手段与方法，在实际的消费文化中却被大部分现代人异化成生活的目的，消费与商品化填充人们的生活世界和内心欲望，而人们追求自由、美好的真正需求退缩到角落中。

因此，个体化社会对社会整合和社会秩序提出新的挑战。在传统社会中，社会整合主要依靠共同的文化传统、道德规范和社会制度。而在个体化社会中，这些传统的整合机制逐渐弱化。社会自我约束机制来自社区共同体。当前，中国社会自我约束机制弱化，原因在于面对巨大的社会变迁，社会共同体建设相对滞后。这意味着我们需要探索新的社会整合机制，以维护社会秩序和促进社会和谐。

（二）社会作为"孤岛"的海域

李猛在《自然社会：自然法与现代道德世界的形成》一书中指出："鲁滨

---

❶ 安东尼·吉登斯.现代性与自我认同[M].赵旭东，方文，译.北京：生活·读书·新知三联书店，1998：200.

❷ 齐格蒙特·鲍曼.现代性与大屠杀[M].杨渝东，史建华，译.南京：译林出版社，2002：91.

逊的孤独之旅正是现代人孤独生活的映照，现代人的孤岛不在渺茫的海域，而是在社会之中。"也就是说，高度自立的现代人缺乏传统共同体成员之间的那种有机联系，在隐喻的意义上，现代人都生活在孤岛中。李猛说："把孤独转变为一种平等者普遍的生活方式，是现代政治的最大成果。"❶"孤独不再是人在世界上迫不得已的处境，而是一种需要特定能力、技艺甚至德性的生活方式，无论在荒岛上，还是在世界中，只有学会孤独的人，才能面对世界中各种看不见的危险，在恐惧中生存下去。"❷也就是说，在现代社会的孤岛中，作为个体存在的我们要生存就得像鲁滨逊一样，具备适应现代社会的生存能力和技艺，还有一种强大的生存意志，学会与孤独相处，这是现代人生存能力的一项基本要求。

因此，个体化社会对个人的心理健康提出更高的要求。在个体化社会中，个人需要承担更多的责任和压力。个体化社会使社会中普遍存在一种焦虑的心态。个体在面对社会转型与结构变迁的同时，还要面对个人重新整合的问题。这种压力和焦虑可能导致人们心理问题的增加，影响个人的幸福感和生活质量。个体化社会带来的问题反映现代社会的复杂性和矛盾性。它既是社会进步的表现，又带来新的挑战。

李猛说："孤独作为一种生活方式，最大的困难其实不是生活缺乏工具和帮手，而是生活本身没有希望和前景，最终陷入空虚和绝望。"❸现代人的这种"虚无"状态与快速个体化的社会进程相联系，在贝克看来，高度现代化的个体在"脱嵌"之后并没有找到合适"再嵌"的"床位"，有的只是尺寸大小不同的"演奏凳"，所以现代个体在脱离传统之后并没有找到心灵的安放之处。在高度个体化的现代社会中，虚无与孤独不仅是单个人的问题，而且是

---

❶ 李猛.自然社会：自然法与现代道德世界的形成[M].北京：生活·读书·新知三联书店，2015：60.
❷ 李猛.自然社会：自然法与现代道德世界的形成[M].北京：生活·读书·新知三联书店，2015：7.
❸ 李猛.自然社会：自然法与现代道德世界的形成[M].北京：生活·读书·新知三联书店，2015：14.

现代人整体的生存体验和担忧。孤独者的命运迄今仍然缠绕着我们现代人，我们这群生活在经济技术时代的现代人，其实也有同鲁滨逊相似的生命体验。❶

（三）个体的"漫游"与"归家"

个体化社会加剧社会不平等。虽然个体化赋予个人更多的自由和机会，但这些机会的分配并不均等。拥有更多资源和能力的个人能够更好地把握机会，而处于弱势地位的个人可能面临更大的风险和挑战。社会个体化进程降低了群体、单位和家庭对个体的保护能力，个体演变成为生活世界中相对独立的社会再生产单位。这意味着个人必须更多地依靠自身能力应对生活中的风险和挑战，而这种能力的差异可能导致社会不平等的加剧。

鲁滨逊在返回英国的家后却焦躁不安地选择再次出游，他的这种不安像极了现代人的生存体验，这是一种不安的漫游渴望。现代人并不是因为无家可归，而是其不安的性情。李猛说："家并不是鲁滨逊漫游折返的目标，对家的眷恋也从来没能压制他漫游的渴望。"❷也就是说，自由是现代人的生活追求与生活方式，在漫游之中，人拥有极大的自由，以至于连家庭的那一点点束缚也不愿意承受。虽然现代人以漂泊为业，但在内心深处又渴望来自家的温暖，这种"漫游"与"家园"之间的矛盾时刻考验着现代人的内心，现代人过上了一种人生重叠的生活。"任何漫游，都离不开家。漫游与其说是离开家，不如说是返回家。漫游者在离开家之后，又要重新踏上返乡的路。不能返乡的漫游，不是漫游，是没有目的地的流浪，是终身的放逐，最终是抹去一切踪迹的毁灭。"❸李猛借用海德格尔的"被抛"（geworfenheit）概念来描述现代人"漫游"

---

❶ 黄涛.现代自然社会中的"孤独者"[J].读书，2016（3）：126-133.
❷ 李猛.自然社会：自然法与现代道德世界的形成[M].北京：生活·读书·新知三联书店，2015：36.
❸ 李猛.自然社会：自然法与现代道德世界的形成[M].北京：生活·读书·新知三联书店，2015：39.

的孤独状态。❶在"被抛"者的世界中,现代人摆脱了传统社会的伦理纽带,成为一个个拥有自主、自由和平等的主体。❷但是,已经出发的现代人越是处于孤独的状态,就越容易渴望爱情以获得"家"的感觉。❸因此,个体化的现代人如何在孤独的碎片中既能够追求自由地"漫游",又能够在社会中获得"安全感"呢?对于这一问题,现代人似乎很难给出答案。

(四)人际关系的疏离与冷漠

现代社会中,人际关系的疏离与冷漠是一个复杂而多维的社会现象,反映了社会结构、科技发展、文化变迁等多方面因素的综合影响。理解这一现象需要我们从社会学、心理学、传播学等多个学科视角进行分析。从社会学角度来看,个体化是导致人际关系疏离的重要原因。德国社会学家贝克指出,现代社会的个体化进程使人们从传统的社会关系和约束中解放出来,获得了更多的自主权和选择权。然而,这种自由也伴随着更大的风险和不确定性。人们不再像以前那样被固定在特定的社会关系网络中,而是生活在更加流动和变化的社会关系中。虽然这种变化增加个人自由,但也可能导致孤立感和孤独感的增加。

城市化和人口流动性的增加也是造成人际关系疏离的重要因素,传统的社区关系和邻里关系在城市化进程中逐渐弱化,人们在陌生的环境中更容易产生孤独感和疏离感。另外,从心理学角度来看,现代社会的高压力和快节奏生活方式也是导致人际关系疏离的重要原因。人们在工作和生活中所面临的压力和时间紧张,使他们难以投入足够的时间和精力来维持深厚的人际关系。

此外,面对复杂的社会环境,人们可能会采取更加谨慎和防御的态度,

---

❶ 马丁·海德格尔.存在与时间[M].陈嘉映,王庆节,译.北京:商务印书馆,2006:264.
❷ 李猛.自然社会:自然法与现代道德世界的形成[M].北京:生活·读书·新知三联书店,2015:147.
❸ 李涛.现代政治两条路线的融合与张力——评李猛的《自然社会》[J].政治思想史,2017,8(4):183-195.

这种自我保护意识可能会阻碍深层次的人际交往。科技发展，特别是信息技术的进步，对人际关系产生了深远的影响。与此同时，社交期望与现实的落差也可能导致人际关系的疏离。社交媒体等平台可能会给人一种虚假的社交繁荣感，而现实中的人际关系可能无法达到这种期望，从而产生失落感和疏离感。

第三节　全球化与新技术的冲击

现代社会发展到今天，全球"交往"已经成为现代人的生活常态。得益于现代航空交通技术的快速发展，日行万里让空间距离变得越来越短，全球信息网络也让现代人处于同一个标准化的时间内，人与人之间不会再因空间距离而产生时间之差。全球范围内新的互动方式可以让任何人在任何时间、任何地点做任何事情。因此，正如卢曼在20世纪所预言的那样，"世界社会"已经悄然成形，全球化与国际化正是世界社会最显著的特征。

一、现代生物科技对人类生命观的颠覆

如今，伴随现代化步伐的加快，现代性的各种矛盾与危机不仅没有得到有效的控制，而且在激烈程度上大大超出了人们的控制范围。比如，亨廷顿20世纪所预言的文明冲突正在悄然显现，一些西方发达国家试图将自由主义的价值观移植到其他地区，以期西方文明在全球范围内产生影响，但实际情况是出现在不同文明之间的文化冲突愈演愈烈。现代性危机是一种"现代病"，它表现在世界范围内的经济、政治、文化、社会等各领域。虽然理性化、科层制提高了现代人应对各种不断涌现的复杂性的能力，但是全球性危机仍然主导着现代社会发展的方向。如今，全球化、人工智能、生物科技、全球网络社会这几艘

"巨轮"已经启动，表面上这几艘"巨轮"正载着现代人驶向美好的生活，但是对于未来有可能出现的各种社会危机，现代人是否已经做好准备。对这一问题，现代人似乎并未考虑。

在现代社会中，理性主义是科学时代或"启蒙时代"的评价标准，因此在理性主义者看来，世界并不需要什么造物主的力量来维持世界的秩序。19世纪，人们相信科学已经成为有关世界的真实知识的唯一源泉，这一观点造成的结果是用一个镜头代替另一个，而并未超越单一世界观的局限。然而，伴随近代生物科技的发展，人类利用基因编辑技术正撬开那扇神秘的大门。现代生物技术使人类重新思考生命本身的意义将成为现代人必然要做的事情。在我们了解到生命如何而来及人类与其他生命之间的差距到底有多远时，我们存在的意义又是什么？这一切是非功过，今日不易断言。总之，生物科技这个潘多拉魔盒的盖子，已经被打开了一条缝隙，从盒子中出来的是天使还是妖魔，我们无法控制，也无法预言。❶

二、新媒介技术进步对人际互动的影响

社交媒体技术与人工智能算法技术的进步对人际互动产生深远而复杂的影响。这些技术的发展不仅改变人们交流和建立关系的方式，还重塑社会互动的本质。社交媒体平台的普及极大地拓展人们的社交网络。它们打破地理和时间的限制，使人们能够轻松地与世界各地的人保持联系。这种连接性的增强为人际关系的建立和维护提供新的可能性，如人们可以通过这些平台重新联系失散多年的朋友、结识志同道合的新朋友等。社交媒体还为人们提供一个展示自我、分享生活和观点的舞台。这在某种程度上满足了人们的社交需求和自我表达欲望。然而，这种广泛的连接也带来一些负面影响。过度依赖社交媒体可能导致人们在现实生活中的社交能力下降，产生社交孤立感，然而过度依赖技术

---

❶ 许倬云.我们走向何方[J].开放时代，2000（5）：5-12.

可能导致人们承受更多的社交焦虑和孤独感。人们可能更倾向于在线上进行浅层次的交流，而忽视面对面交流的重要性。这种现象在青少年群体中尤为多见。研究显示，每天使用社交媒体超过3小时的青少年的心理健康状况更差、幸福感更低。

人工智能算法的应用进一步改变了社交媒体的使用体验，这些算法通过分析用户的行为和偏好为用户推荐内容和潜在的社交联系。一方面，这种个性化推荐可以帮助用户更快地找到感兴趣的内容和人，提高社交效率。另一方面，它也可能导致"信息茧房"效应，使用户局限在自己的兴趣圈内，减少接触多元观点的机会。更值得注意的是，人工智能技术正以更直接的方式参与人际互动，如聊天机器人和虚拟助手的出现为人们提供新的交互对象。这些AI系统能够模拟人类对话，提供情感支持。当代社会，孤独感越来越成为一个突出的问题，人工智能或许能为许多人提供安慰。虽然这种趋势在某种程度上缓解人们的孤独感，但也引发对人际关系本质的深入思考。然而，我们必须警惕这种人机交互可能带来的风险。过度依赖AI可能导致人们逐渐淡化对现实生活中人际关系的渴望和追求。这种诱惑背后隐藏着巨大的代价，真正滋养心灵的人际关系被逐渐侵蚀。

另外，社交媒体与AI技术的结合还带来隐私、安全方面的担忧。用户的个人信息和行为数据被大量收集和分析。这不仅涉及隐私问题，还可能被用于商业目的或不当操纵。例如，通过精准的算法推荐，平台可能会强化用户的某些倾向或情绪，影响其社交行为和决策。尽管如此，这些技术的发展也为解决社会问题提供了新的可能性，如AI技术可以帮助识别和预防网络欺凌，为特殊群体提供社交支持，或者在公共卫生危机中传播重要信息等。在国际传播领域，AI技术的应用可以促进跨文化理解和交流，如人工智能技术可以更好地了解人们的偏好，知道哪类媒介话语可能引发共情等。

社交媒体技术与人工智能算法技术的进步对人际互动产生深远而复杂的影

响。它们既拓展人们的社交网络、提供新的交互方式，又带来社交孤立、隐私安全等问题。面对这些挑战，我们需要在享受技术便利的同时，保持对现实人际关系的重视和投入。只有这样，我们才能在数字时代保持人际互动的平衡，实现技术与人性的和谐共存。

三、网络社会对人们时空感知的重构

如今，互联网技术的普及，尤其是微信、脸书、推特等全球社交媒体的广泛使用正印证卢曼对21世纪"世界社会"的预言。卢曼认为，自16世纪欧洲的殖民主义兴起以来，社会的交往网络持续稳定地发展，交往的频率越来越高，整个世界社会的系统开始发生转变。人类社会将变成一个以全球交往运作为基础的单一全社会系统，也就是"世界社会"。❶尤其在19世纪后期，伴随科技与交通工具的快速发展，社会的交往不仅可以摆脱空间的限制，使社会交往的可能性主体和交往的对象大幅度增加，而且在时间维度上开始出现一个统一的世界时间。换句话说，人们可以完全不受某个地域、时间的限制，在几乎没有时间落差的情况下，同时与世界任何地方的人们产生非在场式的联系。这与前面提到的国际化互为表里。用卡斯特的话来说就是"新交往系统彻底转变了人类生活的基本向度：空间与时间。地域性解体脱离了文化、历史、地理的意义，并重新整合进功能性的网络或意象拼贴之中，导致流动空间取代了地方空间。当过去、现在与未来都可以在同一则信息里被预先设定而彼此互动时，时间也在这个新交往系统里被消除了"❷。具体而言，这种时空感知的变化主要体现在以下方面。

第一，未来交往信息的瞬时化。在功能高度分化的"世界社会"中，大众媒体系统通过新闻、广告和娱乐这三个程序领域与其他功能系统之间进行结构

---

❶ LUHMANN N. Die Gesellschaft Der Gesellschaft [M]. Frankfurt a. M.: Suhrkamp, 1997: 145-148.
❷ 曼纽尔·卡斯特.网络社会的崛起[M].夏铸九，王志弘，等译.北京：社会科学文献出版社，2001：465.

耦合，通过讯息或非讯息这组区别与其他功能系统产生共振效应，并在大众媒体系统内部不断地通过各种新的交往技术加速大众媒体系统自身内部的交往，以实现在大众媒体系统内部的自我生产和系统的内部分化。❶面对日趋复杂的当代"世界社会"的发展，大众媒体系统会加速其对其他功能系统的反应，在时间维度上不断地与系统共振的时间保持同步。因此，在当代"世界社会"中，信息的交往主题在时间上不断趋于瞬时化。处在交往中的个体要时刻保持与环境交往的持续性。

第二，未来交往信息的移动化。在大众媒体系统的交往中，个体对告知的选择呈现多样化趋势。在新闻交往中，告知也是从可能领域中选择某一种告知形式，如今的手机、平板电脑等移动终端是系统对告知进行选择得到的结果，因为这些移动媒体正好满足交往的任意性到达要求。

第三，未来交往信息的非专业化。社会系统与心理系统同属于意义系统，二者在结构上是耦合的。社会系统中的个体并非一个生物意义上完整的个人，个人是多个系统的混合，交往中的个体是心理系统意义下的个体，所以一个最简单的社会系统至少需要两个心理系统个体的参与。在网络社会的新闻业中，新闻交往的个体已不仅限于传统媒体社会中经过专业训练的记者，普通的大众也可以参与新闻交往。这是普遍交往的必然要求。只有这样，作为功能系统之一的大众媒体系统才能实现真正的功能分化，达到真正的系统自主。因此，人人都有可能生产新闻、广告和娱乐信息，传统的新闻业、广告业和娱乐业正呈现出一种去专业化的趋势。

第四，未来交往信息的真实全景化。在交往产生的过程中，语言为信息的理解提供了可能。文字的出现为人们理解那些已经消逝的或未来出现的事物提供了可能，无论是具体之物还是抽象之物。后来，照相、摄像技术的发明又进一步为人们更加全面、逼真地理解事物提供可能。电视、互联网视频等媒介的

---

❶ 尼可拉斯·卢曼.大众媒体的实在[M].胡育祥，陈逸淳，译.台北：左岸文化，2006：135.

出现，迅速改变了人们主要依靠文字理解事物的习惯，照片、视频里出现的事物比文字里的更加真实。但是，在交往不断生产交往、新信息不断替代旧信息的运作逻辑背后，更逼真、全面地理解事物的需求正不断推动媒介技术进一步变革，当前的虚拟现实（VR）技术正符合交往不断自我生产的要求，视频化、真实全景化将是媒介技术变革的主要方向。

第五，未来交往信息的去现场化。大众媒体系统的建构主要依赖于复制技术进行的交往，任何借助印刷机或者电子复制程序的电子媒介，只要进行大量的和普遍范围内的交往，就都属于大众媒体系统的范畴。其划分的依据主要看在交往的个体中是否存在在场与不在场的互动，在场或不在场是大众媒体系统的本质区别，也就是说，现场的以人际、组织为互动方式的交往并不属于大众媒体系统范围之内，真正的大众媒体系统首先是从不在场出发，通过复制技术以排除现场的互动。因此，在未来高度分化的大众媒体系统中，媒介技术的变革方式是去现场化，网络社交媒体的出现与普及正好印证卢曼对大众交往技术的判断。

以上梳理，看似技术全面重构了人类社会的内部结构，但实际上并非技术决定了社会，而是技术、社会、经济、文化与政治之间的相互作用重新塑造了我们的生活场景。❶如今，全球网络社交媒体的出现正打破传统媒体时代自上而下的单向传播格局，普通民众通过网络获得更多的表达机会，网络正成为多元主体表达意见、参与对话的主要场所。詹姆斯·卡伦（James Curran）在《媒体与权力》（*Media and Power*）中指出："新媒体导致了新的权力中心出现，在现存的主导维权结构内部引发日趋激化的紧张状态。"❷正如卡斯特所说，流动空间（space of flows）与无时间之时间（timeless time）乃是新文化的物质基础，超越并包括历史传递的多种状态。这个文化便是真实虚拟的文化，假装

---

❶ 曼纽尔·卡斯特.网络社会的崛起[M].夏铸九,王志弘,等译.北京：社会科学文献出版社,2001：1.
❷ 詹姆斯·卡伦.媒体与权力[M].史安斌,董关鹏,译.北京：清华大学出版社,2006：55.

（make-believe）便是相信造假（believe in the making）。❶因此，全球性的网络社会正在将所有的现代性个体整合于一体，甚至在潜在可能性上消除人类的不平等，去除掉过去人类之间的界限。❷

综合上述三种冲击力量和前面提到的个体化多元、风险性人生、知识的不确定、人类交往的困境等，或许我们可以猜测的后果是处于现代世界上的每一个个体都不再有归属感，不再有可遵循的通用法则或者一种普遍有效的社会秩序，这是人类社会新出现的混沌局面，21世纪结束之前，这种危机形势可能将更加明显。劳伦斯·K.弗兰克（Lawrence K. Frank）在1944年发表的 *What is Social Order?* 一文中提到，"直到二战结束后，人们才开始思考'什么是社会秩序'这一问题？那个时代，几乎所有社会大众，甚至包括社会理论家们都一致相信，我们每天的日常社会生活都靠一个超级强大的社会组织系统来控制"。在今天看来，这一观点已经过时，如今我们已经进入传统生活全面瓦解、现代政治制度广泛确立、福利制度逐渐成型、网络社会迅猛发展、全球自由流动的"第二现代性"阶段，甚至一些观点认为，我们已经迈入后现代社会。梳理社会的变迁轨迹与推动变迁的逻辑，有助于更好地把握现代社会发展的现状和规律，如此可以深入现代性内核把握人类整体的现代生存困境。

---

❶ 曼纽尔·卡斯特.网络社会的崛起[M].夏铸九，王志弘，等译.北京：社会科学文献出版社，2001：465.
❷ 许倬云.我们走向何方[J].开放时代，2000（5）：5-12.

第四章 儒家"仁爱"沟通伦理的现代性可能

现代性发轫于西方，但是已扩散至全球。如今，现代人正进入一种充满悖论和矛盾的生活，它将我们所有人都抛入了一个不断崩溃与更新、斗争与冲突、模棱两可与痛苦的大旋涡，正如马歇尔·伯曼所说的"一切坚固的东西都烟消云散了"❶。面对这种生存困境，现代人也在努力地理解和分析产生现代危机的根源。在这种努力中，对话和交往已经成为中心概念，构成全部对话尝试基础的是这样一种假设，即从本体论上说人们有可能彼此互相影响、互相进行有意义的交往。❷也就是说，现代性危机的根源既能在交往中被寻求，又能在交往中寻求解决的路径，交往成为理解现代性最重要的入口，也是发现社会新秩序的突破口。

西方现代社会建基于科学，虽然科学的知识是客观的，但是科学的客观理性不能解决人终极存在的问题。科学的发展是人类进步的重要内容，但是如果人类只要科学而不要"反己之学"或者"生命之学"，忽视科学的负面影响，抛弃人类本有的主体性和道德人格，那么人会变成非人，如果没有"反己之学"，那么科学真理也将失去基础和归依。❸自先秦以来，中国人一直思考的问题是"反己之学"，始终关注人与人之间交往中"德"的观念。正如牟宗三所说："中西文明是两个哲学，中国哲学关心生命，西方哲学关心自然。"关心生

---

❶ 马歇尔·伯曼.一切坚固的东西都烟消云散了：现代性体验[M].徐大建，张辑，译.北京：商务印书馆，2003：15.

❷ T.欧文斯.现象学和主体间性[J].哲学译丛，1986（2）：57-62.

❸ 郭齐勇.熊十力哲学研究[M].北京：人民出版社，2011：78.

命首先是关心眼前的个体生命，强调人的本体，如儒家讲"良知"与"天道"、道家讲"道"与"逍遥"等，这些本体不是通过西方哲学中的"感性—知性—理性"或者"概念—判断—推理"这一模式得出来的，而是通过超越经验的认知方式，达到第四层次儒家的良知的我，因此道家之"玄览"、儒家之"静观""默识""逆觉"，都是人的一种更高的智慧和认识能力。培养这种能力的功夫不在于逻辑思维的训练，而在于心性、人格之修养。只有下了道德实践的功夫，才能在当下体悟到本体。正如熊十力所强调的那样，玄学不废理性的思辨，不排斥量智，但必须超越思辨或量智，达到天人合一的性智、证会或体认的境界。❶

在汉语学术圈里，许多学者看到儒家"内圣"之学与现代性之间的学理关系，新儒家的几代学者一直致力于探索中国儒学如何与西方现代性进行对话与互通。如果粗略地划分，最早一批新儒家学者有熊十力、梁漱溟、方东美、张君劢、冯友兰；第二代新儒家学者有牟宗三、唐君毅、徐复观；第三代新儒家学者有杜维明、成中英、刘述先、林安梧、安乐哲等人。根据刘述先的描述，新儒家的范围不能明晰界定，但是它的全称可以是"当代新儒家哲学"一词，主要用以展示当下重要哲学运动与宋明新儒学之间的联系（方东美先生是个例外），也是志在发展全新的哲学，以回应来自西方冲击的空前挑战。❷

本书是一个颇有野心的初步探索，尝试从西方社会科学的角度出发，在理解和验证的层次上探讨中国儒家的"仁爱"交往思想学说中有关知识与伦理实践的关系。长期以来，西方学术依托理性的知识脉络这一传统，刻意把对道德与伦理的实践隔离于学术探究的主线外，但是西方忽略的这一学术地带正是中国儒家学说的深耕之处。我们是否可以假设：西方知识理性学说停止的地方是否正是儒家学说的起点，也就是说，西方的现代性危机是否可以从中国儒家学说中获得新的启发，从而产生新的可能。在这里，我们可以看到中西哲学精神

---

❶ 郭齐勇.熊十力哲学研究[M].北京:人民出版社，2011：85.
❷ 卢国龙.儒道研究:第一辑[M].北京：社会科学文献出版社，2013：114.

与知识理性之间的互补之处，也能更清晰地看到社会与人文现象的知识本质与实践的关系。

第一节　厘清"知识"与"道德"的边界

现象（phenomena）与物自体（noumena）是康德哲学中的两个重要概念，其在英美哲学界同样被承认。罗素说："哲学介乎神学与科学之间，它是帽子底下者的哲学。"也就是说，一切哲学的起点都是以人为中心的特体（egocentric particulars），特体就是特殊的东西。一切知识的起点都是由人开始的，一切皆是主观的，如声、色、臭、味等都是主体意识中的特殊现象。❶近代哲学大部分都保留了个人主义和主观的面向，这在笛卡尔身上尤为明显，还有斯宾诺莎、贝克莱、洛克、康德、费希特、卢梭等人都是属于自我意识中的特体哲学。❷

西方哲学起初都是从主观出发，而后发展到经验主义才逐渐有了客观的实在。大卫·休谟（David Hume）将经验主义哲学发展到登峰造极的地步，成为一种论证也无法反驳的客观怀疑主义。实际上，这一转化暗含了知识论中的一个共同话题，即"客观性如何成立"。一直以来，西方哲学始终在探讨主观与客观化这一问题。罗素说，一个命题或一个概念要从主观变成客观的知识，要服从两个原则：一是外延性原则（principle of extensionality），即外延的内容是主观的，但是只有当主观的内容转成外延的命题（extensional proposition）后才能代表一个客观的知识。❸根据罗素的逻辑标准，如果命题属于主体也就属于主观的态度者，则它们都不能被客观地肯定。因为内容真理属于主体，如我相信什

---

❶ 罗素.西方哲学史：下卷[M].何兆武，李约瑟，译.北京：商务印书馆，1976：12.
❷ 罗素.西方哲学史：下卷[M].何兆武，李约瑟，译.北京：商务印书馆，1976：6.
❸ 罗素.罗素文集（第9卷）：人类的知识[M].张金言，译.北京：商务印书馆，2012：138-139.

么、我想怎么样等，这样的命题属于我这个主观的态度。❶二是原子性原则（principle of atomicity），或者可称为个体性原则，如对象可以被拆分为若干部分，即每个部分都要通过整体来了解，并且要被单独地了解。因此，科学知识的建立一定是依靠外延性和原子性这两个基本原则，即命题的真伪可以通过其外延范围来判定，不受个人主观因素的影响。只有遵循这两个原则，才能获得真正的客观知识，否则所有命题都将沦为主观判断。

虽然罗素是康德哲学的后来者，但是他处理主客观关系的方法仍难免受到康德的影响。在康德看来，物是在空间形式条件下所呈现的表象集合，而心灵则是在时间形式条件下所呈现的表象集合。罗素的中立一元论实际上继承了这一思想，只是他用"事件"替代康德的"表象"概念，不同词语内涵是相同的。康德作为西方重要的哲学家，他的纯粹理性批判与实践理性批判在今天仍然闪耀着光芒，尤其对当前处于现代性困境的现代人来说，重新思考康德哲学或许能够得到更多新的启发。

一、思辨理性与实践理性：康德的知识律与道德律

胡果·格劳秀斯（Hugo Grotius）在《战争与和平法》一书中说："为什么我要成为一个道德的人？我不做道德的人行吗？"❷这属于伦理学的元问题。在欧洲的道德哲学中，对这一问题的回答一共有四种答案：第一种是早期的唯意志论者，如霍布斯、普芬多夫等，他们认为道德法则是由神圣权威或者政治权威有权利为我们制定的法则；第二种是来源于立法的权威，如塞缪尔·克拉克、约翰·巴格利、理查德·普赖斯、G. E. 摩尔、大卫·罗斯、托马斯·内格尔等人，他们都认为世界上必定存在着内在规范性的实体，这种规范性的权威不言自明；第三种是情感主义道德哲学家弗朗西斯·哈奇森、休谟认为，规

---

❶ 牟宗三. 中西哲学之会通十四讲[M]. 上海：上海古籍出版社，2007：107.
❷ 胡果·格劳秀斯. 战争与和平法[M]. 何勤华，译. 上海：上海人民出版社，2017：92.

范是更为科学地建立在人类心理之上，通过反思的方式来解释规范性的权威性；第四种是康德所说，我们受自己制定的法律所支配的道德自律，也就是说在康德看来，规范性来源于我们自身心灵不可逃避的权威，而并非来自主权者的权威。❶如果这一问题的回答足够有效，或许就会有更多的人自觉地按照道德规范来行事。上述四个答案中，康德的回答实际上更为清晰，也更有广泛而深刻的影响力。

（一）纯粹理性与知识律

康德是近代最有影响力的哲学家。他的一生平淡无奇，他终生在柯尼斯堡中度过，一生未婚，将潜心向学的青年时代的习气保持到老年。青年时期的康德较多涉猎科学著作，1755年出版《自然通史与天体理论》。1781年，他出版著作《纯粹理性批判》（*The Critique of Pure Reason*）。之后，他出版《道德形而上学》（*Metaphysic of Morals*）、《实践理性批判》（*The Critique of Practical Reason*）。这三本著作是西方哲学史的巅峰之作，邓晓芒在其《康德哲学讲演录》中评价说："康德的哲学就像一个蓄水池，在他之前所有的哲学都流向这里，在他之后所有的哲学又从这里流出。"❷也就是说，康德是理解西方哲学最重要的思想家之一，不管是英美哲学，还是德国、法国等欧洲国家哲学，康德哲学都是绕不开的关键节点。牟宗三说："西方哲学由希腊发展至康德，我们可以说柏拉图的传统以及英美的经验主义与大陆的理性主义都可被康德吸收而成为'经验的实在论'与'超越的观念论'，以此为中心点涵括现象（phenomena）与物自体（noumena）的区分，而有此区分就可以与东方的思想相接头。"❸

两个石头与两个石头放在一起是四个石头，这是一个经验命题，但是2加2等于4这个命题是在经验之外可以通过数学归纳方法得出的先天命题。作为经

---

❶ 克里斯蒂娜·M.科尔斯戈德.规范性的来源[M].杨顺利，译.上海：上海译文出版社，2010：3.
❷ 邓晓芒.康德哲学讲演录[M].桂林：广西师范大学出版社，2006：68.
❸ 牟宗三.中西哲学之会通十四讲[M].上海：上海古籍出版社，2007：39.

验主义的代表，休谟认为，经验主义者所理解的一切知识都是通过人的感官体验而得来的，"四个石头"就是人的感官领悟。休谟曾经证明因果律并非分析的，他说人无法确信因果律的真实性。❶与休谟相对的是以笛卡尔为代表的理性主义阵营。笛卡尔所在的时代早于休谟，但是他的"我思故我在"这一命题规定知识只能通过推论得来，就像数学中的"2+2=4"就是一种因果律知识。

到康德这里，他发现休谟的学说过于偏激，笛卡尔的哲学又脱离了人的主观体验。为了解决知识的真实性，康德发现因果律其实是先天就认识到的。为此，康德花了12年求证如何才可能有先天的综合判断。最后，康德完成自比为"哥白尼革命"式的著作《纯粹理性批判》。这本书在西方哲学史上横空出世、影响深远，其内容主要是探知人的理性认识能力，也就是纯粹理性知识如何建立。康德在这本书的前言中说："人类理性在其知识的某一门类中有如下特殊的命运：它为种种问题所烦扰，却无法摆脱这些问题，因为它是由理性自身的本性向它提出的，但它也无法回答它们，因为它们超越了人类理性的一切能力。"❷也就是说，在康德看来，人类的理性独立于人的一切经验之外，它能够追求一切的知识，虽然它容易陷入自我难以摆脱的窘境，但正是凭借理性本身的原理，人类的理性也会越走越高，直至到达更遥远的地方。❸康德说："构成先验哲学（metaphysics）的一切都属于纯粹理性批判，先天知识（a priori knowledge）是纯粹（pure）的，它不掺杂任何经验性（empirical）的东西。"❹这句话暗含康德哲学中一组非常重要的概念区分，即先天知识与经验性知识（empirical knowledge）。这组概念在人类知识的建立中起到关键作用，其具体的内涵可通过图4-1进行梳理。

---

❶ 罗素.西方哲学史：下卷[M].何兆武，李约瑟，译.北京：商务印书馆，1976：250.
❷ 康德.康德著作全集（第4卷）：纯粹理性批判[M].李秋零，译.北京：中国人民大学出版社，2005：5.
❸ 康德.康德著作全集（第4卷）：纯粹理性批判[M].李秋零，译.北京：中国人民大学出版社，2005：5.
❹ 康德.康德著作全集（第4卷）：纯粹理性批判[M].李秋零，译.北京：中国人民大学出版社，2005：20.

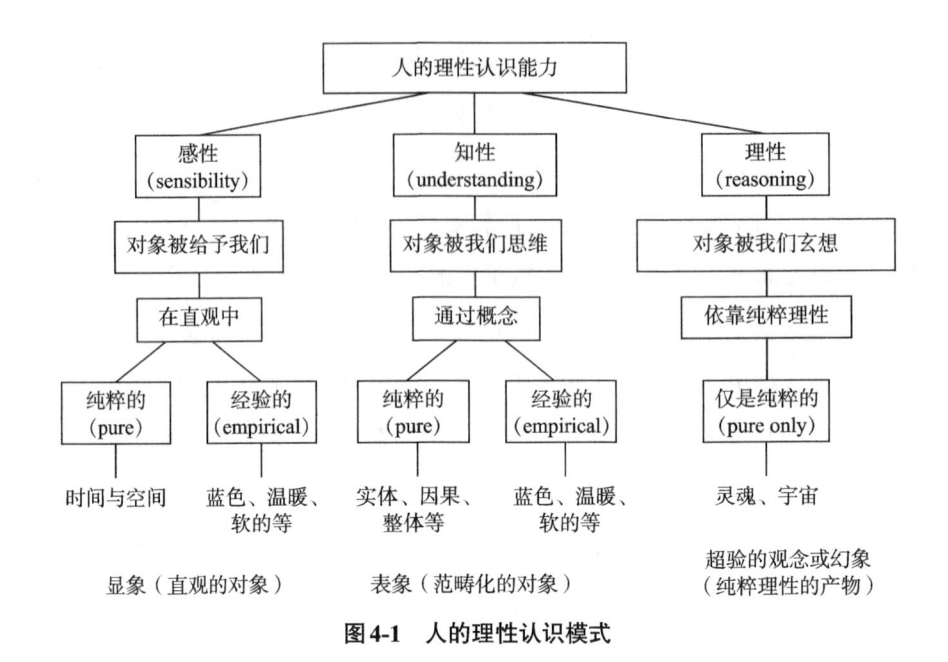

```
                        人的理性认识能力
         ┌──────────────────┼──────────────────┐
       感性              知性              理性
    (sensibility)    (understanding)    (reasoning)
         │                  │                  │
   对象被给予我们      对象被我们思维      对象被我们玄想
         │                  │                  │
      在直观中            通过概念          依靠纯粹理性
      ┌──┴──┐            ┌──┴──┐              │
    纯粹的  经验的      纯粹的  经验的      仅是纯粹的
    (pure)(empirical)  (pure)(empirical)   (pure only)
      │      │            │      │              │
   时间与  蓝色、温暖、  实体、因果、 蓝色、温暖、 灵魂、宇宙
   空间    软的等       整体等      软的等
                                              超验的观念或幻象
   显象（直观的对象）   表象（范畴化的对象）  （纯粹理性的产物）
```

图 4-1　人的理性认识模式

康德认为，人类的理性认识能力有三个主干，一个是感性，一个是知性，第三个是理性。❶这三个主干包含了多个特定的概念区分，分别是现象、物自体、表象、显象、直观、感觉（sensation）、知觉（perception）、推论（reason）、经验的（empirical）、纯粹的、空间、时间、质料、同时地（simultaneously）、相继地、概念（concept）、范畴化、思辨理性、实践理性、先验的、超验的等。这些概念构成康德哲学这幢大楼的墙体，理解每一个概念成为打开康德思想世界的重要钥匙。

康德说："无论哪一种知识以什么方式或者通过什么手段与对象发生关系，它都与对象直接发生关系，并且一切思维作为手段以之为目的，就是直观。"❷在这里，康德说得比较拗口，"直观"的德语原词是"anschauung"，意为"观看"。在康德的理解中，直观是对原始感觉的领会，对象（object）通过刺激心灵的方式使人产生对表象的感受。也就是说，直观只有在对象被给予我们时才

---

❶ 康德.康德著作全集（第4卷）：纯粹理性批判[M].李秋零，译.北京：中国人民大学出版社，2005：21.
❷ 康德.康德著作全集（第4卷）：纯粹理性批判[M].李秋零，译.北京：中国人民大学出版社，2005：21.

会出现，并且只有感性才带给我们直观。康德说："如果我们被一个对象刺激，那么对象对表象能力的作用就是感觉。通过感觉与对象发生关系的那些直观就叫做经验性的，一个经验性直观的未被规定的对象就叫做显象。"❶康德所说的显象并非自然界或社会的现象，而是指某种东西出现在我们眼前，显象经由感觉呈现，与感性主体发生关系，是由感性所挑起的，犹如"吹皱一池春水"般来显现。在康德的理解中，时间与空间也是主观的形式，但是它们不是从一个外部经验抽象得来的经验性概念，而是被视为显象可能性的条件。❷空间借助于外感官，将对象物的形状、大小和相互之间的关系都进行了规定。❸时间也不是经验性的概念，如果时间的表象不先天地作为基础，那么显象也不会同时或者相继地进入知觉。因此，只有以时间的表象作为前提条件，人们才能在表象中感觉到一些东西存在于同一个时间中或者存在于不同的时间中。❹

康德说："我把一切感觉中找不到的东西的表象（representations）❺称为纯粹，它指代一种先验的意义。"例如，时间不能从显象中被移除，时间是被先天给予的，康德说只有在时间中，显象的一切现实性才是可能的。所有的显象都可以被去除，唯独时间自身作为显象的可能性不能被取消。❻空间也和时间一样，都是显象出现的普遍条件，因此康德说空间和时间不是概念，而是"纯粹直观"的两种形式。❼康德说："如果现象离开我的感性主体，而是纯从知性或理性来了

---

❶ KANT I. Critique of Pure Reason [M]. London：Cambridge University Press，1999：155；康德.康德著作全集（第4卷）：纯粹理性批判[M].李秋零，译.北京：中国人民大学出版社，2005：24.
❷ 康德.康德著作全集（第4卷）：纯粹理性批判[M].李秋零，译.北京：中国人民大学出版社，2005：26.
❸ 康德.康德著作全集（第4卷）：纯粹理性批判[M].李秋零，译.北京：中国人民大学出版社，2005：25.
❹ 康德.康德著作全集（第4卷）：纯粹理性批判[M].李秋零，译.北京：中国人民大学出版社，2005：29-30.
❺ 人的头脑中存在着的是"表象"，即人要认识世界，不是直接进入事物本身，而是只能通过对世界的事物产生感觉、印象、概念，然后把概念与概念联系起来产生命题，进而提出理论，设法通过完备的理论建构来控制世界。因此，这些印象、概念、命题、理论或理论体系都是表象。
❻ 康德.康德著作全集（第4卷）：纯粹理性批判[M].李秋零，译.北京：中国人民大学出版社，2005：30；KANT I. Critique of Pure Reason [M]. London：Cambridge University Press，1999：162.
❼ 罗素.西方哲学史：下卷[M].何兆武，李约瑟，译.北京：商务印书馆，1976：251.

解现象，则此现象无实在性，就是一个空观念。"❶因此，只有在感性中的现象才具有实在性，此现象在康德看来被称为经验的实在性。而那些离开感性，经由纯粹理性而建立的现象可被称为超验的观念性。在此，"超验"一词指代超乎感性之上并离开感性。

在康德看来，直观是通过知性被思维，从知性中产生出概念。❷不过，一切思维，无论它是直接的还是间接的，都必须最终与直观、感性发生关系，因为对象不能以别的方式被给予我们。❸康德说："一门关于感性的一切先天原则的科学，我称为先验感性论，也就是这样一门科学构成了先验要素论的第一部分，它与包含着思维的原则、被称为先验逻辑的学说相对照。"❹康德说："靠纯粹理性的证明只有三个：即本体论证明、宇宙论证明和物理神学证明。"❺他的《纯粹理性批判》探讨人的认识能力，认识能力要从感性出发，所以它一开始是先验感性论。然后再从感性出发上升到先验逻辑，先验逻辑包括先验分析论和先验辩证论。先验分析论分为概念分析和原理分析。这是层层上升的，从感性到知性、知性概念，再从知性概念上升到知性的原理，然后从辩证论进入知性所适用的范围和限度，最后上升到理性的各种理念。❻

（二）实践理性与康德的道德律

如何理解康德所说的"超验"一词，这个问题实际上是康德哲学中现象世界与超验世界最重要的连接点。邓晓芒在《康德哲学讲演录》中评价说："康德《纯粹理性批判》解决的最大问题就是区别了现象与物自体这两个概念。"❼

---

❶ 康德.康德著作全集（第4卷）：纯粹理性批判[M].李秋零，译.北京：中国人民大学出版社，2005：24.
❷ 康德.康德著作全集（第4卷）：纯粹理性批判[M].李秋零，译.北京：中国人民大学出版社，2005：23.
❸ 康德.康德著作全集（第4卷）：纯粹理性批判[M].李秋零，译.北京：中国人民大学出版社，2005：23.
❹ 康德.康德著作全集（第4卷）：纯粹理性批判[M].李秋零，译.北京：中国人民大学出版社，2005：24.
❺ 罗素.西方哲学史：下卷[M].何兆武，李约瑟，译.北京：商务印书馆，1976：252.
❻ 邓晓芒.康德哲学讲演录[M].桂林：广西师范大学出版社，2006：69.
❼ 邓晓芒.康德哲学讲演录[M].桂林：广西师范大学出版社，2006：65.

现象与物自体是康德哲学中的两个重要概念，它们在英美哲学界同样被承认。为了更清晰地了解康德对理性知识与意志自由的阐释，笔者以"超验""现象""物自体"这三个概念为基准点，将康德的"知识律"与"道德律"用模式图进行梳理（见图4-2）。

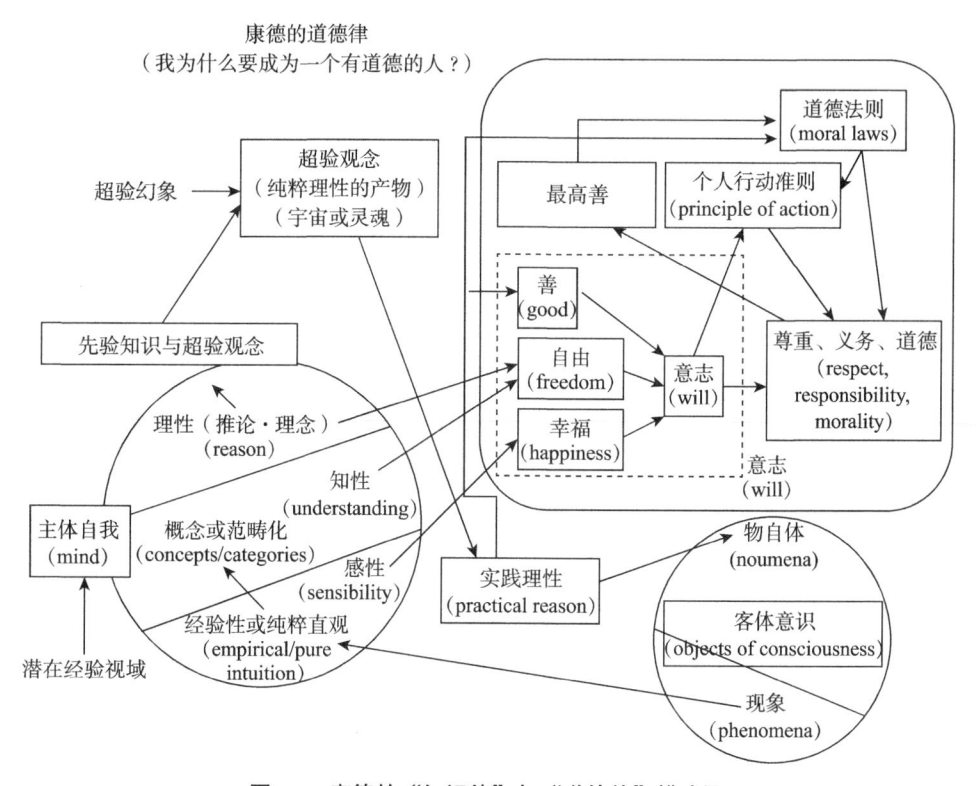

图4-2 康德的"知识律"与"道德律"模式图

这个模式图的根本出发点也是最终点，都是围绕一个问题展开，即美国学者克里斯蒂娜在其《规范性的来源》一书中的发问："我为什么要成为一个有道德的人？我不做一个有道德的人，可以吗？"[1]对这一问题的回答构成了康德哲学的整体脉络。康德的三大批判实际上处理的是人的知、情、意三种高级能力，第一纯粹理性批判对应的是人知的能力，第二实践理性批判对应的是人意

---

[1] 克里斯蒂娜·M.科尔斯戈德.规范性的来源[M].杨顺利，译.上海：上海译文出版社，2010：3.

的能力，第三批判"判断力批判"处理的是情。[1]在这一模式中，人的知与意构成了康德所说的纯粹知识世界与道德世界，而对这两个世界进行区分正是康德为西方哲学做出的重大贡献。

首先，围绕现象这个基准点，我们可以发现"神""宇宙""灵魂"在康德的知识律模式中仅是纯粹理性的产物，在感官世界中我们并不能证明神灵是否真的存在，我们只是通过纯粹理性推论出"最高善"这个超验的观念。康德所说的纯粹理性可以让人的认识能力达到最高级别的先验知识与超验观念。正如前文所分析的那样，现象经由纯粹直观与经验的直观进入感性，成为被直观的显象，显象经由人的思维的概念与范畴化成为知性中的表象，表象进而经由人的理性最终成为先验的知识与超验的观念。因此，康德主张经验的实在论，也就是说现象是知识的对象，它是实在的。在经验知识的范畴内，真理作为知识，决定一个概念或命题的真假。

在超验世界中，康德说"造物主""宇宙""灵魂"是人类经由纯粹理性推论出来结果，它们是纯粹理性的产物。康德称"造物主""宇宙""灵魂"是超验的观念，它们在人的感官世界中并没有对应物，它们一无所有，是一个空的观念，它们不能在经验的直观中找到实体。因此，我们平常所说的实在，也就是一大堆的现象是人类通过思辨理性所建立的知识，它们属于经验的实在，也就是说一切出现在现象范围内的对象都是实在的。而那些超验的观念并不在现象范围内，只能经由人的纯粹理性推论出来，这也正是人类通过理性所能够达到的最远的地带，人类的视阈只能达到建立知识的高度，并不能在超验的观念中找到证明"造物主"是否存在的答案。

其次，如何证明造物主存在，康德找到一条以"实践理性"为基石的"道德律"道路。也就是说，康德以"实践理性"来保证灵魂不灭、意志自由等超验的观念具备实在性。康德认为，要证明是否存在，不能用思辨知识和思辨理

---

[1] 邓晓芒.康德哲学讲演录[M].桂林：广西师范大学出版社，2006：75-76.

性来决定是否存在，而应该以"物自体"为基准点来决定灵魂不灭、意志自由等超验观念。最高观念是否存在并非现象领域，而是纯粹理智考虑的东西，它是纯智所思的对象。我们对之无直觉，故无知识，因无直觉就无知识，故称之为理念。❶

《实践理性批判》是康德在《纯粹理性批判》基础上对"超验的观念"的详细探讨。什么是实践理性？康德在《实践理性批判》一书的开篇就对其下了定义："实践原理是包含意志一般决定的一些命题，这种决定在自身之下有更多的实践规则。如果主体以为这种条件只对他的意志有效，那么这些原理就是主观的，或者是准则；但是，如果主体认识到这种条件是客观的，亦即对每一个理性存在者的意志都有效，那么这些原理就是客观的，或者就是实践法则。"❷这段话的核心意思是围绕人的意志如何被规定，或者说纯粹理性是否能够完全决定意志。邓晓芒在对康德的解读中举了这样一个例子，他说："人为了日常的目的，如肚子饿了要去赚钱买粮食，这是非常具体的目的，所以这就是实践理性。"❸人通过何种手段以获得目的的理性过程就是一般的实践理性。但是，纯粹的实践理性是更高层次的理性，它摆脱了一切世俗的感性和欲望，用康德的话来说是"纯粹实践理性的自律"。它以自己为目的，以自身的自由为目的，不再以外在的事物为目的。一旦实践理性达到以这个实践理性本身为目的，那就是纯粹实践理性。其中的意志达到了自律，它是为自由而自由，为意志而意志，为贯彻意志而立法，建立自己的意志的法规、法律，这就是纯粹的实践理性。❹康德为其著作选择"实践理性批判"这一标题，其用意在于强调实践理性本身是一个不言自明的事实，无须进行批判。他认为，实践理性是每个人都具备的能力，不受个体差异的影响。在康德看来，纯粹实践理性已经

---

❶ 牟宗三.中西哲学之会通十四讲[M].上海：上海古籍出版社，2007：76.
❷ 康德.实践理性批判[M].韩水法，译.北京：商务印书馆，2000：17；KANT I. Critique of Practical Reason [M]. New York：Hackett Publishing，2002：29.
❸ 邓晓芒.康德哲学讲演录[M].桂林：广西师范大学出版社，2006：69.
❹ 邓晓芒.康德哲学讲演录[M].桂林：广西师范大学出版社，2006：71.

超越感性的限制。这意味着人类的道德判断和行为不应受到个人情感、欲望或外部环境的左右，而是基于普遍适用的理性原则。康德的这一观点突出了人类理性能力的普遍性和自主性。他强调，作为理性存在，人类有能力独立做出道德判断，而不必依赖于经验或外部权威。这种观点为道德哲学提供了一个新的基础，强调人的道德自主性。这一思想反映康德对人类理性能力的高度信任，也体现他试图为道德建立一个普遍有效的基础的努力。通过强调实践理性的自明性，康德为道德哲学开辟了一条新路，影响深远。

人作为理性的存在，除了自己之外，还应将他人看作是有理性的，人与人之间是处在一个有理性的关系之中，而实践理性就是人的自由行为摆脱不了的一个必然的法则，这个法则总是在人的内心起作用。[1]康德说："客观的法则是建立在纯粹实践理性之上，这里面不是指单个人的准则，因为基于个人的欲望的准则没有普遍性，仅是对单个人有效。"客观的法则是更高层次的，而且必须成为普遍的道德律。那么，如何找到这个普遍的道德律？对此，康德提出了四条定理。第一条定理是"凡是把欲求能力的客体（质料）预设为意志的规定根据的一切实践原则，一概都是经验的，并且不能给出任何实践法则"[2]。也就是你不能把你的现实欲望的对象作为你的意志的动机，你的意志的动机不能建立在一个现实的对象上。比如，英国的功利主义就是把现实的对象作为意志的动机，大多数人本身就是概念不明确、自私的，不是一种普遍实践法则。第二条定理是"一切质料的实践原则本身皆为同一种类，并且从属于自爱或个人幸福的普遍原则"[3]。也就是个人的幸福也不能成为法则。第三条定理是"如果一个理性存在者应当将他的准则思想视为普遍的实践法则，那么，他只能把这些准则思想视为这样一种原则，它们不是按照质料而是依照形式包含着意志

---

[1] 邓晓芒.康德哲学讲演录[M].桂林：广西师范大学出版社，2006：71.
[2] 康德.实践理性批判[M].韩水法，译.北京：商务印书馆，2000：19.
[3] 康德.实践理性批判[M].韩水法，译.北京：商务印书馆，2000：20.

的决定根据。实践原则的质料是意志的对象，这个对象是意志的决定根据"❶。也就是能够提出这样一条实践理性的法则，就是要使你的意志准则在任何时候都能同时被看成一个普遍立法的原则。不管你做什么，都要考虑它是否能够成为一条普遍的法则。康德的这条定理非常重要，揭示出实践理性的法则的本质，也就是康德所说的道德律。第四条定理是"意志自律是一切道德法则以及符合这些法则的职责的独一无二的原则；与此相反，意愿的一切他律非但没有建立任何职责，反而是与职责的原则，与意志的德性，正相反对"❷。自律的原则（self-discipline）就是指这样一条道德法则不是外人强加给你的，而是你的自由意志自己立法制定的。自律不是他律，不是为别的目的，它就是为道德而道德，只有用为道德而道德来约束自己，做到"己所不欲，勿施于人"，或者说使自己的行为能够自愿自觉地成为一条普遍的立法原则，才是真正道德的。❸自律的原则是康德的最高原则，自由意志给自己立法，是为了不沦为其他目的的手段。因此，道德律令的本质就是意志的自律。在康德的道德哲学体系中，这四条原则可以分为两类，前两条属于否定性原则，它们指出什么不能成为普遍法则。具体来说，康德认为，功利主义和幸福主义都不能作为道德的普遍准则。真正能够成为普遍法则的是道德律令。康德强调，道德律令的基础在于自律。这意味着道德行为不应源于外部强制或利益考量，而应来自个体内在的理性判断和自主选择。康德通过这种区分，明确了他对道德基础的看法。他否定以结果或幸福为导向的伦理学说，转而强调基于理性的道德自律。这种观点突出道德行为的无条件性和普遍性，同时强调个体在道德决策中的主体地位。这一思想体现康德对人类理性能力的信心，以及他试图为道德建立一个超越经验、具有普遍有效性基础的努力。康德的这些观点对后世的伦理学和道德哲学产生深远影响，成为现代道德思考的重要基石之一。

---

❶ 康德.实践理性批判[M].韩水法，译.北京：商务印书馆，2000：26.
❷ 康德.实践理性批判[M].韩水法，译.北京：商务印书馆，2000：34.
❸ 邓晓芒.康德哲学讲演录[M].桂林：广西师范大学出版社，2006：71.

那么，意志自律何以可能？它又是如何被演绎的呢？邓晓芒在其《康德哲学讲演录》一书中提到，人的一切行为都是有理性的，理性会促使他思考他的行为是否会成为一条普遍的法则，进而按照普遍的法则来决定自己的行动准则。[1]这一过程是理性的必然认知，每一个有理性的人都必然会把纯粹理性带入他的行为准则。虽然人的行为有时候掺杂很多感性、欲望、情感等杂质，不是一种纯粹的理性，但是因为它仍然包含纯粹的理性，所以他必然会想到纯粹理性的要求，这就是他的"良心"，所以人之所以有"良心"，就是因为人有纯粹的理性，他就会意识到道德的本质。有时人还会事后反省，如一旦人做了坏事，他总会感到惭愧和有罪，而这就是道德原理论或者意志自由论。

因此，康德的《实践理性批判》解决的是"物自体"的问题，涉及人的自由、人的实践能力、人的意志、人的欲望等。作为常人，天生就有欲望和意志，这种欲望和意志常常被投射在经验世界和人的实践活动中，并对感性世界产生影响。《实践理性批判》采取与《纯粹理性批判》截然不同的方法论，不是从感性经验世界出发，而是采取自上而下的方式。这种方式与《纯粹理性批判》自下而上的进路形成鲜明对比。在《实践理性批判》中，康德从最高原则开始，逐步向下推演。具体而言，他从分析论中的基本原理出发，逐步深入到概念分析。这种方法反映康德对实践理性本质的理解。纯粹实践理性所关注的不是现实中的感性经验对象，而是抽象的概念对象，即善与恶。这种处理方式凸显康德对道德问题的独特看法。他认为，道德判断不应建立在经验基础上，而应源于理性的先验原则。这种方法论的选择反映康德试图为道德建立一个普遍有效的基础的努力。通过从最高原则出发，康德旨在展示道德法则的无条件性和普遍性，同时强调理性在道德判断中的核心地位。这种路径不仅体现康德哲学的系统性，也揭示他对道德哲学的独特贡献。通过这种方式，康德为伦理学提供一个新的思考框架，影响深远。康德认为，人在实践中如果将善与恶的

---

[1] 邓晓芒.康德哲学讲演录[M].桂林：广西师范大学出版社，2006：224.

概念当作自己的对象来进行实践，那么在感性世界中就会受到相对应的影响。❶最高的纯粹实践理性是一种道德行为，也就是说"最高善"的概念可以肯定地存在，这种肯定并非现象知识层面上的肯定，而是在实践理性上的肯定。也就是说"最高善"对思辨理性而言是个空观念，但在实践理性的道德律中是那个拥有"最高善"的人。❷

二、"智的直觉"：牟宗三的"良知坎陷"论

牟宗三师承于熊十力，受宋明理学影响较深，但是与他的老师不同，他是第一个将概念的精确性引入中西文化会通之学的哲学家。早年，牟宗三较多涉猎逻辑和西方的知识论，尤其是专门研究罗素的《数学原理》。后来，他将研究兴趣转向康德，深入研究、吸收《纯粹理性批判》和《实践理性批判》的超验路径，于1956—1957年出版两卷本《认识心之批判》，后来出版《心体与性体》《智的直觉与中国哲学》等著作。这些著作是牟宗三对中西哲学的会通与分歧的思考。牟宗三从康德的纯粹理性批判那里得到灵感，主张中国人有"智的直觉"，通过"良知坎陷"的方式在现象与物自体之间跨越鸿沟，从而实现王阳明心学的"致良知"与"内圣"之道。

（一）牟宗三提出的四个层次的"我"

在逻辑学中，外延与内容是一对专有名词。根据罗素的逻辑学定义，数学真理可以用外延真理来表述，而生活中的"仁""义"这种通过生命来表现的道德真理被称为内容真理。由于外延真理可以被量化和客观化，所以它能够被清晰和明确地肯断。但是，内容真理与外延真理不同，它依托主观价值的判断，不能被客观地肯断。虽然内容真理听起来很抽象，但是在康德的道德律

---

❶ 邓晓芒.康德哲学讲演录[M].桂林：广西师范大学出版社，2006：69.
❷ 牟宗三.中西哲学之会通十四讲[M].上海：上海古籍出版社，2007：76.

中，内容真理这一事实在实践理性上确实是存在的。虽然中国的思想体系中没有出现康德式的知识论，也没有休谟式的经验知识论或者笛卡尔式的理性论，但是我们在实践理性维度上拥有和康德非常相似的道德知识论。对于经验知识论与道德知识论的区别，其实中国的儒家很早就给出相似的概念，即"闻见之知"与"德性之知"。中国与欧洲思想分属于两个不同的哲学体系，中国早在2000年前就将目光聚焦在人作为生命的存在论上，而欧洲在古希腊时期开始对逻辑理性与自然的探索。

牟宗三在其《中西哲学之会通十四讲》中提出"自我"主体的四个层次模型，也就是自我具体属于哪个层次的自我、是什么意义的自我。在牟宗三看来，自我有几层意义（如图4-3所示）。第一层是帽子底下脑神经的自我，它是生理机体的自我。正如王阳明所说的"躯壳起念"身体的我，这一层是最基层的自我。第二层是心理学意义上的自我，是詹姆斯所说的"心灵的自我"，它是虚构的自我。第三层是笛卡尔的"我思故我在"的"逻辑的我"。牟宗三在其《智的直觉与中国哲学》一书中说："我思之我只是一种形式的我，或者是一种逻辑的我，他仅是作为认知主体，架构于康德所说的纯粹的思辨理性。"❶第四层也是最高一层的我，不是生理机体的我，也不是心理意识上的我，更不是逻辑意义上的我，而是康德所说的通过实践理性在物自体层面上"智思"的我，或者是孟子所说的"万物皆备于我矣，反身而诚，乐莫大焉"的我，以及王阳明所说的"良知"的真我。这种"真我"只能通过道德才能显现出来。❷

牟宗三认为，与西方哲学相比较，中国哲学更多的是关心生命，生命有好多层次。❸中国自夏商周以来始终重视"德"的观念，中国人的学问是懂得义理才是学问，所以我国几千年积累的精华都浓缩在性理、玄理、空理、事理与情理之中。

---

❶ 牟宗三.智的直觉与中国哲学[M].台北:联经出版事业有限公司，2003：212.
❷ 牟宗三.中西哲学之会通十四讲[M].上海：上海古籍出版社，2007：104-105；余英时.现代儒学论[M].上海：上海人民出版社，2010：217.
❸ 牟宗三.中西哲学之会通十四讲[M].上海：上海古籍出版社，2007：9.

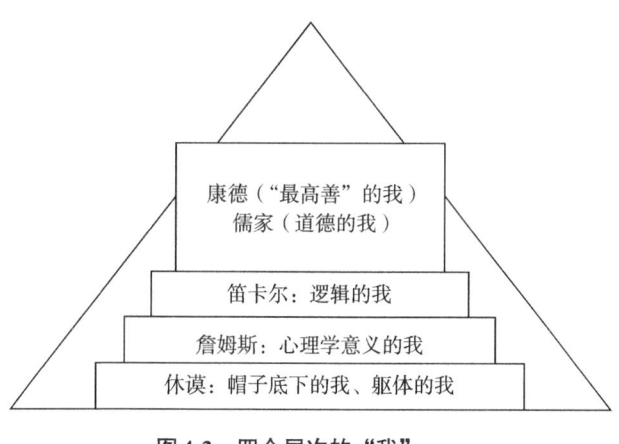

```
            康德("最高善"的我)
            儒家(道德的我)
          笛卡尔：逻辑的我
        詹姆斯：心理学意义的我
      休谟：帽子底下的我、躯体的我
```

图 4-3　四个层次的"我"

(二)"智的直觉"与"良知坎陷"论

牟宗三在其《智的直觉与中国哲学》中指出："中国哲学传统，即儒释道都相信人有'智的直觉'，在'智的直觉'之上存在'智的解悟'。"❶虽然西方哲学的主流否认这一点，但是牟宗三说："如果吾人不承认人类这有限存在可有智的直觉，则依康德所说的这种直觉之意义与作用，不但全部中国哲学不可能，即康德本人所讲的全部道德哲学亦全成空话。正因为西方无此传统，所以难以康德之智思犹无法觉其可能。"❷在此，牟宗三的思想正是以康德学说为逻辑起点，他在康德的纯粹理性学说基础上，即人类的知识必须依赖感触直觉，所以康德只能发展出形而上学的道德。而由于康德局限于神学的背景，他只能建立最高善的道德神学。因此，自由意志在康德的思想体系里只能是实践理性的范畴，还有宇宙存在、灵魂不朽和最高善存在也只能通过实践理性才能证明它们超验性的实在。牟宗三的另一本著作《心体与性体》讨论的是康德的道德哲学，虽然在写作之时没有涉及"智思直觉"这一领域，但是他正是在其晚年

---

❶ 牟宗三.智的直觉与中国哲学[M].台北：联经出版事业有限公司，2003：5.
❷ 牟宗三.智的直觉与中国哲学[M].台北：联经出版事业有限公司，2003：5.

通过《智的直觉与中国哲学》这部鸿篇巨制完善其思想，从而构建了其思想体系框架（如图4-4所示）。

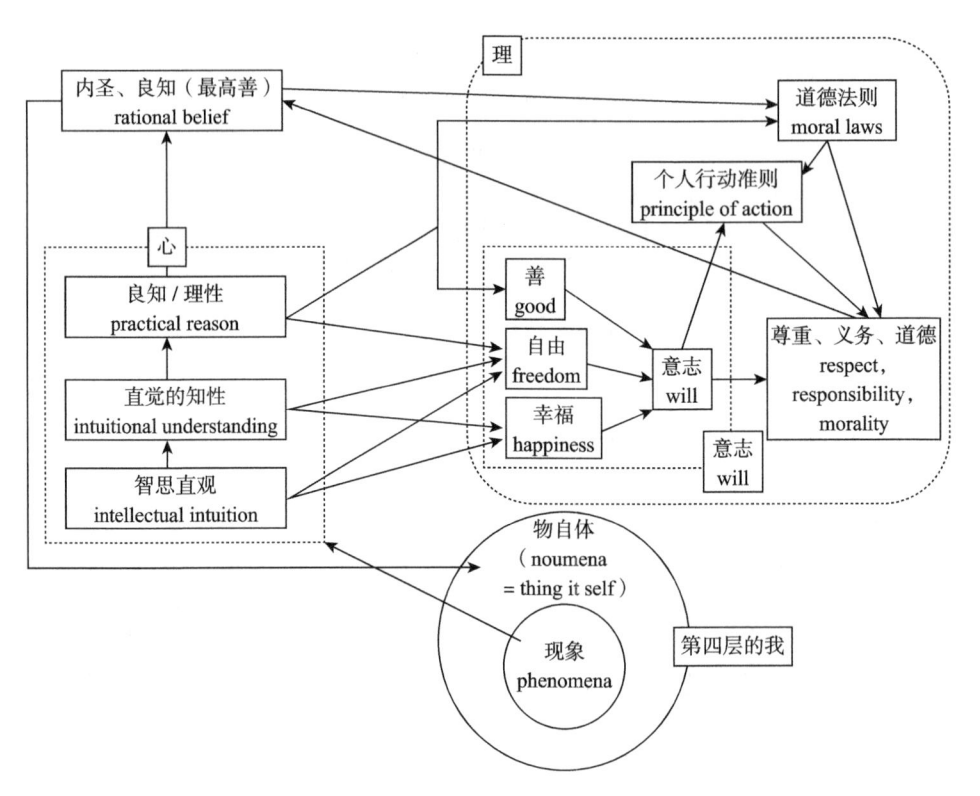

图4-4 牟宗三的"良知坎陷"论

牟宗三"良知坎陷"论的体系勾勒其晚年思想的主要脉络，同时汇聚康德哲学与熊十力思想的精华。具体来说，牟宗三的主要思想包括以下方面。

第一，牟宗三掌握中国哲学与西方哲学的脉络和差异，尤其是能对西方哲学中的概念进行精准的理解与描述，并结合中国哲学进行了比较。比如，他对康德哲学中的"物自体""现象""直觉"（intuition）、"知性""感性""理性"（reason）、"自由"（free）、"意志"（will）、"道德"（morality）等概念——进行严密的考据，这些概念投射在中国哲学中，有很多相对应的共通点与连接点。王阳明说："心之所发便是意，意之本体便是知，意之所在便是物。如意在于事亲,即事亲便是一物;意在于事君,即事君便是一物;意在于仁民爱物,即仁民爱物便是一物;意在于视听言动,即视听言动便是一物。所以说,无心外之理,无心外之物。"❶在这里,我们可以发现王阳明所说的"意"其实对应的是西方哲学概念中的"感性",但是此"感性"与"意"又有区别。王阳明认为"意"由"心"发,而非西方经验哲学中的人体感官,所以在牟宗三看来,采用"智的直觉"一词对应"意"更为准确。另外,王阳明所说的"知"对应西方的"知性"一词,这两个概念有相似点但又有区别。王阳明主张"意之本体便是知",而"意"又由"心"发,所以此"知"并非西方经验理性中的"知"(understanding),牟宗三说用"智的解悟"这个词更加准确,所以牟宗三提出"智的直觉"并非空提概念,而是在吸收康德学说的基础上,结合中国哲学的心学传统,才发现了中国哲学里特有的"智的直觉"。牟宗三认为,中国哲学里虽然有"闻见之知"与"德性之性"的概念区分,但是放在严格的概念分析与比较下,"闻见之知"仍然与西方的经验知识有非常大的区别。牟宗三说之所以称直觉为"智的直觉",是因为"此种直觉是很难思议的,因为一说直觉就要通过我们的感性,但这种直觉又不是通过感性,这是一种纯理智的直觉,是一种纯智的活动。智的直觉是无限心之作用,是人格化了的无限存在,故其心是无限心,但人类的心灵是有限的,有限的心灵它的思考方式一定要通过一些手续,如果没有概念就无法表达。智的直觉由无限心而发,无限心所发的直觉不是通过感性,故这种直觉也是无限的。如我们的感性,由耳、目、身而发的感识当然是不能无限的,智的直觉只属于神智的无限心,而人是决定的有限物"❷。

第二,牟宗三作为熊十力的学生,自然受王阳明的"致良知"学说、熊十力的"体用不二"学说的影响。与此同时,牟宗三精通英文,准确把握康德第一纯粹理性批判和第二实践理性批判学说的影响,尤其是看到康德的《道德形

---

❶ 王守仁.王阳明全集:传习录[M].上海:上海古籍出版社,1992:6.
❷ 牟宗三.中西哲学之会通十四讲[M].上海:上海古籍出版社,2007:76.

而上学》的最大缺点就是囿于神学立场，始终跳脱不出西方神学中最高意志自由的存在，而这一点对长期受中国哲学滋养的牟宗三来说，自然难以接受和理解。因此，牟宗三说："按照康德的解释，'noumena'实际上是'智思物'（intelligible entities），为纯粹理智所思考的东西。康德说证明最高善是否存在不能用思辨知识（speculative knowledge）和思辨理性（speculative reason）来决定，而应该用'智思物'（noumena）来决定灵魂不灭、意志自由等，这些并非现象的领域，为纯粹理智所思考的东西。最高善的存在是纯智思的对象。我们对之无直觉，故无知识，因无直觉就无知识，故称为理念（idea）。理念由纯粹理性而发，由纯知性（pure understanding）所发的纯粹概念（pure concepts）是范畴。由纯粹理性所发的概念，康德依柏拉图传统而称之为'idea'，即理性的概念（理念），在柏拉图处则译为理性。理念是理性上的概念，凡是概念应有对象与之相合，但就理念而言，我们对其对象无直觉，故无法知其对象存在与否，由此立场而言，康德称此曰'超越的理念性或观念性'，因而又称为'超越的观念论'，这些都是理性上所形成的东西，没有实在性，只是些空观念，灵魂不灭也是如此。"❶

因此，牟宗三从康德哲学中吸收了两个最重要的概念区分，即"现象"与"物自体"。实际上，这两个概念也正对应熊十力哲学中的"体用不二论"，即熊十力的本体论强调"健动之力"和"致用之道"，坚持"由用知体""即用显体"来彰显本体（本心、仁体）是唯一真实的存在、最高的存在，是人类文化与自然之生生不息的本质和终极根源。❷因此，熊十力的"体""用"概念正好对应康德哲学中的"物自体"与"现象"。在牟宗三的"良知坎陷"论中，"现象"被"物本体"包含，正是"即用显体""由用知体"的反向延伸。也就是说，牟宗三用"良知坎陷"论告诉人们，"由体显用""即体显用"才是正确的"致良知"与"致用之道"。"坎陷"一词源于《易经·坎卦》中"一阳陷于二

---

❶ 牟宗三.中西哲学之会通十四讲[M].上海：上海古籍出版社，2007：76.
❷ 郭齐勇.现代新儒学的根基——熊十力新儒学论著辑要[M].北京：中国广播电视出版社，1996：43.

阴，其性为险陷"之"坎卦"，即命运急转直下跌落至最危险处，但是牟宗三根据自己的学说，只取其"下落、跌宕、转弯"之意。❶因此，"物自体"与"现象"在康德看来，一个是"此岸"，另一个是"彼岸"的世界完全被牟宗三消解，他主张"物自体"是可以通过"良知坎陷"的方式进入"现象"世界，从而将内圣之学开出新的外王，是每一个民族文化生命在发展中所共有，是自己文化生命之发展与充实。❷

第三，对"致良知"的功夫，牟宗三提出与王阳明不一样的"功夫"。在王阳明看来，"致良知"实际上只涉及良知的呈现，即"致良知"的功夫是去掉吾心私欲之障蔽，复归吾心天理之本体，使吾心常有主宰而恒照鉴物，以达天地万物一体之仁，故致知之致是复体、明诚、逆觉、体证、本心自识。❸王阳明在《大学问》中说："致知云者，非若后儒所谓充广其知识之谓也，致吾心之良知焉尔。"可见，王阳明的"致良知"功夫是指去除心中私欲私意，不关涉外在的知识。而牟宗三所说的"知行合一"更多的是需要通过"智思直觉""智思觉悟"的方式来将外物理法内化于心，从而自觉地做到道德自律。他的路径与康德的极其相似，也就是人的行为规范并非由外在法律、规范来统摄一切，而是最终通过将"他律"内化于心，转化成"自律"的方式，从而建立社会最普遍的道德法则。牟宗三的思想最终流向是落实到具体的个人行为准则，即尊重、义务、道德。因此，牟宗三的学说体系实际上既能够通达宇宙之妙，又能具体而微。他告诉常人，想要"成圣"，最简单的路径就是在日常的行为准则中做到"尊重、义务、道德"，如此便能通过人心"良知"，体悟"物自体"而又复归坎陷至"现象"的世界，从而帮助人与人、人与社会之间进行更加合理的互动。

---

❶ 蒋庆.政治儒学：当代儒学的转向、特质与发展[M].福州：福建教育出版社，2014：82-83.
❷ 牟宗三.略论道统、学统与政统[M]//郑家栋.道德理想主义的重建——牟宗三新儒学论著辑要.北京：中国广播电视出版社，1992：90.
❸ 蒋庆.政治儒学：当代儒学的转向、特质与发展[M].福州：福建教育出版社，2014：76.

第四，牟宗三的学说正如康德的"水池"一样，之前所有的水都流到牟宗三这里，之后所有的水又从牟宗三这里流出。从图4-4可以看出，在"心"与"性"之间存在一个明显的隔离地带，牟宗三对宋明理学中"心""理""意""知""体""用"等多个模糊的概念进行具体、明晰的描述，也正是这一概念清晰、准确地描述宋明理学争论已久的脉络。无疑，理学主张的理大于心在牟宗三这里是不成立的，而理内化于心，心通物，或者说"心应物""心安物"正是牟宗三将心与"物自体"世界中的对象物进行连接，而非"现象"世界中的对象物。牟宗三将程朱理学、陆王心学、熊十力的本体论、康德的知识律与道德律进行大融合，从而提出他最具现实关怀的"良知坎陷"学说。牟宗三是第一位将中西哲学进行会通的大思想家，在他之后的第三代新儒家学者都秉持牟宗三的基本立场。可以说，牟宗三在中国哲学史上的地位至关重要。

事实上，当前很多学者对牟宗三的哲学存在很多的误解，最大的争议莫过于批判牟宗三采用东方的道德证悟。在笔者看来，这一批判过于简单，对牟先生的学问只知其表而非深入牟宗三学说的内里。牟先生学说最大的价值在于他发现了中西哲学能够会通，而且指明会通的地带就是人与人之间最简单的"尊重、义务、道德"这一朴素的交往伦理。"己所不欲，勿施于人"，早在2000多年前孔子就已经发现人存在于世的基本义务与生存方法就是建立人与人之间互相尊重的交往关系，从而展开一系列的社会秩序安排与实践。

第二节 从"主客二分"到"天人合一"

渠敬东教授在《涂尔干的遗产》一文中提道："如果以今天的视角去观看现代社会的变迁，这种变迁到底是结构的转型还是范式的转换？是知识论意义上的变革，还是道德实践的转变？是本体论的，还是发生性的？"❶现代社会自16世纪起已走过四百多年，如今面临许多反思性现代问题，如为什么依靠主客二元哲学搭建的现代性理论大厦会在今天出现如此多的风险与交往问题；为什么韦伯所指摘出来的"工具理性"在今天仍然决定着现代社会未来变革的方向；是否存在一种新的可能，既保证在结构上的现代性变迁，又能够在范式上完成一种转换；这种变迁与转型到底发生在本体论中还是在认识论里等。

一、反思主体存在：从胡塞尔的现象学到海德格尔的存在论

早在文艺复兴时期，欧洲人就已经开始在主体性上的革命性转变，通过否定中世纪神学的存在方式，借助古希腊人、古罗马人的理性精神来自由地重塑自己。❷主体性成为欧洲人建立现代哲学的基石，现代社会理论也基于笛卡尔"人通过自我反思而认识自我"的主体性理解，现代主体性也滋养了一种别具一格的个体主义，它不仅把自我作为理论认识的中心，而且把它作为社会政治行动和相互作用的中心。❸在反思笛卡尔的"主体思想"时，奥特加·加塞特说："假如这个作为现代性根基的主体性观念应该予以取代的话，或者有一种更深刻更确实的观念会使它成为无效的话，那么这将意味着一种新的气候、一个新的时代的开始。"❹

（一）胡塞尔的"主体间性"

现象学大师胡塞尔采用"主体间性"概念来应对超越论现象学所面临的

---

❶ 渠敬东.涂尔干的遗产：现代社会及其可能性[J].社会学研究，1999（1）：31-51.
❷ 埃德蒙德·胡塞尔.欧洲科学的危机与超越论的现象学[M].王炳文，译.北京:商务印书馆，2001：17.
❸ 弗莱德·R.多迈尔.主体性的黄昏[M].万俊人，译.桂林：广西师范大学出版社，2013：1.
❹ 弗莱德·R.多迈尔.主体性的黄昏[M].万俊人，译.桂林：广西师范大学出版社，2013：1.

"唯我论"诘难，这与儒家思想具有共同性。❶如今，现代社会理论正处于十字路口，正如1935年胡塞尔在维也纳以"欧洲科学的危机与超越论的现象学"为题的演讲中说道："现代人的整个世界观受实证科学所支配，并且被科学的'繁荣'所迷惑，这种支配意味着人们以冷漠的态度避开了对真正的人性问题的思考。所谓生活世界，即在一切科学之前总是已经能够达到的世界，以至科学本身只有在生活世界中才能理解。"❷胡塞尔对笛卡尔的"主客二分法"极不满意，他认为意识本身已经包含了意识的对象，个人对世界的认识是依托在与他人的互动中生成。因此，个人意识总是依存于由不同意识构成的共同体，这种主体之间的互动或共同体被称为"主体间性"或"交互主体性"（inter-subjectivity）。❸也就是说，胡塞尔的"主体间性"涉及两个问题：一是我是如何感知到他者的意识的；二是我的意识是如何区别于这些意识的。主体之间的关系结构是单个绝对主体性的构建基础，正如他人的身体存在于我的感知领域中一样，我的身体也存在于他人感知领域中，他们会把我经验为他的他人，就像我把他经验为我的他人。❹卞之琳的《断章》一诗其实正好为"主体间性"这一概念作了很好注解。

你站在桥上看风景

看风景的人在楼上看你

明月装饰了你的窗子

你装饰了别人的梦

---

❶ 吴飞.与他人共在：超越"我们"/"你们"的二元思维——全球化时代交往理性的几点思考[J].新闻与传播研究，2013，20（10）：5-20.

❷ 埃德蒙德·胡塞尔.欧洲科学的危机与超越论的现象学[M].王炳文，译.北京：商务印书馆，2001：6，16.

❸ 张剑.西方文论关键词：他者[J].外国文学，2011（1）：118-127，159-160.

❹ 埃德蒙德·胡塞尔.生活世界现象学[M].倪梁康，张廷国，译.上海：上海译文出版社，2002：194.

第四章 儒家"仁爱"沟通伦理的现代性可能

这首诗里的"你"和"别人"的相遇，既超越时间，又羁留于时间，在那一瞬"你"和"别人"都作为实存的"共在"意向，你的意向和他的意向都是共存的。桥、风景、你、别人在那一刻不是简单地与身体相对，而是心灵与物理世界的同时共在，彼此造就你的存在和别人的存在，同时彼此的存在又是一种"共在"，于是"你"和"别人"都获得了同等的主体性。因此，胡塞尔的现象学主张反对"唯我论"，反对将外部存在归结为意识，现象学的外部存在"显象"不是意识的结果，而是意识过程的参与者，与主体不可区分、互为依存。意识的两端：主体和客体，去掉任何一端，意识将不复存在。胡塞尔说："世界不仅是由我的先验意识构成的，同时也是由别的先验意识构成，'他人'的出现否定了意识的孤独性，也否定了唯我论，而多个意识的并存就是'主体间性'。"❶

胡塞尔的现象学里除了"主体间性"这一概念之外，重要的还有"意向性""先验主体""还原法"等核心的概念，它们构成胡塞尔的主体思维框架。胡塞尔曾受威廉·詹姆士（William James）意识流思想的影响，他的"意向性"概念实际暗含内部的意向性结构，也就是一切意向性的体验中都有一个围绕在显示点周围的边缘域，它总在暗中匿名地、非主题地准备好了下一步的显示可能性，也就是说在这一刻出现的意向实际上已经关联了下一刻意向的出现。因此，意识一定是对某物的意识，它关涉主体与客体的两端，意向行为与意向对象的两极结构实际上是传统的主客二分结构的反映。❷海德格尔曾在《存在与时间》一书中称赞胡塞尔："他使'经验的（现象的）'和'先天的'研究直接地相互关联起来，通过还原，我们所得到的是自身（被）给予的现象，或由意向行为本身所构成的意义。"因此，胡塞尔现象学最大的突破是对

---

❶ 倪梁康，等.中国现象学与哲学评论（第4辑）：现象学与社会理论[M].上海：上海译文出版社，2001：104.

❷ 张祥龙.海德格尔思想与中国天道——终极视域的开启与交融[M].北京：生活·读书·新知三联书店，1996：34-35.

笛卡尔的"主客二元"哲学进行了彻底颠覆，主要体现在四个方面。

第一，笛卡尔的理性怀疑法本质上是一种因果推理的逻辑排除法，旨在剔除一切可疑的事物。然而胡塞尔提倡使用现象学的"还原法"，这种方法要求个体专注于眼前所见的事物，而不是被自然主义习惯扭曲的表象。胡塞尔主张在"不足"和"过度"之间寻找一种中性的原初状态，强调要"回到事物本身"，以还原那些真实出现在我们视野中的原初对象。这一方法强调直接经验的重要性，试图揭示事物的本质，而不是被先入之见影响。通过这种方法，胡塞尔希望能够清晰地理解和描述意识中的经验，从而为哲学提供一个更为坚实的基础。这种现象学的方法论不仅与笛卡尔的怀疑主义形成对比，而且为理解人类经验提供了新的视角。

第二，笛卡尔的方法在根本上可能导致研究范围变窄，尤其是在现代性背景下，最终只剩下一个孤立的命题："我思，故我在"。相对而言，胡塞尔的现象学还原法则有助于扩大研究的范围，可能会揭示出"一个新的科学领域"。这种方法强调直接经验和意识的结构，使研究者能够探索更广泛的现象，而不仅局限于个体思维的孤立状态。通过这种方式，胡塞尔的现象学为理解复杂的人类经验提供了更广的视角，有助于找到新的研究方向。

第三，笛卡尔所构建的世界最终会导致研究对象的抽象化和实体化，而胡塞尔的现象学还原法引导研究对象进入一个更为丰富和本质化的领域。换句话说，现象学还原法实际上是一种解放，它将现象从自然主义的束缚中解放出来，从而揭示出现象本身的结构和真实状态。通过这种方法，研究者能够更深入地理解事物的本质，而不是仅停留在表面。

第四，笛卡尔最大的缺陷在于难以跳脱二元对立的思维框架。在他的逻辑思维中，存在着主体与客体、肉体与精神、现象与本质、理智与直觉等诸多非此即彼的二元划分。相比之下，胡塞尔的现象学方法则运作于直观体验之中，追求一种中性化的纯粹现象，而不是被极化的二元选择。这种方法避免笛卡尔思想中的二元对立倾向。胡塞尔试图超越这种非黑即白的思维定式，转而关注经验中的中性元素。他认为，通过还原法研究者可以发现事物的本质结构，而不受预设观念的局限。这种现象学取向体现了胡塞尔对直接经验的重视。他认为，只有通过回到事物本身，才能真正理解其本质，而不应被二元对立的思想束缚。这种方法论上的转变为哲学研究开辟了新的可能性，有助于克服笛卡尔思想的局限性。

因此，胡塞尔现象学最可贵的地方在于，通过视域的连续交融，在对意向的体验中直接构成纯粹的意义或意向相关者，而这些既不是心理事物，又不是物质对象。在方法论上，这种方法既避免了经验主义，又克服了唯理主义的弊端。胡塞尔的研究路径与西方传统哲学，如新康德主义、世界观哲学、意志语义学、直觉主义等不尽相同，因为他能够在以前被认为只属于"盲目的"直觉领域中发现构成结构和意义形式。这启示我们，思想有可能获得一种非概念性的或原初体验的严格性。这种现象学方法的独特之处在于，它不局限于经验主义的感性经验，也不囿于唯理主义的抽象概念。相反，它试图在直接体验中发现意义的构成，从而为哲学研究开辟新的道路。这种方法论的创新使胡塞尔的现象学既不同于传统经验主义，又有别于康德式的先验理性主义。它提供了一种新的思路，即通过回到事物本身的直接体验来探寻意义的构成。这种方法论的转变为哲学研究带来了新的可能性。回到渠敬东教授的开篇之问，即未来的现代性是否存在一种新的可能，既保证在结构上的现代性变迁，又能够在范式上完成一种转换；这种变迁与转型到底发生在本体论中还是在认识论里。胡塞尔在这里突破笛卡尔的"主客二元"框架，应该可以说既发生在本体论中，又发生在认识论里，同时保证在范式上完成一种新的转换。

（二）海德格尔的"与他人共在"

作为胡塞尔的学生，海德格尔在现象学领域中走得更远，他发现了存在主义问题对现象学的重要价值。"现象学"作为一个方法概念，它所表达出的一条原理是"走向事情本身"❶。现象学有两个组成部分，分别是"现象"和"逻各斯"，这两个词都可以追溯到希腊术语"显现者"和"逻各斯"。在原初的意义上，"现象"是自身显示自身者，也就是通过某种显现的东西来呈报出某种不显现的东西，希腊人有时干脆把这种东西同"存在者"视为同一个事物❷，而"逻各斯"指代理性、判断、概念、定义、根据、关系等概念。❸存在的意义被规定为"在场"或"在"，这在存在论时间状态上的含义是"在场"。存在者通过"在场"和"现在"得到领会，并随着对"逻各斯"的"诠释"的进一步清理，就越来越有可能更彻底地捕捉存在问题了。❹海德格尔强调，"存在论"作为"知识论"的基础，并不是要走传统形而上学的老路，因为这条路已经被康德有根有据地断定为此路不走。海德格尔要揭示"存在"这个问题，并未因为旧形而上学的曲解而就可以不予以追问。❺

海德格尔认为，作为人之存在的此在（dasein）❻的存在方式只能是生存（existenz），而生存先天地就是"在世界之中存在"。换言之，生存在本质上是

---

❶ 马丁·海德格尔.存在与时间[M].陈嘉映，王庆节，译.北京：生活·读书·新知三联书店，1987：36.

❷ 马丁·海德格尔.存在与时间[M].陈嘉映，王庆节，译.北京：生活·读书·新知三联书店，1987：36-37.

❸ 马丁·海德格尔.存在与时间[M].陈嘉映，王庆节，译.北京：生活·读书·新知三联书店，1987：40.

❹ 马丁·海德格尔.存在与时间[M].陈嘉映，王庆节，译.北京：生活·读书·新知三联书店，1987：32.

❺ 叶秀山.海德格尔如何推进康德之哲学[J].中国社会科学，1999（3）：118-129.

❻ Dasein是由da和sein构成的，da在德文中指某个确定的地点、时间或状况。在德国古典哲学中，dasein这个词主要用于某种确定的存在物，即存在这个或那个具体时空中的东西，曾被译为"限有""定在"等。在本书中，海德格尔强调dasein的da不是存在这儿或那儿，而是"存在本身"。也就是说，dasein真正的da既不在这儿又不在那儿，而是使这儿或那儿成为可能的前提。Dasein指的是人，并且指人的存在，而不是人的存在者身份。海德格尔借"dasein"一词所表达的这层意思在其他语言中很难找到相应的表述。英文译者在翻译这一概念时采用音译的办法。熊伟先生在60年代初的译本中译作"亲在"，但"亲在"一词在具体的翻译实践和理解过程中常有所不便。现在，我们把它改译为"此在"，取其"在此存在"和"存在在此"之意。

与他者、与世界的"共在"(mitsein)。❶"他人"并不等于说在我之外的其余的全体余数,"此在"并非孤立的自我,而是"与他人共在",融身于与他人的关系之中。"此在"就是相互并存的存在,与他人一道存在;与他人在此拥有一个共同的世界,以互为存在的方式相互照面、相互并存。❷这个"共同"是一种"此在"式的共同,这个"此在"是指存在的共等。"共同"与"此在"都须从生存论上来理解。由于这种共同性,世界向来已经总是我和他人共同分有的世界,此在的世界是共同世界。"此之中"就是与他人共同存在,他人的在世界之内的自在存在就是共同此在。❸也就是说,我和每个人都可以作为他人中的一个人,这种主体间性在现象学思潮的演进中被诠释为海德格尔的"与他人共在(being with others)"。正如莫里斯·梅洛-庞蒂(Maurice Merleau-Ponty)所说,世界全都在我们之中,而我则完全在我自身之外。❹

在海德格尔看来,作为"在世界之中存在"的此在才是探究一切形而上学问题的真正始源性出发点,"此在之生存建制,亦即'在世界之中存在',乃是作为主体之特别的'送出'出现的,这个'送出'构建了一个我们以确切的方式规定为此在之超越性的现象"❺。也就是说,海德格尔正是从此在的生存建制出发,区分了此在生存中的本真状态与非本真状态,阐述"烦""畏""死""良知""决断""时间性""历史性"等问题,从而搭建起此在形而上学体系。❻

海德格尔对笛卡尔的"我思"哲学批判已久,"我思故我在"(cogito ergo sum)并不能为哲学找到一个可靠的基地,尤其是笛卡尔没有对能思之物的存

---

❶ 马丁·海德格尔.现象学之基本问题[M].丁耘,译.上海:上海译文出版社,2008:232.
❷ 马丁·海德格尔.存在与时间[M].陈嘉映,王庆节,译.北京:生活·读书·新知三联书店,1987:146.
❸ 马丁·海德格尔.存在与时间[M].陈嘉映,王庆节,译.北京:生活·读书·新知三联书店,1987:146.
❹ 吴飞.与他人共在:超越"我们"/"你们"的二元思维——全球化时代交往理性的几点思考[J].新闻与传播研究,2013,20(10):5-20.
❺ 马丁·海德格尔.现象学之基本问题[M].丁耘,译.上海:上海译文出版社,2008:232.
❻ 俞吾金.形而上学发展史上的三次翻转——海德格尔形而上学之思的启迪[J].中国社会科学,2009(6):4-19.

在方式进行准确的描述,缺少对"我在"的存在意义进行规定。❶虽然海德格尔自己承认他的存在思想受胡塞尔的意向性学说影响较深,但是胡塞尔现象学最大的缺陷在于它仍然受制于传统的理论框架,也就是说意向行为与意向对象的两极结构实际上还是传统的主客二分结构的反映,其表象的和概念的思维方法从根本上仍然是二值的。❷

海德格尔开始的地方正是胡塞尔停留的地点,他领受了胡塞尔现象学的构成势态,却不受制于它的主客构架。❸海德格尔在1962年4月回复理查森(W. J. Richardson)的信中说:"《存在与时间》中所问及的'存在'绝不能由什么人的主体来设定,因为在形而上学的研究中,'人''生命''主体性'这类概念都不是始源性的,人们在谈论这些概念时,已经预设了与世界绝缘的'人''生命''主体性'之存在,而这样孤零零的存在者是完全虚假的。"❹因此,海德格尔的思想视野是要消去二值思维的框架,虽然此前康德、胡塞尔等出色的哲学家没有跳脱这种二值思维,但是如果消去这种二值思维的大框架,就会在终极视野中出现一切崭新的可能性。作为一位走过千辛万苦探求思想历程的思想家,海德格尔深知难以逃脱"二值性"思维框架的合理性,离开框架就意味着对一切思想成果的放弃。海德格尔在做这最重要又最危险的画龙点睛的工作,让思维处在终极的尖端。❺

(三)海德格尔后期与中国"天道思想"的交融

海德格尔一生思考的焦点是存在的终极意义问题,他承认自己在1937年前

---

❶ 马丁·海德格尔.存在与时间[M].陈嘉映,王庆节,译.北京:生活·读书·新知三联书店,1987:30.
❷ 张祥龙.海德格尔思想与中国天道——终极视域的开启与交融[M].北京:生活·读书·新知三联书店,1996:44.
❸ 张祥龙.海德格尔思想与中国天道——终极视域的开启与交融[M].北京:生活·读书·新知三联书店,1996:14.
❹ 马丁·海德格尔.海德格尔选集:下[M].孙周兴,译.上海:上海三联书店,1996:1276-1277.
❺ 张祥龙.海德格尔思想与中国天道——终极视域的开启与交融[M].北京:生活·读书·新知三联书店,1996:429.

后思想发生了转向。❶其后期思想与前期相比较，根据俞吾金的看法二者是一种翻转的关系，即前期是从"此在—生存"的方式探索存在的意义，而后期是从存在出发来探索"此在"在生存中如何应合于存在。❷

海德格尔的后期思想之所以会发生翻转，是因为他在1934年改造德国大学的计划失败，与纳粹处于一种紧张的关系状态，同时有人指责他的《存在与时间》仍然没有摆脱主体性形而上学的阴影。海德格尔意识到，随着现代技术与社会的发展，他的前期此在形而上学必须更弦改辙，适应新时代的主题变化。于是，海德格尔翻转了前期思想进路，提出"世界之四重整体的形而上学"理论。他认为，"世界之四重整体"指的是"天""地""诸神"和"终有一死者"，"大地"承受筑造，滋养果实，是周而复始的季节，是昼之光明和隐晦，夜之暗沉和启明，是节日的温寒，是白云的飘忽和天穹的湛蓝深远……终有一死者乃是人类……大地和天空、诸神和终有一死者这四方从自身而来统一起来，出于统一的四重整体的统一性而共属一体。四方中的每一方都以自己的方式映射着其余三方的现身本质。同时，每一方又都以自己的方式映射自身，进入它在四方的纯一性之内的本己之中。❸这段话是海德格尔后期思想的核心论述，他将此在的世界转换为"天、地、神、人之纯一性的世界"，也就是说在世界的整体结构中，人类的主体受到了严格的限制，人类永远不能破坏这个四重整体，只有这样，才能使"天、地、神、人之纯一性的世界"维持下去。❹

另外，在《存在与时间》的论述中，海德格尔主张将此在作为唤起自己的

---

❶ 马丁·海德格尔.海德格尔选集：下[M].孙周兴，译.上海：上海三联书店，1996：1278.
❷ 俞吾金.形而上学发展史上的三次翻转——海德格尔形而上学之思的启迪[J].中国社会科学，2009（6）：4-19.
❸ 马丁·海德格尔.海德格尔选集：下[M].孙周兴，译.上海：上海三联书店，1996：1178-1179.
❹ 俞吾金.形而上学发展史上的三次翻转——海德格尔形而上学之思的启迪[J].中国社会科学，2009（6）：4-19

"良知"，通过"决断"并以自己的方式去改变和创造历史。而在海德格尔的后期思想中，他主张栖居是终有一死者最质朴的生存方式，拯救大地、接受天空、期待诸神、伴送终有一死者是栖居者最朴素的保护四重整体的方式。与此同时，语言是终极存在的家园，应该把终有一死者带入语言的本质，语言的本质是守护天、地、诸神和终有一死者这一四重整体，使它们永远处于"相互面对"的亲近状态中，而终有一死者的任何言说都必须合于语言的本质。❶海德格尔后期提出的世界之四重整体的形而上学是以诗化的"思"超越形而上学，但是在整体上海德格尔后期的思想仍然属于形而上学，在世界之四重整体中，终有一死者作为存在的近邻，已经意识到了自己的有限性，并在栖居中自觉地承担应合存在之道、守护四重整体的任务。❷

因此，海德格尔后期四重整体的形而上学彻底地将西方传统哲学里的"主体""实体""形式""本质"等二元范畴束缚消解掉了。❸海德格尔发现，近代西方哲学的主体观遮蔽了人的实际生活体验，使人与世界的存在论关系被平板化、逻辑化为主体自我与客体对象之间的认识论关系，以至于"存在"变成一个无家可归、空洞的概念。对海德格尔来说，人的实际生活体验是比直观意向性更为原初的思想起点，这一新的视野重构已经发展了2000多年的西方哲学。与一切实体化的终极观不同，海德格尔没有设定任何更高一层和脱离意义的构成境域的终极者，也未在终极意义上设置"阿基米德点"，也不同于实用主义和各类无根的"后……主义"。海德格尔的这种四重整体学说在本质上是一种非实体的，但是浸润到人生最深处的终极理解之中。❹

---

❶ 马丁·海德格尔.海德格尔选集：下[M].孙周兴，译.上海：上海三联书店，1996：1118-1119.

❷ 俞吾金.形而上学发展史上的三次翻转——海德格尔形而上学之思的启迪[J].中国社会科学，2009(6)：4-19.

❸ 张祥龙.海德格尔思想与中国天道——终极视域的开启与交融[M].北京：生活·读书·新知三联书店，1996：3.

❹ 张祥龙.海德格尔思想与中国天道——终极视域的开启与交融[M].北京：生活·读书·新知三联书店，1996：357.

事实上，海德格尔的后期思想与中国的"天道观"有着惊人的一致性，两者在关键的点上都认为终极的实在（无论称为"存在本身"，还是称为"天""道"）本质上都可以被理解为纯粹的构成境域。❶西方人经过2000多年的摸索终于在海德格尔这里得到"终极不离人的世界间境域"的一个基本的识度❷，而中国先哲早在2000年前就已经开启原初境域中的形而上学之道。

在西方有极大影响力的哲学家中，海德格尔是最贴近中国"天道"思想的学者。1946年夏天，海德格尔在大街上与中国学者萧师毅相遇，从此与中国的"天道"哲学开启真实的交流。海德格尔与萧师毅合作，将《老子》《道德经》翻译成德文，对"天道"思想有更直接的了解。海德格尔将"道"（tao）译为"理性""精神""理智""意义"或"逻各斯"❸。在德语中，"道路"（weg）是一个古老的词，原初的意思是"道路"，但是海德格尔将"道"理解为能够为一切开出道路之道域，也就是"理性、精神、意义、逻各斯"，这些词正是理解中国"道思想"最核心的内涵。海德格尔在书房中挂上由萧师毅为他书写的《老子》第十五章中的两句话："孰能浊以止，静之徐清？孰能安以久，动之徐生？"萧师毅加了横批："天道"。1947年，海德格尔在给萧师毅的回信中写道："谁能宁静下来并通过和出自这宁静将某些东西移动给道，以使它放出光明？谁能通过成就宁静而使某些东西进入存在？是'天道'。"❹也就是说，在海德格尔的理解中，这种"天道观"既是极难达到的，又是意义深远的。中国古代的圣贤很早就认识到"天"这一终极纯粹构成的含义。"天命靡常"意味着无论多么尊贵的存在，都无法真正理解天的深意。而"以德配天"则表明，只有

---

❶ 张祥龙.海德格尔思想与中国天道——终极视域的开启与交融[M].北京：生活·读书·新知三联书店，1996：357.

❷ 张祥龙.海德格尔思想与中国天道——终极视域的开启与交融[M].北京：生活·读书·新知三联书店，1996：353.

❸ 张祥龙.海德格尔思想与中国天道——终极视域的开启与交融[M].北京：生活·读书·新知三联书店，1996：443.

❹ PARKES G. Heidegger and Asian Thought [M]. Honolulu：University of Hawaii Press，1987：100.

人的生存方式才能与天相通，只有那些能够充分体现生存方式构成意义的"德"行，才能与天相匹配。这种对纯粹构成的理解后来被称为"道"。归根结底，天并不高于人，而只是高于或深于任何一种现成者和现成状态，天和道在中国古代智慧中就意味着纯粹构成的本源状态。❶显然，海德格尔的存在学说与中国古代的天道思想最大的共同点在于，二者都深刻认识到，依靠任何现成的观念都无法达到思想和人生的至高境界，也很难做到始终如一地贯穿始终。❷

中西方思想交流历经多年，无论是戈特弗里德·威廉·莱布尼茨、黑格尔等重要西方思想家，还是韦伯、涂尔干等近代学者，唯独海德格尔是与中国"天道"学说产生交流并在思想上碰撞产生火花的学者，这对探讨中西方思想交流有着重要的借鉴作用与理论指导意义。中国"天道"学说不仅发端于道家的老子，而且其影响扩大至儒家，尤其是宋明时期的心学，更是将道家的"天道"学说很好地融入儒家范畴。

二、人与自然"无对"：王阳明心学的天人观

人生于斯、长于斯，不免展开对自我与世界的追问。康德说："人有三大问：我能知道什么？（what can I know?）、我应该做什么？（what I ought to do?）、我可以期盼什么？（what may I hope?）"海德格尔说，除了这三个问题之外，还有第四个问题，即人是什么？（what is man?）❸海德格尔之问反映人类关怀视野的转向，将"外在于我"的视野拉回到对"我如何存在"的关注。事实上，中国先秦时期哲学很早就开始对"人是什么？"这一问题进行思考，最

---

❶ 张祥龙.海德格尔思想与中国天道——终极视域的开启与交融[M].北京：生活·读书·新知三联书店，1996：347.
❷ 张祥龙.海德格尔思想与中国天道——终极视域的开启与交融[M].北京：生活·读书·新知三联书店，1996：345.
❸ HEIDEGGER M. The Basic Problems of Phenomenology [M]. Bloomington：Indiana University Press，1962：9.

具代表性的是孔子、孟子、老子、庄子之学，他们很早就思考人的认识限度、人的存在、人的道德实践、人的终极关怀等多个问题。时光穿梭千年，他们的思考与观察在今天仍然魅力十足，尤其在中西方哲学激烈碰撞的今天，重新梳理"人是什么？"这一问题的脉络，或许对现代人来说是必需，也是最为紧迫的一项工作。

中国先秦哲学百家争鸣，发展至宋明时期理学与心学成为主流。程朱理学与陆王心学本是同根同源，学术旨趣都是追问"如何成圣"。但是，陆王心学从责难程朱理学出发，反对程朱"以性为体、性体至上"的形而上学，主张"理内化于心、心感通于物"的哲学视域转换。陆九渊将"心"提到了突出的位置，王阳明在前人的基础上将"心体重建"作为心学的逻辑起点。作为孔孟哲学的分支范畴，心学始终关注着人如何存在。从儒学的历史演进看，儒家在天人关系上要求超越人的自然存在，在理欲之辩上要求抑制人的感情欲求，在群己关系上要求认同"大我"，也就是说，早期的儒学和程朱理学要求人的个体存在要让位于人的本质，其基本立场是本质压倒存在，而人的本质则是理性的本质。❶但是，当儒学发展到明代王阳明的心学时，这种人的理性本质与理性至上观念被彻底打破。正如王阳明所说的"无心则无身，无身则无心"，人作为超越自然的主体，要正视人的感性、生命与情意，个体存在包含不同的可能，需要用"心体"来转换"性体"，将形而上的本质回归至个体存在。

（一）"心体"转换"性体"

休谟说："同情（sympathy）是我们对一切人为德性（artificial virtue）表示尊重的根源，广泛的同情是我们道德感所依靠的根据。"❷同情的概念在休谟

---

❶ 杨国荣.心学之思——王阳明哲学的阐释[M].北京：生活·读书·新知三联书店，1997：4-5.
❷ 大卫·休谟.人性论[M].关文运，译.北京：商务印书馆，1980：628.

这里被化约为道德，广泛的同情是道德产生的基础依据。实际上，休谟所说的同情心与孟子的恻隐之心有相通之处，都是以内在心理情感的连接通达道德的起源，心并不只包含人的情感，也包括理的渗入。朱熹说："理在人心，是之为性。"❶在朱熹看来，心以理为内容，理为心之主宰。性作为理在人心的具体形态，与心具有更内在与切近的关系，心与性被规定为灵与实的关系。在程朱那里，性的具体内容为"性者，人之所受乎天者，其体则不过仁、义、礼、智之理而已"❷。性凸显的人的理性本质，这样性理的一再提升与强化，其逻辑的旨归便是确立超验的理性本体。❸

与程朱的理性本体相比，王阳明更多地将重点放在心之上。王阳明留意到孟子"恻隐之心"的普遍本质，他说："所谓汝心，亦不专是那一团血肉，若是那一团血肉，如今已死的人那一团血肉还在，缘何不能视听言动？所谓汝心，却是那能视听言动的，这个便是性，便是天理。"❹"心，生而有者也"❺，王阳明所说的"心"比孟子的恻隐之心含义更广，它指代知觉、思维、情感、意向等多种人的普遍倾向与特征。❻王阳明将心与理联系起来，他说："心也者，吾所得于天之理，无问于天人，无分于古今。"❼也就是说，王阳明通过理界定心，将先验的道德律引入心体，心之体的理成为主宰。❽与此同时，王阳明所说的心体除了包含理为本及形式结构（心之条理）之外，又与身相联系而内含感性之维。心不限于性，又不外于情的乐之本，所以心体总体上表现为理性与非理性的交融。❾在此，王阳明打通先天本体与感性的存在，使人从性体

---

❶ 朱子语类：卷九十八[M].北京：商务印书馆，1937.

❷ 朱熹.四书或问[M].上海：上海古籍出版社，2001：415.

❸ 杨国荣.心学之思——王阳明哲学的阐释[M].北京：生活·读书·新知三联书店，1997：68.

❹ 王守仁.王阳明全集：传习录[M].上海：上海古籍出版社，1992：36.

❺ 王守仁.王阳明全集：传习录[M].上海：上海古籍出版社，1992：976.

❻ 杨国荣.心学之思——王阳明哲学的阐释[M].北京：生活·读书·新知三联书店，1997：72.

❼ 王守仁.王阳明全集：传习录[M].上海：上海古籍出版社，1992：809.

❽ 杨国荣.心学之思——王阳明哲学的阐释[M].北京：生活·读书·新知三联书店，1997：73.

❾ 杨国荣.心学之思——王阳明哲学的阐释[M].北京：生活·读书·新知三联书店，1997：76.

走向心体,其思维在一定意义上表现为由程朱回归到孟子,心体重新建构了其人格理论与德性理论的逻辑前提,也意味着道德本体的建构。❶

王阳明主张心即是理,要通过理内化于心以达到理与心的融合。理作为普遍的规范,总是超越个体的存在,王阳明说:"心即理也,天下又有心外之事,心外之理乎?如事父之孝,事君之忠,交友之信,治民之仁,其间有许多理在。"❷因此,心即理意味着普遍之理与个体意识的融合。王阳明认为,作为理形式的伦理规范,实际上表现为一种外在的要求,将这种外在的普遍要求化为个体的具体行为的关键是通过理内化于心达到理与心的融合,从而使心获得普遍的内容,然后又通过实践进一步外化。心的外化表现为将内在的道德意识在实践中展示为规范的形式,如在事父的过程中展示为"孝"、在交友的过程中展示为"信"等。这样,理融合于心,心又外现于理(行为的普遍规范),心与理相即却不相离。

(二)人与自然"无对"

在中国哲学史上,"天人合一"的思想并非源自王阳明。在王阳明之前,先秦儒道先哲已经有丰富的论述。在诸多天人思想的阐发中,理学家程颢的观点与王阳明的观点最为相通。程颢说:"天人本无二,不必言合。"❸程颢的天人合一是以理为终极之源,由理到物(人)是程颢的宇宙本体论。然而,这一思路与王阳明的有所不同,王阳明没有在天人之上再设定一个超验的"理"。在王阳明看来,天人合一,人与自然"无对",不仅是一种存在形式,更多的是良知与万物实为一种"无对"的关系,无对则意味着一体无间。正如王阳明所说的"人心与天地一体,故上下与天地同流"❹"盖天地万物与人原是一体,

---

❶ 杨国荣.心学之思——王阳明哲学的阐释[M].北京:生活·读书·新知三联书店,1997:79.
❷ 王守仁.王阳明全集:传习录[M].上海:上海古籍出版社,1992:2.
❸ 程颢,程颐.二程遗书:卷六[M].上海:上海古籍出版社,2000:131.
❹ 王守仁.王阳明全集:传习录[M].上海:上海古籍出版社,1992:106.

其发窍之最灵处,是人心一点灵明。风、雨、露、雷、日、月、星、辰、草、木、山、川、土、石,与人原只一体。故五谷禽兽之类,皆可以养人,药石之类,皆可以疗疾"❶。也就是说,天地万物都是已经进入人的视野和生活的自然,山川草木本是自在之物,但是作为人存在的条件,它们已经融入人的世界。天与人的统一正是以人化过程为前提,人化靠人心,人心潜藏意念对天地万物的投射。以五谷养人、药石疗疾正是人对自然的人化作用,在这一过程中人与万物呈现为一体无间的关系。

"意念"是王阳明天人观念中一个非常重要的概念。王阳明说:"凡应物起念处,皆谓之意。"❷意在王阳明那里,既与心相通,又可作为"念"来理解。意之在物既是一个意向(意指向对象)的过程,又是主体赋予对象意义的过程。❸意念应物而起,因境(对象)而生,随物而转。在这种精神境界中,主体与对象(物我)之间不再呈现为二元对立的关系,而是自我似乎内不觉其一身,外不察乎宇宙,小我与大我完全一体无间。❹王阳明说:"心之所发便是意,意之本体便是知,意之所在便是物。如意在于事亲,即事亲便是一物;意在于仁民爱物,即仁民爱物便是一物,意在于视听言动,即视听言动便是一物。所以说,无心外之理,无心之物。"❺因此,王阳明的心体之学并不仅囿于主体意识,而且自始至终都落脚于广义的存在。王阳明的心学既强调理的内化,又肯定心的外化,而心的外化又进一步引申指向意义世界。在心物关系上,王阳明没有提供某种宇宙论模式,而是将存在的规定与意义世界的建构联系起来,表现出一种独特的本体论趋向。

---

❶ 王守仁.王阳明全集:传习录[M].上海:上海古籍出版社,1992:107.

❷ 王守仁.王阳明全集:传习录[M].上海:上海古籍出版社,1992:217.

❸ 杨国荣.心学之思——王阳明哲学的阐释[M].北京:生活·读书·新知三联书店,1997:97.

❹ 杨国荣.心学之思——王阳明哲学的阐释[M].北京:生活·读书·新知三联书店,1997:109.

❺ 王守仁.王阳明全集:传习录[M].上海:上海古籍出版社,1992:6.

三、本体与现象合一：熊十力的"本体论"思想

熊十力把宇宙论与人生论，天体、道体与心体、性体都打通，他所回应并批评的是西方近代哲学思想中把宇宙与个人、现象与本体、己与物、内与外、主与客二分的思维方式，否定西方哲学把宇宙秩序描绘成机械秩序、肯定存在的静止的自立性、抹杀人生的价值等弊病。

（一）"体用不二"论

熊十力创发了一种"天人场论"，即新唯识论。他强调，人一旦充分护持自己的生命理性、道德理性，就能全面地发挥本性，投射到宇宙的大生命中，理性地适应并进而回应天地，将天道内化为人的本性，人与宇宙成为一切价值的源头活水。❶熊十力的哲学根本问题是体用问题。他说，如果透悟体用义，即于宇宙人生诸大问题，豁然了解。中国传统哲学的"体""用"范畴，近似于西方哲学的"实体""现象"范畴。但笔者认为，中国哲学，尤其是熊氏哲学之"体""用"范畴的特殊性是以存在为"体"，以功能为"用"，"体"既是"本体"，又是"主体"，"用"既是"现象"，又是"功用"。在西方哲学中，"实体"与"主体"是两个不同的概念，"现象"与"功能"也是两个不同的概念。中国哲学范畴覆盖面广，分疏性差，即于此可以得到印证。❷熊十力把一切物质现象和精神现象都看作本体的功用、本心的显发。他认为，离开"用"，即离开本体的流行和作为本体之显现的万事万物，便无法透识本体。例如，绳子没有自体，不是独立的实在事物，而只是麻的显现，麻的一种功用。我们即于绳子的相状，直见它是麻。因此，他把现象说成是"诈现"的。❸熊十力的本体学说不仅重视立心性之本体，尤其重视开本心之大用。熊

---

❶ 郭齐勇.现代新儒学的根基——熊十力新儒学论著辑要[M].北京：中国广播电视出版社，1996：16.
❷ 郭齐勇.熊十力哲学研究[M].北京：人民出版社，2011：42.
❸ 郭齐勇.熊十力哲学研究[M].北京：人民出版社，2011：43.

十力哲学本体论强调"健动之力"和"致用之道",坚持"由用知体""即用显体",以此彰显本体(本心、仁体)是唯一真实的存在、最高的存在,是人类文化与自然协同之生生不息的本质和终极根源。熊先生面对西方哲学把宇宙与个人隔截开来,把现象与本体隔截开来,把宇宙秩序描绘成机械的秩序,肯定"存在"的静止的自立性,抹杀人生的价值等缺憾,创制《新唯识论》,重建中国哲学的本体论。❶熊十力把"心体""性体"说都打通,认同通过心性的合一达到天人的相契。他主张,通过道德实践沟通天人,确立人的主体性。这种饱含道德情感的主体性来源于宇宙天性,进而主宰宇宙天地,使宇宙变得有意义。总之,他把人的主体意识(特别是道德的情绪、情感和道德自律)本体论化。❷

熊十力说"即用显体""体用不二"之论是"自家体认出来的",并认为这一理论克服了西方、印度哲学视本体超脱于现象界之上或隐于现象界背后的迷谬,纠正多重本体或体用割裂的毛病。也就是说,良知是吾人与天地万物所同具的本体,天地万物是良知的发用流行。抹杀天地万物,也就抹杀了能够显现出天地万物之"本心"的功能,那么这唯一的本体也只能束之高阁、形同死物。熊十力越要突出一元实体的包容性和真实性,便越要强调它的生灭变化的功能。这就使他的哲学在唯心主义的前提下,在一定程度上容纳了客观物质世界的存在、发展及其规律的内容,虽然他把客观世界说成是依俗谛而假为施设的,但他的本意是说离开了人之良知,世界便没有意义。

从魏晋开始,存在的考察便与体用问题联系在一起。在体用关系上,王阳明肯定二者具有不可分离的关系,"即体而言用在体,即用而言体在用,是谓体用一源"❸。本体与现象并不是二重世界,体用一源而无间,以此为原则,王阳明对心物关系作了进一步规定:"意之所用,必有其物,物即事也。如意

---

❶ 郭齐勇.熊十力哲学研究[M].北京:人民出版社,2011:36.
❷ 郭齐勇.熊十力哲学研究[M].北京:人民出版社,2011:37.
❸ 王守仁.王阳明全集:传习录[M].上海:上海古籍出版社,1992:31.

用于事亲，即事亲为一物；意用于治民，即治民为一物；意用于读书，即读书为一物；意用于听讼，即听讼为一物。凡意之所用，无有无物者，有是意即有是物，无是意即无是物矣，物非意之用乎？"❶这里所说的"物"并不是主体之外的本然存在，而是通过主体的意向活动所形成的"人化"世界，即对主体而言具有某种意义的存在。在意义世界的构建中，精神是本体，而意义世界则是用。主体正是通过意向活动而使对象进入意识之域，亦即化本然之物为意义世界中的存在。❷

（二）熊十力对西方现代性的思考

世界上是否有两重真理、两条认识路径。熊十力认为，就真理本身而言，无所谓科学与玄学之分，但就学者的研究对象而言，似乎应当做出区别。❸熊十力本体方法学的意义何在？前面我们反复提到，"现代病"，即对权力、金钱的争夺，科技理性的过分膨胀，道德价值的失落，人与天、地、人、我的疏离等，正是熊氏哲学所要救治的。从认识论和方法学上说，人的安身立命之道、人的终极关怀发生了问题，不是因为他没有科学知识、职业技术，而是因为他失去了悟性正智的作用，掩蔽了人的真性，"性智"不能显发，生命和世界的真相无法洞悟、契合。是什么使天人脱节、人类沉沦呢？从方法学上看，熊十力认为，必须修正西方学者那种分析型的、支离破碎的思考方式。本体与现象的二分，上界与下界的悬隔，偏见的执着，知解的纷扰，反而妨碍了我们从总体上把握宇宙人生的全体意义、全体价值和全体真相。❹

---

❶ 王守仁.王阳明全集：传习录[M].上海：上海古籍出版社，1992：47.
❷ 杨国荣.心学之思——王阳明哲学的阐释[M].北京：生活·读书·新知三联书店，1997：98.
❸ 郭齐勇.熊十力哲学研究[M].北京：人民出版社，2011：78.
❹ 郭齐勇.熊十力哲学研究[M].北京：人民出版社，2011：103.

第三节　对从"人与物"到"人与人"
　　　　秩序观的反思

现代社会中不存在一个共同理解的生活世界，你的生活世界不是我的生活世界，现代社会的运行是以"差异"为逻辑起点的。[1]自古希腊时代以来，一种本体论式认识论始终贯穿于欧洲社会所形成的思想实践，在这种认识论下，人总是将除自身以外的一切事物当作客体，人成为解释世界的主体，世界上所有的事物都是根据因果关系的图式进行的。然而，在现代高度个体化的社会中，不同的认识主体会因不同的生活经验和实践经历，他们认识的结构也会各不相同。也就是说，我们在进行观察时，不仅要考虑被观察事物存在的条件，而且要考虑观察者自身存在的认识条件。现代社会把人铸造成为个体的存在，最突出的特点是"差异产生差异"（difference makes difference），当时间和空间从生活实践中分离出来，相互独立的行为类型和策略类型也就出现了。[2]在价值观领域，个体对人性观、心灵观、善恶观等因为认识主体的差异必然导致对现代性理解的差异，现代人永远没有办法决定什么是平等的或论证什么是平等的。[3]查尔斯·泰勒说："现代社会学的首要问题就是现代性本身，科技、工业生产、都市化造就了现代人新的实践和体制形式，个体主义、世俗化、工具理性催生了现代人新的生活方式，与此同时，异化、无意义、社会即将瓦解的危机感也给现代人带来了新的隐忧，现代社会的这些弊病史无前例地汇聚在一起，让现代社会充满了各种难以想象的分离与歧异。"因此，在泰勒看来，要突破西方现代性的核心论述，需要有一种关于社会道德秩序（moral order）的崭新想法，这种道德秩序需要在

---

[1] 尼可拉斯·卢曼.大众媒体的实在[M].胡育祥，陈逸淳，译.台北：左岸文化，2006：124.
[2] 齐格蒙特·鲍曼.流动的现代性[M].欧阳景根，译.上海：上海三联书店，2002：13.
[3] 陈清侨.身份认同与公共文化[M].香港：牛津大学出版社，1997：15.

某些具体的社会形式上进行转换。❶现代社会的疏解之道是把伦理理想转变为逻辑理想，把实质价值问题转化为形式价值问题，此谓"非理性的正义观念的理性化"❷。

事实上，理解并处理"差异"成为现代社会理论的核心问题，也是诸多社会理论家毕生探究的事业。哈贝马斯的沟通行动理论、约翰·罗尔斯的协商共识理论、卢曼的功能系统理论，都是对现代社会分化的差异政治的尝试探索。❸卢曼强调："社会秩序的问题归根结底是被理解为人与社会的关系问题，这一关系实际上包含两个问题：一是个人与个人之间的关系问题，另一个是个人与社会秩序的关系的问题。第一个问题关涉不同个体如何进入有序的相互关系，第二个问题是社会秩序如何能够得以稳定地维持。"❹事实上，大部分有影响力的西方学者都在为第二个问题作注解，卢曼也不例外，当然还包括韦伯、涂尔干、帕森斯、贝克、鲍曼等人。

一、诉诸"伦理"：西方学者的现代性解困方案

帕森斯说："社会学的最高目标就是解决秩序问题，秩序问题对理解社会体系的边界极为重要，因为它被定义为整合问题，即在面对导致人们'互为仇敌'的利益分配时，它仍然能使社会成为一个整体。"❺具体来说，这句话可以将社会秩序拆分为两个问题：一是个人之间的关系问题，也就是说各不相同的众多个体之间如何能够进入一种有序的相互关系；二是个人与社会秩序的关系，也就是当人与人之间已经建立了一些稳定的社会关系时，就相应

---

❶ 查尔斯·泰勒.现代性中的社会想像[M].李尚远，译.台北：商周出版社，2008：前言11-13.
❷ 汉斯·凯尔森.法与国家的一般理论[M].沈宗灵，译.北京：中国大百科全书出版社，1996：481.
❸ 刘小枫.现代性社会理论绪论[M].上海：华东师范大学出版社，2018：209.
❹ 秦明瑞.社会秩序是如何可能的：卢曼社会系统理论的解释[J].社会理论学报，2014，17（1）：85-128.
❺ 安东尼·吉登斯.社会的构成：结构化理论大纲[M].李康，李猛，译.北京：生活·读书·新知三联书店，1998：60.

地产生了一种社会秩序,而这一社会秩序是如何能够稳定地维持。拆分为两个问题后,人们可以将社会秩序问题统一归结为在高度个体化的社会,社会是否有可能整合。如果可以整合,那么这种整合的方法与出路到底在哪里。显然,无数的社会理论家提出了社会整合的各种可能性方案,其中不乏前文已经梳理的涂尔干、帕森斯等人的整合思想。但是,作为20世纪80年代之后的现代性学者,贝克、鲍曼、卢曼等后帕森斯时代的学者似乎也提出各自的想法。

(一)贝克:个体化的伦理转向

现代性蔓延至全球的各个角落,它的吸引力让人无法抗拒。现代性给人类社会带来了超乎想象的物质生产力,使全球社会正进入一种充裕无比的现代生活。现代科技与制度的美好提供了太多的便利与快感,现代人自信无比,像是打开了一扇通往新世界的大门。然而对于现代性给人类社会带来的危机与后果这一问题,贝克在他的《个体化》《风险社会》等著作中已经进行了详细的描述。但是如何化解现代性危机,贝克也提出了自己的思考。

首先,在贝克看来,现代性所带来的一切问题和后果需要用更加现代性的形式来处理。具体而言,现代性的病根并不是因为理性过多才产生各种现代性危机,实际上情况正好相反,现代性问题的根本原因是缺乏更多的理性和当前各种非理性的盛行。[1]在个体化的维度上,现代性发展需要的个体意识、制度等各种基础实际上已经悄然形成,现代社会自我化解现代性弊病,就只能以促进"个体化"的形式来保障社会的向前发展。因为在"自反性"现代化的操作中,个体化能够释放巨大的创造力,以便当社会在急剧变迁的情况下产生更多新的可能,并且在制度保障下能够实现和维护个体权益,从而实现"自己为自

---

[1] 乌尔里希·贝克,安东尼·吉登斯,斯科特·拉什.自反性现代化[M].赵文书,译.北京:商务印书馆,2001:43.

己负责"这一整体要求，如此才能促生一个社会强大的创新能力，进而推动社会进步。❶

其次，个体化的发展需要一种既注重个性化又注重承担对他人义务的新伦理。也就是说，在贝克的最后答案中，立足于个体之间的交往过程成为他思考现代性问题的起点。事实上，围绕交往观念与现代性进行理论梳理的学者很多，典型的代表是舍勒所建立的"爱的秩序观"、格劳秀斯以自然法为基础的"自爱社会观"，以及哈贝马斯的"沟通行动理论"。在他们的思考中，一个普遍的问题是，他们的理论体系要么没有从最基本的社会互动层面出发，要么只关注到社会行动的互动问题，却试图从语言中寻找灵感。在贝克看来，他们都没有看到：个体化是一种高度分化社会的结构特征，不仅不会危及社会的整合，反而是整合得以可能的条件。高度发达的个体化并不会导致极端个人主义、极端自由主义、社会原子化及越来越孤独的个人等意外社会后果，相反，个体化要求"一种既注重个性化而又注重承担对他人义务的新伦理"。❷

因此，处于现代社会用逃避的方式治不了这种现代病，贝克说只有通过理性的激进化及吸收被抑制的不确定性才能治好这种疾病，有些人不喜欢这种文明之药，觉得这种药味道不佳，因为他们不喜欢救治文明的江湖医生；即使这些人也会理解，对俗世中的确定性之源的这种游戏式的对待、这种对理性的种类的实验，其实只是以一种具体的文明实验的方式重复长期以来一直在进行中的东西。❸身为现代人，就必须学习如何更好地与他人相处，把个体权益和对他人的义务结合起来，才能在更大程度上过上"为自己而活"的"属于自己的

---

❶ 解彩霞.个体化：理论谱系及国家实践——兼论现代性进程中个体与社会关系的变迁[J].青海社会科学，2018（1）：111-117.

❷ 田毅鹏，吕方.社会原子化：理论谱系及其问题表达[J].天津社会科学，2010（5）：68-73.

❸ 乌尔里希·贝克，安东尼·吉登斯，斯科特·拉什.自反性现代化[M].赵文书，译.北京：商务印书馆，2001：43.

生活"❶。社会要保证公平、正义，促进社会信任体系的建立，使人们不但能够信任传统的血缘、地缘关系，也可以信任"陌生的他人"，进而信任整个社会系统；社会还需要通过发展更高层次的福利以推动"个体化"的进程，让人们充分实现和享受"个体化"的成果，从而真正地推动形成一个"我为人人、人人为我"的具有广泛社会整合的社会。

（二）鲍曼：彼此理解的"共同体"方案

众所周知，为了摆脱自然人身处其间的充满战争风险的状态，霍布斯的解决方案是将自然法建立在通过建国契约所确立的人为国家之上。❷但是，在犹太裔学者鲍曼看来，霍布斯的国家形式过于让人恐惧。鲍曼在《生活在碎片之中》一书里提到，个体化的命运让现代人的生存轨迹已经不再稳定，个体的身份也呈现碎裂和游移的状态。❸每个"脱嵌"的个体是一座孤岛，孤岛不在渺茫的海域，而是处在社会之中。❹在鲍曼看来，失去共同体意味着失去安全感，得到共同体意味着很快失去自由，因此摇摆的现代人内心充满了既渴望又害怕的强烈矛盾，这种矛盾体现在以下两个方面。

首先，孤独的现代人渴望通过爱情与婚姻来组建家庭。个体化让现代人失去了传统的"共同体"，也意味着现代人失去了安全感。现代孤独者越重视自己的情感，就越渴望通过爱情来获得"家"的感觉。原子化的孤独者通过建立一个"家"或者一个更大的政治共同体以寻求安全感。然而，原子化的孤独者怎样才能建立一个有"在家"感的共同体呢？显然，现代人的孤独碎片无法靠自由式的运动直接形成一个新的社会形态。在洛克的设计中，先要制造出一个外在的人为装置，靠它的巨大力量及心理后果，才能为新的社会性提供持久稳

---

❶ 解彩霞.个体化：理论谱系及国家实践——兼论现代性进程中个体与社会关系的变迁[J].青海社会科学，2018（1）：111-117.
❷ 黄涛.现代自然社会中的"孤独者"[J].读书，2016（3）：126-133.
❸ 齐格蒙特·鲍曼.生活在碎片之中[M].郁建兴，译.上海：学林出版社，2002：86.
❹ 张国旺.孤独个体的共同生活：自然社会的"自然"与"社会"[J].社会，2016，36（6）：32-54.

定的安全。❶在洛克的路线中，这个"人为性"一方面是通过在自然法约束下的人的劳动获得财产权利而划定各自权利的边界，另一方面是通过人为契约来组建政治社会。❷

其次，孤独者寻求建立"小家"面临重重困难，家庭的存在实际上强化了男女不平等，并不能解决男女不平等的问题。也就是说，家庭作为最小单位的共同体实际上也约束着现代人的自由，现代人既想寻求自由，又想获得安全感，这两种选择有着天然的矛盾。鲍曼认为，大部分的芸芸众生要么被迫进入"全景式的监狱"，要么滑向"无可救药的流浪者"的行列之中。❸个体化的流浪者，其身份在当今时刻处于变动之中，既渴望被群体接纳，又"漫游"于共同体之外。于是，在鲍曼看来，现代个体的这种左右摇摆状态就形成了一种"钉子共同体"或"衣帽间的共同体"或"流动游艺团式的共同体"，这样的共同体是一种康德式的"美学共同体"，它像美一样，除了观赏者具有一些松散的基础性认同之外，并没有一个可以被界定和明示的群体性规范和准则。❹这样，共同体就变成了一个个体之间的隔离区，在大门之外是充满敌视和不信任的他者，监狱是有围墙的隔离区，而隔离区是没有围墙的监狱。最终，隔离区的生活并没有沉淀成共同体，反而加强了人们之间相互的嘲弄、轻视与仇恨。❺

虽然鲍曼惧怕共同体，但是他并没有拒绝拥抱共同体。实际上，鲍曼给出了自己的答案：在一个个体化日益加剧的时代，如果还存在人们期望的共同体形态的话，也只能是一个彼此能够相互理解、相互认同，且在这里并不是外在

---

❶ 李涛.现代政治两条路线的融合与张力——评李猛的《自然社会》[J].政治思想史，2017，8（4）：183-195.

❷ 李涛.现代政治两条路线的融合与张力——评李猛的《自然社会》[J].政治思想史，2017，8（4）：183-195.

❸ 尹广文.个体生存的社会困局与共同体的重建——基于齐格蒙特·鲍曼社会理论的诠释[J].江南社会学院学报，2016，18（2）：71-75.

❹ 齐格蒙特·鲍曼.流动的现代性[M].欧阳景根，译.上海：上海三联书店，2002：312.

❺ 尹广文.个体生存的社会困局与共同体的重建——基于齐格蒙特·鲍曼社会理论的诠释[J].江南社会学院学报，2016，18（2）：71-75.

强加于个体之上的共同体形态,而是一个人们彼此平等相待、用心经营、权责担当的共同体社会。❶

(三)吉登斯:打破"主客二分"的结构化理论

吉登斯在《社会的构成》一书中提道:"结构与能动(structure & agency)的关系才是社会学应该认真思考的问题,而非霍布斯的秩序问题。"❷长期以来,社会学理论的总体思路主要有两条主线:一条是围绕涂尔干、韦伯、帕森斯等学者所强调的社会制度和社会互动在社会整合中的关键作用展开;另一条则关注与集体特性相区别的个人能动性。吉登斯认为,在这两条主线中间存在一个合适的交叉点,刚好能够克服社会性(客体性)和个人性(主体性)之间的二元论,并将这一"双线交汇"称为"二重性"(duality)。❸

如何处理结构与能动这组二元关系呢?吉登斯主张,将结构性因素与解释性因素"有机地"结合起来,这就是吉登斯的"结构化"(structuration)理论。吉登斯的主要关切点在于社会结构如何在人的日常生活中形成的过程。❹他指出,结构既要理解为行动的结果,又要理解为行动的媒介;行动者的行动既维持着结构,也改变着结构。❺吉登斯承认,社会结构是社会化的结果,但是社会在"结构化"的过程中,人的能动性在受着客观存在的场景制约的同时,但是又在受制约中创造了一个新的制约我们的世界。也就是说,这一刻行动的结果在下一刻变成行动的资源,如此反复地进行动态的社会互动。吉登斯广泛引

---

❶ 保罗·霍普. 个人主义时代之共同体重建[M]. 沈毅, 译. 杭州: 浙江大学出版社, 2004: 164-170.

❷ 安东尼·吉登斯. 社会的构成: 结构化理论大纲[M]. 李康, 李猛, 译. 北京: 生活·读书·新知三联书店, 1998: 6.

❸ 安东尼·吉登斯. 社会的构成: 结构化理论大纲[M]. 李康, 李猛, 译. 北京: 生活·读书·新知三联书店, 1998: 7.

❹ 安东尼·吉登斯. 社会的构成: 结构化理论大纲[M]. 李康, 李猛, 译. 北京: 生活·读书·新知三联书店, 1998: 8.

❺ 李猛. 从帕森斯时代到后帕森斯时代的西方社会学[J]. 清华大学学报(哲学社会科学版), 1996 (2): 29-34.

用了戈夫曼、哈罗德·加芬克尔（Harold Carfinkel）等人的社会互动和场景理论，从社会和符号互动的角度揭示个人与社会之间的同构关系。他认为，戈夫曼和加芬克尔的理论之所以更具说服力，是因为它们比一些宏观社会结构理论（如帕森斯的理论）更能解释人在社会构成中的能动性，同时也更能说明人与人之间的客观社会空间关系对个人的影响。❶

因此，吉登斯承认，主体的去中心化（decentering of the subject）是结构化理论的基本诉求，也就是说消除主客体的二元对立正是吉登斯理论的重大突破。但是，吉登斯指出，结构化理论并不意味着主体性将消逝在符号的虚无世界里，对社会理论而言，最重要的莫过于将言说过程或表意过程与行为联系起来。也就是说，理解实践才是结构化理论的关键，这一转向不仅源于海德格尔所激发的解释学和现象学的重大转变，而且是后期维特根斯坦的理论创新。

（四）卢曼："主体"分散的社会系统秩序

社会秩序如何可能？卢曼对这一问题的回答与吉登斯、贝克、鲍曼等学者都不一样，他采用了一套社会系统的解释模式来替换传统的社会结构、社会秩序理论。卢曼说："社会秩序不是由某一种具有超级功能的系统，如政治系统或经济系统自上而下地得以维持的，而是由许多自我指涉和自我生产的系统在共同的意义空间中独立地操作、同时又相互渗透而得以可能的。"❷也就是说，卢曼的社会系统理论是专门针对现代社会特征提出来的一套解释理论，它包含社会中诸多功能子系统，如政治系统、经济系统、法律系统、教育系统、科学系统等，这些功能子系统通过自我指涉和自我生产的运作，

---

❶ 安东尼·吉登斯.社会的构成：结构化理论大纲[M].李康，李猛，译.北京：生活·读书·新知三联书店，1998：8.
❷ 秦明瑞.社会秩序是如何可能的：卢曼社会系统理论的解释[J].社会理论学报，2014，17（1）：85-128.

在各自清晰的边界和相互独立的位置上进行系统的自我再生产与复杂性提升。

在这种新的方案中，卢曼将"主体"（subject）看作游走于各个社会子系统之间的"意识"个体，并且这些"意识"个体不断地在共同的意义空间中相互渗透，促使现代个体能够连续地与社会系统发生联系。一般来说，个人与社会系统之间的关系会通过三种途径进行解决。一是通过其他特殊的系统，如当个人出现失业或收入偏低时，即可通过社会保障系统来解决问题；二是通过强制社会系统的自我变革，迫使系统提供更多的就业岗位或者提高工资收入等；三是在社会系统中为个人与社会创造沟通空间以解决二者之间的矛盾和问题，如经济系统中通过工会或其他形式的谈判来沟通和扩大就业、避免裁员、增加工资等。❶

在卢曼看来，国家实际上已经不能再担当社会秩序的最高的角色，因为处于功能分化社会中的国家仅作为政治系统中的一个部分，不代表整体的社会系统，这一判断可以从当前西方福利国家难以干预跨国公司的运作中发现。因此，卢曼拒绝像涂尔干那样把国家理解为社会有机体的大脑，并把自己放在特殊的位置。❷卢曼的社会系统理论分析方法对当下日益多元和全球化的现代社会做出了冷静而审慎的观察和思考。卢曼力图通过其系统理论为一种彻底的自由主义立场辩护，他相信现代社会可由社会系统的分化而创造一种类似"看不见的手"的沟通环境来达到整合。❸但正如很多批判的声音所说，卢曼的理论并没有看到个体社会行动者的主观能动作用。

秦明瑞在《社会秩序是如何可能的：卢曼社会系统理论的解释》一文中指出，在众多对社会秩序的理论解释中，卢曼的社会系统理论方法似乎能够更加

---

❶ 秦明瑞.社会秩序是如何可能的：卢曼社会系统理论的解释[J].社会理论学报，2014，17（1）：85-128.
❷ 埃米尔·涂尔干.社会分工论[M].渠东，译.北京：生活·读书·新知三联书店，2000：142.
❸ 秦明瑞.复杂性与社会系统——卢曼思想研究[J].系统辩证学学报，2003（1）：19-25.

清晰地理解现代性的一系列特征,现代社会不再是具有相似的结构的区隔或共同体的集合,也不再是不同等级的构架,而是许多相对独立和封闭的社会系统之间的相互渗透关系,这些政治、经济、法律、科学等各个功能子系统是互相平等和独立的,通过"意义"的连接保证"心理个体"(psychological individual)在不同子系统中的相互渗透,从而构成了一种动态而稳定的秩序。❶很多人批判卢曼,在其理论中看不到个体社会行动者的主观能动作用,他的社会系统理论像是一台高度精密的社会机器,这台机器运行精确,但是却过于冷冰。❷

卢曼的社会系统理论能够很好地解决现代社会秩序稳定维持这一难题,但是在处理个体与个体之间的关系问题上,卢曼用了一个关键概念来处理个体在生活世界的社会互动,这个概念就是"尊重"(achtung)。卢曼说:"尊重才是道德产生的原因和得以维护的基础。"❸也就是说,当两个或两个以上的个人进行互动时,尊重可以减少复杂性,使交往成为可能。在社会互动的双重或然选择的情景中,每个互动参与者都必须将三种角色整合在自身上,即他既是"自我",又是对他者来说的"他者",而且知道他们在将他看作"他我"。这样,在互动中每个人都必须将他人的选择和选择的要求纳入自己的同一性公式,也就是接纳或扮演他人的角色。互相统合的视角和交往的整合就被简化为彼此的互相尊重,然后互动双方就可以达到一些新的敏感水平,他们可以互相告知或暗示让对方猜测,哪些经历和行动会导致失去或赢得尊重,以及这种尊重的影响在何种程度上会涉及交往的延续、交往的正常性和非正常性等。❹在卢曼的

---

❶ 秦明瑞.社会秩序是如何可能的:卢曼社会系统理论的解释[J].社会理论学报,2014,17(1):85-128.
❷ 吕付华.系统视角中的社会分化与整合——卢曼社会分化思想研究[M]//苏国勋.社会理论:第4辑.北京:社会科学文献出版社,2008:285-290.
❸ 秦明瑞.道德无涉的社会理论与道德的社会功能——卢曼社会系统理论视角下的分析[J].宗教与哲学,2018:114-148.
❹ 秦明瑞.道德无涉的社会理论与道德的社会功能——卢曼社会系统理论视角下的分析[J].宗教与哲学,2018:114-148.

理论世界里，"尊重""非尊重"正是道德这一功能子系统分出的二元符码，就像货币之于经济系统的作用一样。因此，卢曼采用尊重的概念来说明现代个体之间如何建立一种同一的、有序的心灵秩序，如何在生活世界里建立现代人的情感连接。虽然卢曼的"道德"与"尊重"这一学术思想在英美学界、汉语学术界鲜有人关注，但是卢曼的这一理论洞察力很好地契合了现代社会发展的特点。实际上，卢曼的"尊重"与中国儒家的"己所不欲，勿施于人"的交往思想极其相似，甚至在一定程度上有着遥远的"共鸣"。卢曼的"交往"思想始于"差异"，也落脚于"差异"。如何疏解"差异"，卢曼用一个"系统或环境"的区分来替代所有现代社会理论与实践方案。

综上所述，帕森斯发现了现代社会的制度化力量，在结构上似乎涵盖了一切功能与秩序。但是，伴随社会冲突与社会结构的变迁，制度化的结构正在转向个体化的社会形态，功能分化导致个体的自由越来越多，流动的角色与身份时时刻刻在不同功能系统中来回穿梭，现代人被强制从传统的共同体结构中"解放"出来，贝克所说的再嵌"床位"实际上并非与传统社会相对应的新"床位"，这个新"床位"应该是流动的、分散的、呈区块链状的"床位"模式，个体注定要被消解在任何时空里的交往单位，个体已经不再是固定的身份统一，虽然"角色丛"这一概念规定了现代人的身份完整性，但是在现代高度功能分化的社会中主体身份一定会被打散，人通过"渗透"的方式随时随地地在各个功能子系统中来回穿梭。人只是多重意识的集合而已。但是，这一套解释模式缺少对人的能动性的思考，也就是作为人存在的"情感"属性。实际上，即使在现代高度功能分化的社会中，家庭、爱情、伦理仍然具有非常重要的作用，它们帮助现代个体稳定地安放自己的心灵与家园，作为社会的人，仍然逃脱不了家庭共同体的基本框架。因此，以家庭为依托建立起来的社会秩序，实际上与中国儒家的仁爱交往思想有着遥远的共鸣。西方社会理论走到现在，正需要打开新的视界进一步深挖在解决社会秩序后如何解决个体的内心秩序，也就是回归卢曼所说的社会秩序问题的本质。卢曼所说的第二个问题，即维持社会秩序的稳定模式已经通过现代社会系统的机器完成了，但是对于真正处理人与人之间的秩序，卢曼似乎并未走得更远。卢曼强调尊重是处理人与人之间秩序的基本模式，但是具体如何操作，如何进一步找到本体论与认识论上的逻辑支撑，这些问题中国的新儒家学者正好提出了解决的方法，用阮新邦的话说是达到一种新的视阈融合。

除了卢曼之外，贝克也看到了"交往伦理"对解决现代性"差异"的重要作用。在贝克后期的学术思想中，他提出了自己对"交往伦理"的看法。他说："套用哈贝马斯的'理想的言说情境'，我们也可以说有一个'理想的亲密情境'。如果前者指的是一般性规范，那么后者则规定了人际关系、婚姻、亲子关系和家庭中亲密互动的具体规则，即互为个体的双方所期待的规范界限，人们会把它当作一种虚拟的存在来维护。"[1]贝克认为，个体化是一项全面的整体社会进程，任何固定的结构都要被摧毁，甚至连最后的家庭私人领域也要褪去结构上的阶序。在他的设计中，一切现代个体都是为自己而活并为自己负责的平等个体，真正的个体化最后会发展出"利他主义"伦理，作为个体与关心他人并不矛盾，既要懂得与他人相处，也要懂得承担责任，这样才能安排维持好自己的日常生活。[2]贝克进一步解释说："这种为了他人而放弃自己难免会在心理上有一番纠结，但不妨从私人关系层面来思考。一方面，你希望某人不断支持你的发展。另一方面，如果他们支持你的话，你也必须支持他们的发展。此外，你还必须承认他人的自由，承认他人也需要关爱。这就出现了两难：你不能限制你所爱之人的自由，但你又希望他们爱你，这就等于限制了他们的自由。双方都希望对方是自由的，但都被对方束缚了手脚。因此，只有出现一种

---

[1] 乌尔里希·贝克，伊丽莎白·贝克-格恩斯海姆.个体化[M].李荣山，范譞，张惠强，译.北京：北京大学出版社，2011：32.
[2] 乌尔里希·贝克，伊丽莎白·贝克-格恩斯海姆.个体化[M].李荣山，范譞，张惠强，译.北京：北京大学出版社，2011：245-246.

既注重个性化又注重承担对他人之义务的新伦理，才能打破爱和自由的两难困境，但是没有人知道如何才能形成这种伦理。"❶

贝克的最后一句话实际上代表大多数西方学者内心的声音，虽然哈贝马斯、鲍曼、阿伦特、贝克、泰勒、卢曼等众多现代学者看到了交往伦理对重建现代性危机的重要作用，但是对具体如何展开论述似乎束手无策。卢曼提出的方案最富洞见力，他认为"尊重"是化解现代性危机最重要的入口。然而卢曼作为一个全社会理论学者，他对"尊重"与"道德"的论述只是简单地进行讨论，并未做详细的阐述。林安梧说："一直以来，西方理论始终局限于'理智中心主义'（logo-centrism）的思维框架里，可惜只做了'语言学的转向'（the linguistic turn），却未能深契于造化之源，因而陷入了相对主义、虚无语义的危机之中。殊不知，唯有回到东方传统，深究于存在之根源，方能发现一种崭新的可能。"❷也就是说，林安梧发现了中国"儒学"对解决西方现代性危机的重要作用与价值。

二、重塑"人与人"的关系：梁漱溟的"文化早熟"说

梁漱溟与熊十力是同时代哲人，作为新儒家的代表人物，他们面临同样的问题，即探索儒家如何走向现代之路。沿袭陆王心学是熊十力选择的道路，而梁漱溟从传统儒家对社会秩序的思考切入，探讨人与物、人与人、人对己的问题，他主张用儒家伦理建立解决人与人关系的人间秩序。儒家理念在设定超越秩序与世俗秩序的关系上有特殊取向，是一种理性化的世界观，它拒斥巫术式的世界观，提出依据理性化世界观重新安排社会制度的一系列理念。❸梁漱溟

---

❶ 乌尔里希·贝克，伊丽莎白·贝克-格恩斯海姆.个体化[M].李荣山，等译.北京：北京大学出版社，2011：246.

❷ 林安梧."后新儒学"对"后现代"的哲学反思——从"公民儒学"与"仁恕思想"起论[J].南国学术，2014（4）：105-111.

❸ 马克斯·韦伯.儒教与道教[M].王容芬，译.北京：商务印书馆，1995：27.

说："一大社会之人生所由安慰而勖勉，所由维持而进行，又靠什么？我的回答是他所靠的是代表人生第二态度，即孔子一派的思想学问礼俗制度。"❶

梁漱溟认为，所谓伦理，"伦"为人际关系的双方，"理"为人际双方相互感召的情理，这种情谊或伦理表达为观念，就是以对方为重。❷因此，"互相以对方为重"是梁漱溟对中国文化的社会学观察，也是超越一切社会伦理关系的要求。但是，梁漱溟并不认为每一个人都要以对方为重，而且要求对方也以我为重。真正的理想社会是"互以对方为重"，如此才能解决人生中人与人的关系。伦理问题是梁漱溟所说的第二问题，也是第二种人生的态度，以家庭的天伦为基础，反求诸己尽其在我，调和融洽我与对方之间。❸

梁漱溟认为，中西方在处理人际关系的态度上正好相反，西方人重在争的精神，以自己为中心和出发点，而中国人以对方为重，强调谦让和谦虚的精神。梁漱溟在其1935年所撰写的《中国文化的特征在哪里》讲稿中指出："中国文化的特征在哪里？就是在人类理性的开发早。"❹也就是说，中国人的理性主要表现在两个方面：一是"伦理本位"，即中国人的社会关系是一种伦理关系，人与人都在相互关系中有其情谊义务，而互以对方为重❺；二是"人生向上"，即中国与印度、西方的不同之处在于中国人既不厌世禁欲、以人生为罪，也不是以欲望为人生基础，追求物质幸福，中国人只是肯定人生，努力追求人生的"对"，追求人生的合理，发挥人生向上的精神。❻梁漱溟将这两个认识凝练在《中国文化要义》这本书中，并为衔接《乡村建设理论》而作。总之，梁漱溟自20世纪30年代初起所形成的伦理思想就是上述他对儒家伦理精神的现代理解，总的来说就是一种非个人主义、非自我中心、非权利本位的伦理观

---

❶ 梁漱溟.梁漱溟全集：第5卷[M].济南：山东人民出版社，1992：585.
❷ 陈来."以对方为重":梁漱溟的儒家伦理观[J].浙江学刊，2005（1）：6-15.
❸ 梁漱溟.梁漱溟全集：第3卷[M].济南：山东人民出版社，1992：80.
❹ 梁漱溟.梁漱溟全集：第5卷[M].济南：山东人民出版社，1992：697.
❺ 梁漱溟.梁漱溟全集：第5卷[M].济南：山东人民出版社，1992：90.
❻ 梁漱溟.梁漱溟全集：第5卷[M].济南：山东人民出版社，1992：134.

念。梁漱溟没有用"家庭本位"这个概念，而只用了"伦理本位"一词，这是因为中国文化自古相传的是"天下一家"，四海之内皆兄弟，这种思想远超过宗法社会、家庭社会。❶因此，不能说中国的伦理是家庭本位，而仅是中国人就家庭关系推广发展，以伦理组织社会。伦理始于家庭，而不止于家庭，他把一切社会关系以家庭化的社会来进行处理和对待。

因此，梁漱溟认为，儒家的仁爱秩序是一种早熟的理性，中国的儒家伦理正是解决人与人交往问题最有效的办法。"伦理本位"规定中国人在与他人交往时首先以情谊为义务，并且以对方为重，建立一种和谐的社会关系。面对西方"现代性"的挑战，梁漱溟在山东邹平开展了现代性实验，提出他的"乡村建设理论"，但从现在看来，最终是否成功仍然是一个悬而未决的问题。

---

❶ 梁漱溟.梁漱溟全集：第5卷[M].济南：山东人民出版社，1992：164.

第五章　儒家"仁爱"沟通伦理的现代性转换

现代社会的关键之处在于社会行动中通过工具理性有方向地进行社会期望与互动，在层层递归的网络中将工具理性扩展至所有领域，以至于最终挤占了价值理性的生存空间。人与人之间的情感连接、人与自然的连接、人与知识的连接、人与自己的连接，在这种工具理性精神的侵蚀下一步步退守到边缘地带。在个体化的社会中，理性个体的公共精神看似仍然存在，实则内心的公共领域却逐渐被人们忽视。个体为了生活得更好，追求更多的资本，不断地牺牲了自己本该有的心性体验。尤其是当前在西方学术界，知识的不确定性促使在科学系统中所产生的差异不断与其他功能系统产生激荡与共振，引起与其他系统的冲突与矛盾。也就是说，尼采所描述的世界理性已死，人的非理性让每个个体变成了太阳。因此，西方世界中的秩序实际上不仅需要法律系统的不断分化与支持，而且要在伦理领域激发人与人之间的相互尊重，去除你与我的二元主体思维，强调一种多元主体共在的交往伦理观，只有你中有我、我中有你，才可能产生这种交往伦理观。西方哲学始终难以割裂理性精神，难以做到像手术那样强行自我分离，建立一种真正的天人合一观。

面对急剧现代化的中国社会及其所带来的人的内在伦理情感秩序紊乱，重新思考儒家"仁爱"的秩序观，或许能对我们今天的伦理情感秩序进行调整与重构，提供某些启示。❶现代科技的理性正在斩断人对天地万物的仁爱情感，快速的社会流动与日趋激烈的社会竞争也在淡化人与人之间的亲情，现代社会的个体化进程让人变得越来越自强、自立、自主。人与社会、他人的联系，特别是一种亲情的联系大大地被弱化，现代人成为一个个孤独的个体。中国儒家的"仁爱"交往观念正好为西方社会提供了适合现代人要求的"爱的秩序"。舍勒曾说："谁把握了一个人的爱的秩序，谁就理解了这个人。"❷在舍勒看来，"只有有爱心的人眼睛才是睁开的，而眼睛的明亮取决于爱的程度"❸。不过，舍勒所说的爱与康德的最高善属同一个领域，但是舍勒所提出的"爱的秩序"及从社会互动的视角中得出人与人之间相互"仁爱"的互动，这一出发点与路径实际上与中国的新儒家学说有着非常相近的思想。在现代社会语境下，我们可以从舍勒的"爱的秩序"中得到启发，即当我们打破旧的爱的秩序后，儒家的"仁爱"交往观念在重构一种"新的爱的秩序"中如何进行转换，而在重构过程中儒家思想与西方精神在会通之处能够提供多少"支援意识"。

第一节 现代社会交往伦理的普遍法则

所谓金规则，就是全球各大文明，各种不同的文化，从它们的伦理道德、文化信仰中提取一条普遍性的规则。❹在现代社会，由于不同文明、不同民族、不同国家、不同文化所形成的全球性普遍差异导致全球化交往出现了各种问题。为了解决人类普遍的交往问题，1993年在芝加哥通过的《全球伦理宣言》确立了一条被称为"金规则"的准则，这条准则的内容就是"己所不欲，勿

---

❶ 吴根友.儒家"仁爱"的秩序观及其当代启示[J].社会科学战线，2008（2）：54-57.
❷ 马克思·舍勒.爱的秩序[M].林克，等译.北京：生活·读书·新知三联书店，1995：36.
❸ 马克思·舍勒.爱的秩序[M].林克，等译.北京：生活·读书·新知三联书店，1995：48.
❹ 邓晓芒.康德哲学讲演录[M].桂林：广西师范大学出版社，2006：190.

施于人"。❶也就是说，在全球交往中，无论是西方文明，还是儒家文明，抑或是阿拉伯文明，都存在一条普遍的交往定律，这就是中国儒家的核心交往理念——"己所不欲，勿施于人"。2001年，在联合国组织的全球文明对话小组中，杜维明与孔汉思经过多次讨论，最终达成共识，将儒家的忠恕之道"己所不欲，勿施于人"确定为人类文明对话的基本原则。

一、己所不欲，勿施于人：尊重作为社会交往的普遍法则

杜维明在其《儒家传统的现代转化》一文中明确指出："儒家的恕道（己所不欲，勿施于人）和仁道（己欲立而立人，己欲达而达人）可以作为全球伦理的基本原则。这并不是我自己一个人提出的，而是在人类文明对话年（2001），由科菲·安南所主持的一个世界知名人士小组中孔汉思先生主动提出的。"❷"己所不欲，勿施于人"其实是一个理性的法则，意思就是你自己不愿意的事情，就不要加之于别人。你用理性一推理就知道了，你不愿意人家也不会愿意，所以意志的原则应该是大家都愿意的，那才是道德的，才具有普遍性。❸

实际上，在西方学术界，关于道德的讨论至今很多。哈贝马斯提出了沟通理性作为重建道德的良方，具有明显的怀旧色彩。在西方社会科学界，自韦伯以来，价值中立问题似乎早已盖棺论定，即社会科学只能描写和分析社会事实，而不应做价值评判。但是，在思考和研究道德问题时，每一学科都会遇到一个根本性的难题，即本学科是应该遵循道德性的规范，赞美善、谴责恶，还是应该将自身的任务定义为不掺杂任何道德的介入，而纯粹以知识理性为依据呢？但是，正如前文分析现代社会的根本症结在于以笛卡尔的主客二分为怀疑

---

❶ 邓晓芒.康德哲学讲演录[M].桂林：广西师范大学出版社，2006：190.
❷ 杜维明.儒家传统的现代转化[J].浙江大学学报（人文社会科学版），2004，34（2）：7-14.
❸ 邓晓芒.康德哲学讲演录[M].桂林：广西师范大学出版社，2006：76.

精神会导致科学精神怀疑一切的尴尬境地，现代人将面临知识的不确定性状态。因此，卢曼认为，以道德、价值和规范为基础的道德论应该被提出来，但是这种道德论要建立在对过去的社会发展阶段的否定之上，而系统论的超级理论则以系统—环境区分或系统对环境的否定为基础。❶卢曼在探讨道德的社会功能问题时，认为"尊重"才是道德产生的原因和得以维护的基础。也就是说，尊重作为道德的基础变得至关重要，因为它可以减少复杂性，使沟通成为可能。

在卢曼看来，道德功能子系统产生的二值符码是尊重和不尊重之间的区别。具体来说，当两个或两个以上的个人进行互动时，尊重作为道德的基础就变得至关重要，因为它可以减少复杂性，使沟通成为可能。在社会互动的双重或然的情景中，每个互动参与者都必须将三种角色整合于自身：他既是"自我"，又是对他者来说的"他者"，而且还知道他人在将他看作"他我"。这样，在互动中，每个人都必须将他人的选择和选择要求纳入自己的同一性公式，即接纳或扮演他人的角色。互相缠合的视角和沟通的整合也就成了一个重要的、复杂的问题。在互动中，往往会就这一问题进行沟通。由于这种沟通复杂，所以它往往被简化为对互相尊重的条件的沟通：有了这一沟通，其他沟通似乎才有可能。而尊重则是他人将作为他者及作为他我的我纳入他的视角和自我认同的做法。当我在他者中认出并接受作为他者的我时，你也会尊重他者。这种尊重实际上是那些复杂的事实情况的一种"符号性替代"。在这种简化的、关于尊重的沟通帮助下，互动双方可以达到一些新的敏感水平：他们可以互相告知或暗示让对方猜测，哪些经历和行动会导致尊重的赢得或失去，以及这种尊重的影响在何种程度上会涉及交往的延续、交往的正常性和非正常性。❷

---

❶ 秦明瑞.道德无涉的社会理论与道德的社会功能——卢曼社会系统理论视角下的分析[J].宗教与哲学，2018：114-148.
❷ 秦明瑞.道德无涉的社会理论与道德的社会功能——卢曼社会系统理论视角下的分析[J].宗教与哲学，2018：114-148.

卢曼的另一个核心观点是作为与尊重的条件相适应的道德与自由有密切而复杂的关系，自由是道德的基础，它既引发道德问题，又构成道德的伴生问题。因此，卢曼认为，自由催化着道德的结构演进，道德与自由的关系是矛盾乃至对抗的，即道德允许自由存在但不允许其随意存在。卢曼从两方面入手阐明了道德与自由的关系。其一，从对意志自由理论的修正入手，他提出自由只是沟通中产生的效用，而非行为本身的特征或人的自然性的观点。他指出，在道德无涉的情景中，自由意味着纯粹的行动选择的或然性。不定是人与生俱来的一种普世的可能性，这也导致人在知晓关于自身行为的预设时才有了自由意志、追求自由意志的实现。在具有对这种预设的认识时，人可以对其否定做出其他行动，当然也可以按这种预设来行动。人做出什么选择，这将有赖于其动机。而只有在知晓行动选择可能时，做出的选择才是自由的。这样一来，道德与自由的关系就呈现出来，即自由是道德的或然性公式。其二，由社会系统高度的功能分化所产生的自由必然不受道德功能的制约，正如卢曼所说："在作为道德无涉的社会理论视角下，现代社会中的功能分化必然会导致道德功能的被压缩，因为各种独立自治的系统的运行只能遵循自身的逻辑而不可能依赖道德律令。"❶也就是说，现代社会其实是各子系统高度功能分化的社会大系统，每个系统在运行的过程中所产生的问题会由系统本身或者以系统与系统的相互制约和影响来解决，而并非依靠道德这一作为环境的外在功能系统予以解决。法律既是衔接理性的一种手段，又不只是一种手段。通过法律，衔接理性的前提得以拓展：其所包含的行为期待的逆事实的稳定化，使衔接行为从已经出现的事情延伸到想要发生的事情。但是，这种延伸不是随意的，而是受理性原则限制的。

因此，一直以来，西方社会在经历了近几百年的现代化改造后，它们的政治、经济、法律、科学等各子系统已经相对完善与成熟。如今的西方社会看上

---

❶ 秦明瑞.道德无涉的社会理论与道德的社会功能——卢曼社会系统理论视角下的分析[J].宗教与哲学，2018：114-148.

去像一部精确运转的机器，在运行中出现的各种问题会通过系统内部的复杂性化约机制进行自我消化，但社会系统毕竟只是一台机器，任何关于价值交往的问题仍然要诉诸价值理性，也正如哈贝马斯所说，只有在日常生活世界的交往中才能看到道德的影子。❶因此，西方社会在历经高速现代化的转化后，面对道德越发崩溃的情况，西方人并没有大吃一惊，反倒似乎更加习以为常。然而，在中国社会中，一旦面临道德滑坡、道德崩溃的危机，人们的心理可能会变得更加痛恨。近年来，中国民众在与西方社会进行跨文化沟通时，经常会出现这种知识的错位。这充分说明法律与道德遵循两套完全不同的系统规则，一旦观察者的立场出现错位，就会出现各种互动双方各自无奈与失望的结果。

二、共情的理解：建立合理的主体之间关系

美国学者弥尔顿·本那特（Milton J. Bennett）在《超越金规则：同情与共情》（Overcoming the Golden Rule: Sympathy and Empathy）一文中明确区分同情与共情两个概念。他说："同情一般是指想象自己站在他人立场，在与他人同等情境下我们会如何思考或者感觉。"❷休谟说："同情是我们对一切人为德性（artificial virtue）表示尊重的根源，广泛的同情是我们道德感所依靠的根据。"❸在这里，休谟所说的同情心实际上与孟子所说的恻隐之心有很大的相通之处，休谟通过人的内在心理情感来解释道德的起源，在一定程度上体现了与孟子相近的思路。

然而，共情概念正好相反，共情更注重参与，而不是想象，共情更看重经

---

❶ 秦明瑞.道德无涉的社会理论与道德的社会功能——卢曼社会系统理论视角下的分析[J].宗教与哲学，2018：114-148.

❷ BENNETT M J. Overcoming the golden rule: Sympathy and empathy [J]. Annals of the International Communication Association, 1979, 3 (1): 407-422.

❸ 大卫·休谟.人性论[M].关文运，译.北京：商务印书馆，1980：628.

历与感受，而不是换位思考。❶共情是指一个人能够理解另一个人的独特经历，并对此作出反应的能力。共情能够让一个人对另一个人产生同情心理，并做出利他主义的行动。"当鞭子真的落下来时，我们会感同身受，跟挨打的人一样感受到伤痛。大量的神经科学实验表明，共情能力是通过模仿的镜像神经回路和与大脑边缘系统的相互作用而产生的。"❷意大利心理学家马可·亚科博尼指出："人的模仿与共情能力并不是复杂的推理过程，而是人类通过镜像神经元的激活保证了人与人之间互相感同身受的能力。"❸神经元机制让人类天生具备共情的能力，共情不是一种情绪，也不是一种感受，而是人类与生俱来的一种能力。因此，伦理所要展示的正是人的普遍本质，肯定了"同情是人性中一个强有力的原则"❹。当然，休谟肯定与孟子的理性原则不同，休谟更多地表现出较为极端的经验论倾向。❺

孟子之后，心性之学更多地融入儒家思想演进过程，发展至宋明时期，心性之域蔚为大观，形成了多重发展的面向。❻虽然休谟与孟子的人性中恻隐同情之心比较相近，但是回归解释与理解的内在逻辑，我们可以发现，对"理解"一词作出区分，或许更能清晰地把握儒家的"仁爱"观念。具体来说，解释与理解这两个词在日常用法中实际上并没有截然的区分，但是在实际的生活中，每一种解释都能够促进人对万物的理解，而理解在解释的基础上又多了一层心理的含义。德国历史学家约翰·古斯塔夫·德罗伊森创造了解释（explanation）和理解（understanding）这两个名词，他说自然科学的目标是进行解释，而历史的目标是要理解落入自身领域内的那些现象，后来狄尔泰将这一理

---

❶ BENNETT M J. Overcoming the golden rule：Sympathy and empathy [J]. Annals of the International Communication Association，1979，3（1）：407-422.

❷ 陈巍.以"镜"观心：从"见样学样"到"感同身受"[J].科技导报，2011，29（11）：80.

❸ 马可·亚科波尼.天生爱学样：发现镜像神经元[M].洪兰，译.台北：远流出版事业股份有限公司，2009.

❹ 大卫·休谟.人性论[M].关文运，译.北京：商务印书馆，1980：620.

❺ 杨国荣.心学之思——王阳明哲学的阐释[M].北京：生活·读书·新知三联书店，1997：63.

❻ 杨国荣.心学之思——王阳明哲学的阐释[M].北京：生活·读书·新知三联书店，1997：63.

解的方法应用于"精神科学"与"道德科学"中。❶

因此，在"共情理解"的基础上，我们可以回到孔子与孟子最朴素的交往观念，即"仁""义""恕"。首先，孔子说，仁者，事亲是也。义者，敬长是也。在这里，"仁"指的是人与人、人与天地及人与万物之间的道德真实感。它是一种内在的动力，促使个体对万物保持一种源于整体的关怀，体现出一种"我与你"的"一体之仁"。其次，"义"作为"公民社会"中的"社会正义"，即社会正义为"人之正路"。因此，儒家的仁义之道展现出一种全新的面貌。周公通过礼乐的创制，而孔子则通过"仁"来阐明这一道理。这是一种创新的发展，但可惜的是，秦汉帝制之后仁学逐渐衰落。虽然在宋明时期有所发展，但仍然受到限制，直到今天才有了更新转化的可能性。在这里，"恕"代表将心比心的同情与共感，是"己所不欲，勿施于人"的王道关怀。曾子阐述孔子的"一以贯之"之道，他说："夫子之道，忠恕而已矣。"❷朱熹指出，"尽己之谓忠，推己之谓恕""中心为忠，如心为恕"。"己所不欲，勿施于人"与西方强调的"己所欲，施于人"有所不同，前者虽然看似消极，却更尊重人，后者虽然积极，但往往显得勉强。❸此外，"恕道"的珍贵在于尊重与让步，因为尊重而让步，让步形成天地的和谐，有了天地自然能够生长。儒家一直强调"安身立命"，而非"出人头地"。儒家提倡"修身以俟命"，进而"参赞天地之化育"。它强调的是"天人合德"，而非"勘天役物"。"恕道"强调的是贯通天地人之间的王道精神。❹正如《易传》所述："天行健，君子以自强不息；地势坤，君子以厚德载物。""夫大人者，与天地合其德，与日月合其明，与四时合

---

❶ 冯·赖特.解释与理解[M].张留华，译.杭州：浙江大学出版社，2016：5.

❷ 林安梧."后新儒学"对"后现代"的哲学反思——从"公民儒学"与"仁恕思想"起论[J].南国学术，2014（4）：105-111；林安梧.儒学转向：从"新儒学"到"后新儒学"的过渡[M].台北：台湾学生书局，2006：序言.

❸ 林安梧."后新儒学"对"后现代"的哲学反思——从"公民儒学"与"仁恕思想"起论[J].南国学术，2014（4）：105-111.

❹ 林安梧."后新儒学"对"后现代"的哲学反思——从"公民儒学"与"仁恕思想"起论[J].南国学术，2014（4）：105-111.

其序，与鬼神合其吉凶。"这一思想强调"以德行仁者王"，而非"以力假仁者霸"，更不会通过威权统治天下。总之，"仁"是存在的道德真实感，是"我与你"的"一体之仁"。"恕"则是将心比心的同情共感，是"己所不欲，勿施于人"的王道关怀。仁恕之道可以用来应对现代化带来的"人的异化"❶，使人们能够回归生命本身。

另外，王阳明十分重视主体之间的情感交流。在他看来，作为天地之"心"的人具有普遍的仁爱与同情。他说："夫人者，天地之心。天地万物，本吾一体者也，生民之困苦荼毒，孰非疾痛之切于吾身者乎？不知吾身之疾痛，无是非之心者也。"❷这种同情心能够让人超越个人的界限，达到人与人之间的统一。"是故见孺子之入井，而必有怵惕恻隐之心焉，是其仁之与孺子为一体也"，也就是说，当看到小孩掉入井中时，必然会感到恐惧与怜悯，因为这正是仁爱与小孩合为一体的表现。❸在这个意义上，仁爱与恻隐之心构成了连接主体之间关系的心理情感基础。王阳明坚信，如果每个人都能推己及人，从身边的人开始，将恻隐与仁爱的情感普遍应用于所有人，就能够逐步实现万物一体的理念，即"是故亲吾之父，以及人之父，以及天下人之父，而后吾之仁实与吾之父、人之父、与天下人之父而为一体矣；实与之为一体，而后孝之明德始明矣。亲吾之兄，以及人之兄，以及天下人之兄，而后吾之仁实与吾之兄、人之兄、与天下人之兄而为一体矣；实与之为一体，而后弟之明德始明矣。君臣也，夫妇也，朋友也，以至于山川鬼神鸟兽草木也，莫不实有以亲之，以达吾一体之仁，然后吾之明德始无不明，而真能与天地万物为一体矣"❶。

王阳明将恻隐之心视为实现万物一体的重要保障，认为通过扩展亲情和

---

❶ 林安梧."存有三态论"与21世纪文明之发展[J].鹅湖月刊，2003（2）：19-29.
❷ 王守仁.王阳明全集：传习录·答聂文蔚[M].上海：上海古籍出版社，1992：79.
❸ 王守仁.王阳明全集：传习录·大学问[M].上海：上海古籍出版社，1992：968.
❹ 王守仁.王阳明全集：传习录·大学问[M].上海：上海古籍出版社，1992：968-969.

仁爱的情感可以消除人与人之间的隔阂。然而，这种看法显得过于乐观，并且可能简化了问题。主体之间的关系不仅涉及心理情感，还与更广泛的社会结构、制度及交往过程的形式和程序等因素密切相关。尽管如此，王阳明的论述仍有值得关注之处。当他将仁爱与恻隐理解为主体之间沟通的心理基础时，其内在意图是将仁道作为交往的原则。从理论层面来看，仁道原则的核心精神是尊重和确认每个主体的内在价值。它既认可主体自我实现的愿望，又要求主体之间真诚地承认彼此的存在意义。孔子通过"爱人"来定义仁，孟子则以恻隐之心作为仁的起点，这些都体现了对主体内在价值的重视。这不仅蕴含着人作为目的的理性前提，而且渗透了主体之间的情感认同。主体之间的交往当然需要语言上的交流，但单纯的语言交流往往只能让人明白意义并相互理解，而基本的仁道情感认同则能够使人更深刻地领会其内涵，从而实现真正的沟通。

总而言之，仁道原则既要求主体关注自身存在的意义，又强调通过相互确认存在价值来超越自我，打破人与人之间的隔阂。虽然王阳明将仁爱与恻隐之心视为实现万物一体的内在保障，这一观点具有一定抽象性，但也反映了仁道原则在主体之间交往中的规范作用。这对抑制以利益为导向的交往原则无疑具有重要的理论意义。王阳明曾对他的弟子说"满街都是圣人"，这意味着社会共同体中的每一个主体都应当受到尊重。从逻辑上讲，既然满街都是圣人，那么在交往中自我就不能抱有道德上的优越感，以居高临下的态度对待他人。只有以平等心对待他人，才能消除心理距离，实现彼此之间的沟通。❶

三、相互"外推"：从自我封闭走向多元他者

胡塞尔曾说："隶属于社会群体的人对彼此而言都是同伴，他们并不是相

---

❶ 杨国荣.心学之思——王阳明哲学的阐释[M].北京：生活·读书·新知三联书店，1997：154.

对立的物体,而是相对的主体,彼此生活在一起,无论是现实地或是潜在地,透过爱和对爱的行动,恨和对恨的行动,信任和相互不信任的行动,等等。"❶胡塞尔的这段话直指人的主体存在方式并非简单的自我与他者的二元对立,不能将他人理解为被客观化的对象物,而要将他人理解为与自我共在的主体。胡塞尔的现象学开启了20世纪主体哲学的革命,其后的海德格尔、梅洛-庞蒂等哲学大师在胡塞尔的基础上进一步将笛卡尔的二元性主体消解为以身体为我与世界的原初存在,也就是说,西方思想家的视野越来越趋向于将单一的主体理解为多元主体的共在。

事实上,中国的先哲很早就以人的身体存在为起点,思考人与人、人与自然、人与天道之间的关系问题。孔子所说的"仁",在汉语里的最原初的意思是身心合一为仁、二人合一为仁。也就是说,孔子所理解的沟通既是由自我的身体出发与他人进行互动,又强调在互动过程中身体与心灵的融合。无论是西方哲学还是中国的传统哲学,都是以人的身体为起点来展开交往关系的探讨。

如何在交往中从身体出发,从单一主体迈向多元主体的共在与理解,在沈清松看来,对这一问题的回答关键在于通过"外推"的策略来实现。外推是一个不断走出自己、走向新境界、走向他者甚至陌生人、走向多元他者的历程。❷具体来说,外推的方式有三种。第一种是语言的外推,即将一种文化或价值通过语言的翻译转换为另一种文化或价值表达,从而达至双方进行有效的相互理解。❸也就是说,A将他的思想或价值理念翻译为B能理解的语言,与此同时B也将他的思想或价值理念翻译为A能够理解的语言。第二种是实践的外推,即如果将一种思想或价值论述从它原有的社会和实践脉络中

---

❶ HUSSERL E. Ideen Ii [M]. Den Haag: Martinus Nijhoff, 1952: 193.
❷ 沈清松.身命、群命与天命:结合中国哲学与现象学的思考[J].华中国学,2018(1):1-18.
❸ 沈清松,张志祥.儒家利他主义、慷慨和正义:对全球化的回应[J].扬州大学学报(人文社会科学版),2015,19(2):40-45.

抽离，放置在另一个社会和实践脉络中时，则仍然有效。[1]也就是说，A将他的思想或价值理念从其所在社会、组织中抽离出来，放置在B所在的社会、组织中，B将他的思想或价值理念放在A所在的社会、组织中，而且要同时有效。第三种是本体的外推，即一种思想或价值论述通过对实在本身的体验来迂回地实现其普遍的互相理解。[2]也就是说，A通过他对实在本身体验的迂回进入B的文化世界，B也通过他对实在本身体验的迂回进入A的文化世界。

此三种外推方式强调要不断地走出封闭的自我，通过接触他人来实现相互的外推。如此才有可能达成一个相互丰富的对话，最后我走出我的世界并走向你，同时你走出你的世界并走向我。也就是说，当我们相互进行外推时，通过对语言的翻译促使彼此相互理解，同时又将自我放置在与他人的实践脉络中，让自己的生活世界为他人所共知，并且保证这种相互外推的过程不仅每天发生在生活中，而且可以应用于各类政治、经济等生活。

显然，这种相互外推的对话要远比哈贝马斯所理解为论辩式的沟通更为重要。哈贝马斯主张沟通的可理解性、真理性、真诚性和正当性之所以在现实世界中难以实现，是因为他忽视了相互外推这一前提，否则很容易产生在沟通之前，我认为我是真诚的，而你认为我是虚伪的这样的误解。因此，在全球化的世界里，我们应该用相互外推的方法和实践来实现彼此之间的理解与对话。

沈清松说："人的原初欲望生来具有指向多元他者的意义动力，从出生到成长都是发展于多元他者的脉络之中。人的身体在指向多元他者之时产生运动，特别是经由视觉、声音或表情、姿态等形式的表象运作出来，成为意义动

---

[1] 沈清松，张志祥.儒家利他主义、慷慨和正义：对全球化的回应[J].扬州大学学报（人文社会科学版），2015，19（2）：40-45.
[2] 沈清松，张志祥.儒家利他主义、慷慨和正义：对全球化的回应[J].扬州大学学报（人文社会科学版），2015，19（2）：40-45.

力的接引，而经由产生理解表象之途，步步前进。人在指向多元他者并与之互动之中，先形成非语言的表象，进而形成语言的表象，并透过所形成的表象，进一步与他人、他物进行表达、沟通与互动。"❶也就是说，人的生命历程就是一个不断通过外推方式来走出封闭自我并走向多元他者的过程，这个过程时刻伴随着自我的超越与内省自觉。孟子所说的"推己及人"正是这种外推方式的简略表述。孟子说："尽其心者，知其性也。知其性，则知天矣。"❷也就是说，一方面是内觉，另一方面是外推，正是这种尽心知性的内觉与外推形成了儒家修身与良善实践的基调，从而让人的伦理生活通过沟通与多元他者一同实现共同价值，从而建立共同善的生活。

第二节 现代社会共同价值观的塑造

价值体系是文化深层结构中的核心组成部分，一方面内化于个体心灵，另一方面影响着文化群体的态度和行为，甚至对文明的社会建制和发展方向起着重要的影响作用。由于每种价值观念体系都是不同文明在应对自然、社会和人性的挑战时发展而来的不同的解决方案❸，其间存在差异和分歧是必然的。全球化时代的到来使不同文化价值体系之间的冲突成为人类面临的主要困境之一。要真正求得人类社会的共同、和平、和谐发展，持不同价值观念的文化群体之间不仅要能喊话、争论，而且要能交谈、倾听；不仅要能相互倾听，还要能相互听见。❹在解决价值体系冲突的问题上，意义的播撒不是关键，意义的

---

❶ 沈清松.身命、群命与天命：结合中国哲学与现象学的思考[J].华中国学，2018（1）：1-18.

❷ 朱熹.四书章句集注[M].北京：中华书局，1983：363.

❸ SCHWARTZ S H. Basic Human Values：Theory, Measurement, and Applications [J]. Revue Francaise De sociologie，2006，47（4）：929-968.

❹ 汉斯·伽达默尔，卡思特恩·杜特.解释学、美学、实践哲学：伽达默尔与杜特对谈录[M].金惠敏，译.北京：商务印书馆，2005：7.

分享才是关键。让不同文化群体不是互相喊话，而是真正地听见对方，就需要价值观念的跨文化理解。跨文化理解实际上是不同文化之间意义的相互认知与解释，并在对话中进行意义分享，价值观念的跨文化理解正是人类社会要解决的紧迫而重要的核心问题。

韦伯曾提出一个著名的命题，认为特定的群体的行为及社会组织制度受到其背后伦理精神因素的影响。❶帕森斯在韦伯的基础上，明确地将这种规范的伦理精神因素称为价值观。❷帕森斯清晰地区分价值观（value）与规范（norm）的概念，他认为价值观在抽象程度上要比规范高得多，它既不是情景特殊性的，也不是功能特殊性的，价值观只为行动提供可追求的目的，而至于如何达到目的则是具体规范要解决的问题。从帕森斯对价值观的界定可以看出，文化主要通过为行动者提供的价值观来影响人的行为。

一、情境差异：不同价值观的形成与预设

为什么个人会选择放弃自身利益而服从集体利益呢？群体中的这些公共知识是如何形成和演变的？在社会学的经典理论中，涂尔干的功能主义思想提供了一种早期的解释。他强调"思维群体"这一概念，认为在传统社会中，维持社会整合的重要机制是人们的共同意识，即社会成员所共享的道德价值观。帕森斯认为，价值观是从社会的功能性需要衍生出来的，并在特定的角色中制度化的象征的子集。❸在帕森斯看来，价值观仍然是一个社会共享的象征体系，并为不同的行为取向提供评价标准。目前，学界对价值观的概念达成了以下几点共识：第一，价值观是关于什么"值得追求"的理念；第二，这种值得追求

---

❶ 马克斯·韦伯.新教伦理与资本主义精神[M].龙婧，译.北京：群言出版社，2007.
❷ 杰弗里·C.亚历山大.新功能主义及其后[M].彭牧，史建华，杨渝东，译.南京：译林出版社，2003：273.
❸ 杰弗里·C.亚历山大.社会学的理论逻辑：实证主义、预设与当前的争论：第1卷[M].于晓，唐少杰，蒋和明，等译.北京：商务印书馆，2008.

的事物主要是象征性的；第三，价值观影响的手段主要体现在目的的选择上；第四，价值观之间根据重要性差异形成了价值优先系统；第五，价值观之间并不总是协调一致，但某些价值观可能会占据主导地位，从而使社会呈现出可识别的特征；第六，占主导地位的价值观往往会成为持久和共享的，从而维护社会的稳定。

与西方社会不同，中国社会从文化形成的早期就开始重视"德"。在西周时期，中国文化已经形成了"德感"的基因，西周文化所塑造的精神气质为后来的儒家思想奠定了基础。中国文化追求建立积极的人际关系及其内在需求和取向，强调文化教养，以期在道德上超越野蛮状态，重视情感控制、仪节风度和举止得体，同时排斥巫术。这种理性化的思想体系是中国文化史长期演化的结果，经历从夏代的巫术文化到祭祀文化，再到周代最终形成礼乐文化的发展。这种文化特质和价值精神与印度文化的追求完全不同。相较之下，中国殷周文化对逝去亲属的葬礼和祭祀礼仪的发展，与印度对葬祭的轻视形成鲜明对比。这不仅反映了观念的差异，也体现了二者在价值取向上的不同。❶

通过对西方文化、中国文化、印度文化三种不同情境下价值观的梳理，我们可以发现有三个主要的预设：第一，价值观与行动之间存在支配的关系，对价值观的持有程度成为推测行为的重要指标；第二，价值观研究假设个体主要通过社会化获得文化，这就消除了文化建构的可能性；第三，价值观测量可作为根本的潜在变量，即文化的指示。这意味着通过对个体价值观的测量，可以有效地反映出其所处文化背景及其社会行为。例如，西方文化中的个人主义与中国文化中的集体主义可以通过相应的价值观测量工具来进行比较，从而揭示出不同文化对行为模式的影响。

---

❶ 陈来.古代宗教与伦理：儒家思想的根源[M].北京：生活·读书·新知三联书店，2009：7-8.

二、共同价值观:"良知坎陷论"方法

张世英在其《从"万物一体"到"万有相通"》一文中指出,中国现当代正在构建"万有相通"的文化形态,其特点首先是自我的个性日益从社会群体的束缚中获得解放,其次是在"万有相通"中人与人之间的关系不再是儒家或道家所说的"天人合一""万物一体"状态下的那种互不相通与互不理解的关系。如今,这种情况恰恰相反,由于如今现代生活越来越将每个人直接或间接地联系在一起,因此人与人之间呈现"万有相通"的状态,这种万有相通既有相互的理解,又有要超越西方"主客二分"到万有之间、千千万万个自我之间的相通相融。❶当然,从现在看来,张世英的观点无疑是超前的,但是从中国文化的内在哲理来看,他的说法并不是没有道理的。

刘小枫在其《现代性社会理论绪论》一书中提到:"新儒家思想与康德实践哲学既有相似之处又有高明地方,相似之处在于新儒家哲学从人的自律性道德证成人与天地圆融的人格主体性,高超在于新儒家不像康德道德律中所具有的不可克服的内在矛盾那样,最终求助于理性的设定,因为儒家心学证成了人作为有限存在但可以有智的直觉(intellectual intuition)。"❷胡塞尔的"主体间性"与海德格尔的"存在主义"已经帮助我们打开了思路,"主客二分"的思维框架与理性已经步入黄昏,甚至在胡塞尔看来,西方哲学的主体转向正在导向主体哲学的终结,正要开启伦理学的又一场精神"革命"。孟彦文在其《哲学的终结与伦理学的兴起》中强调:"20世纪的哲学家们普遍断言哲学已经终结,但是海德格尔把它理解为哲学从一个位置到达另一个位置。"❸实际上,这种位置转换不能仅停留在口号的层面,而需要进行真正的转换,如何进行转换,实际上牟宗三的"智的直觉"已经告诉我们问题的

---

❶ 张世英.从"万物一体"到"万有相通"——构建之中的中国文化新形态[J].南国学术,2015(4):71-77.

❷ 牟宗三.智的直觉与中国哲学[M].台北:联经出版事业有限公司,2003:184-203.

❸ 孟彦文.哲学的终结与伦理学的兴起[J].哲学研究,2004(2):77-81.

答案。

20世纪50年代，牟宗三从科学知识论的角度提出"良知坎陷说"。20世纪70年代，他在《现象与物自身》一书中再次从哲学本体论的高度探讨这一观点。在他看来，中国哲学承认人具有"智的直觉"，因此人类有限，无法通达无限，也无法证成"物自身"，只能建立现象界的"执的存有论"。正因为中国哲学所建立的存有论缺乏"执"，所以它揭示了本体既可以"无而能有"，又可以"有而能无"，二者相通。具体而言，执的存有论可以由无执的知体明觉引发，而执的存有论则体现了科学知识的精神，因此知性可以由知体明觉产生。牟宗三进一步提出"良知坎陷"的另一种表述："由知体明觉开知性"。他认为，知体明觉经历了一个关键的转变过程，它最初是一种无知、无意相、无物相的神秘感应状态，通过这一"坎陷"和"执"的过程，转变成具有逻辑、形式和有我相的思维主体。也就是使原本无执的纯粹存在变成了具有思维能力和形式特征的存在（执的存在），知体明觉成为能够产生科学知识的认知主体。在这个理论框架中，良知被视为与"知体明觉"和"自由无限心"具有相同的含义。牟宗三对良知的理解非常宽广，他认为智的直觉、无我相之真我和天心真心等概念都可以与良知互换使用。这反映了他对良知概念的独特诠释和深刻理解，这种转变揭示了从纯粹的存在状态到具有认知能力的主体之间的深刻联系，展现人类认知能力发展的哲学基础。

所谓良知，就是精神在辩证发展过程中自觉地从浑然一体的精神生命中提炼出来使自己处于"主体"地位而成为"纯精神"。[1]虽然良知是人类道德的实践源泉，但是良知所体现出来的正是圣人精神的主体人格。因此，牟宗三所说的道德的实践，经过思想主体之转化而通于自然以致其广大。牟宗三的"良知坎陷说"将良知理解为一种西方哲学意义上的理性概念，如在"良知坎陷说"中，良知有时相当于康德意义上的"道德理性"或者黑格尔意义上的"绝对精

---

[1] 牟宗三.生命的学问[M].桂林：广西师范大学出版社，2005：222.

神",但无论是在康德意义上还是在黑格尔意义上,牟宗三都是从西方哲学"理性"的进路来把握"良知"的概念。❶因此,牟宗三先生无论从康德的"批判理性"进路,还是从黑格尔的"辩证理性"方法来理解良知,良知这一概念在他的哲学思想中都是一个"理性概念"。

总的来说,伦理学要真正成为伦理学,首先,不是消极的,而是积极的。以理查德·罗蒂基于文化差异的"对话"哲学为例,实际上没有超越以往的哲学认识,要真正避免"种族中心主义",必须从根本上基于和他人的伦理关系才有可能。其次,儒家的仁爱思想可分为仁爱之心、自爱、爱亲人、泛爱众、仁者与天地万物一体五个层次,以爱有差等原则由内向外、由近及远层层扩展。仁爱是一种人道思想,仁是人之为人的本质特征。对比儒家的仁爱与道家的慈爱、墨家的兼爱、佛家的慈悲、西方的博爱可以看出,虽然世界不同文化都强调"爱",但对"爱"有不同的阐释,形成了各自的特色。儒家的仁爱思想可以成为普世价值观,在当今世界越来越显现出它的独特智慧。❷

三、情感连接：建构新型共同体意识

在如今快速变迁的社会中,建构新型的共同体意识已成为一个迫切而复杂的课题。这不仅关乎社会的凝聚力,而且涉及每个个体的归属感和存在意义。我们需要重新审视共同体的概念。传统意义上的共同体往往建立在血缘、地缘或者共同信仰的基础上。然而,在高度流动和多元化的现代社会中,这些传统纽带正逐渐变得松动。我们需要寻找新的连接点,来编织更加包容和开放的共同体网络。这种新型共同体应该能够跨越地理、文化和社会阶层的界限,以共同的价值观和互助精神为核心。

培养公民意识是建构新型共同体的关键。在个人主义盛行的时代,如何平

---

❶ 蒋庆.政治儒学：当代儒学的转向、特质与发展[M].福州：福建教育出版社,2014：74.
❷ 韩星.仁者爱人——儒家仁爱思想及其普世价值[J].梧州学院学报,2013,23（4）：1-7.

衡个人利益和集体利益成为一个重要课题。我们需要通过教育和社会实践，培养民众的公共精神和责任意识。这不仅包括对权利的认知，而且强调义务的履行。例如，鼓励民众参与社区事务，支持志愿服务活动，让每个人都能在参与中感受到自己是社会的重要一员。

在现代社会中，构建新型的社会交往模式时，我们不能忽视"情感连接"这一重要维度。情感连接是人际关系的核心，它不仅影响个体的幸福感和生活质量，而且关乎整个社会的和谐与稳定。情感连接在新型共同体中扮演着至关重要的角色。在信息爆炸和社交媒体盛行的今天，人们感到更加孤独和疏离。我们需要创造更多面对面交流的机会，重建真实的人际关系。社区文化活动、邻里互助计划等都是很好的尝试。同时，我们也应该思考如何利用科技手段增进情感交流，而不是让技术成为人与人之间的屏障。

构建共同价值观是新型共同体意识的精神内核。在价值多元化的今天，寻求最大公约数并非易事，但我们可以从最基本的人性需求出发，如对和平、自由、公平的追求，对生命的尊重，对环境的珍惜等。这些普世价值可以成为不同背景人群之间沟通的桥梁。文化传承与创新是建构新型共同体意识的另一个重要方面。在全球化的背景下，如何保持文化特色又不至于陷入狭隘的民族主义，是一个需要慎重考虑的问题。我们应该鼓励对传统文化的创新性解读，让古老的智慧在现代语境中焕发新的生机，如为传统节日赋予新的内涵、用现代艺术形式诠释经典文化元素等。促进跨文化交流也是建构新型共同体意识的重要途径。在日益紧密的全球联系中，我们需要保持开放包容的心态，学会欣赏不同文化的独特魅力。这不仅能够拓宽我们的视野，而且能帮助我们更好地认识自己的文化。可以通过举办国际文化节、支持留学交流项目等方式促进这种跨文化理解。

在社会治理层面，我们需要创新模式，为民众提供更多的参与机会，如可以利用互联网平台收集民意，让政策制定更加贴近民众的需求；可以推广参与式预算等做法，让居民直接参与社区资源的分配决策。在贫富差距日益扩大的今天，如何减少社会分化、促进机会平等，是建构新型共同体的重要前提。这需要在政策制定、教育资源分配等方面做出努力，为每个人提供公平的发展机会。

建构新型共同体意识是一个长期而艰巨的任务，需要社会各界的共同努力，不仅需要自上而下的政策引导，更需要自下而上的民众参与。每个人都应该认识到自己在这个过程中的重要作用，通过平时的行动塑造和维护这种新型共同体意识。只有这样，我们才能在这个快速变化的世界中找到安身立命之所，创造一个更加和谐、包容的社会。

第三节　现代社会家庭共同体的再嵌入

每一个现代人都是"孤独者"，孤岛不在渺茫的海域，而就在社会之中。❶作为现代人，我们都渴望寻求"家园"，即使在家园里我们也感到孤独，在家仍有"不在家"的感觉。在传统社会中，个体通过感受社会伦理、宗法知识的规约，在稳定的社会生活中维持着个体的生存感觉，如儒家的礼乐规则将每个个体塑造成一个个标准化的个人。然而，在现代社会中，传统形式规约个体的感觉已经被消散抽离，个体的生活感觉逐渐变迁为个人私人领域的内心感受，这种感觉是个体性的、属己的，凭感觉来规约形式，很难再有普遍可能共通的确定性。❷但是，很多现代社会理论学者，包括涂尔干、齐美尔等人，都认为虽然社会高度分工、个体从传统中脱离，但人作为社会的基本单位，人的互动依然离不开与他人合作，而且个体越独立，个体就越依赖社会。总之，现代性的两重特征使人们既在摆脱集体束缚的道路上越走越远，又不得不更多地依赖

---

❶ 张国旺.孤独个体的共同生活：自然社会的"自然"与"社会"[J].社会，2016, 36（6）：32-54.
❷ 乌尔里希·贝克，伊丽莎白·贝克-格恩斯海姆.个体化[M].李荣山，等译.北京：北京大学出版社，2011：148.

他人，也越来越依赖社会。因此，个体只有重新嵌入社会，按照集体的需要发展，个体与社会才能更加高效地运作。

一、再嵌入家庭：中国社会的个体化模式

前文已经系统梳理了西方社会的个体化面貌，那么自1978年以来发生在中国社会的个体化面貌如何，中国社会的个体化图景与西方社会的个体化变迁是否呈现一致的特征，如果二者的特征不一致，那么中国社会的个体化逻辑又有哪些独特之处。带着这些疑问，加州大学人类学教授阎云翔于1989—1999年深入中国东北下岬村开始了对中国社会个体化进程的考察。

毫无疑问，贝克所说的西方现代工业逻辑也同样在中国社会中出现，而且这种将社会成员铸造成个体的速度远超乎人们的想象。贝克的个体化理论被称为"制度个体化"理论。贝克认为，个体必须通过"脱嵌—去传统—再嵌入"的路径才能成为一个现代意义上的个体。也就是说，贝克所说的"脱嵌"是指在第一现代性下从传统的共同体结构中解脱，从传统的义务和支撑关系中"脱嵌"出来。但是，贝克所说的关键点在于第二现代性下脱嵌，这一过程实际上是一种"再脱嵌"，也就是通过一系列的社会制度安排来保证社会全员实现个体化。这种一系列的社会制度展开来说有三个要点。

第一，国家福利制度是西方社会中的个体在"脱嵌"后再次嵌入的"新床位"。也就是说，这种基础性的保障制度是现代社会的核心制度，它包括公民权利、政治权利和社会权利，以及维系这些权利为个体配备的有薪工作、培训和流动，使在第一现代性下没有实现个体化的妇女和孩子在制度的保障下得以从对家庭和男性的物质依赖中脱离出来，从而实现所有社会成员的个体化。

第二，贝克所说的"再嵌入"有着明确的"自反性"特征。第二现代性又称自反性现代化，它使个体从传统中"脱嵌"出来后再次进入自由支配的劳动力市场，拥有貌似自由的"自己为自己负责"的人生。但是，"脱嵌"后的个

体在进入劳动市场后同时必须进入消费市场，通过从众消费来创造自己的生活，而这种生活又是极度标准化和缺乏个性化的，这与个体化的个性命题正好矛盾。因此，很多人感慨，现代人正处于一种充满矛盾和悖论的生活，一切坚固的东西都已经烟消云散。

第三，高度个体化后人们的生存方式发生了根本性的改变，个体在生产领域中变得更加灵活与分散化。这使得个体得以从社会身份、社会阶层等固化的结构中解放出来，教育、就业变成了现代个体最基本的生存方法。然而，也正是这一看似高度自由的个体化状态，在其内部却充满激烈的矛盾和悖论。一方面，个体被迫将大量的时间、精力投入教育与劳动力市场；另一方面，个体渴望过着高度自由的个性化生活，而这种个体不得不为自己而活的生存逻辑会让许多人处于短期失业与长期失业的焦虑中，人与人之间互相联系的纽带正是被"自己为自己负责"的逻辑消解，现代人将变得越来越孤独。

关于贝克所说的这三种个体化后果，阎云翔也在中国社会的个体化进程中看到了。他认为，中国个体化进程的去传统化（即"脱嵌"）的过程是非常迅速的，人们快速地摆脱地域、村庄、家庭、群体的限制，通过书写自己的人生创造属于自己的生活。中国的个体化进程实际上给个体更多的流动自由和选择权利，单独的个体努力成为社会需要的"自己为自己负责"的社会劳动者，但是基本的制度保障与支持没有及时跟进，无法提供足够的社会安全保障。因此，个体只能寻求可以依赖的其他路径，以期在遇到困境时有所依靠。关于中国社会关系网络的诸多研究发现，血缘、亲缘、地缘关系仍旧是个体在面临生活困境和社会问题时的重要支撑，可见中国的个体化进程中的再嵌入不是嵌入一个新的制度保障下的个体的社会，而是又回到"脱嵌"的地方，回到"脱嵌"出来的家庭和私人关系网络中寻求保障。[1]虽然中国个体化进程中的个人主义不够完善，但个体已经获得可以离开家庭的流动机会，同时家庭仍然是个

---

[1] 阎云翔.中国社会的个体化[M].上海：上海译文出版社，2012：343.

体自我身份认同的基础,因此中国的个体化似乎不太可能导致个体的孤独。

二、角色转换:个体化社会家庭共同体功能的重塑

在快速变迁的社会中,家庭这一基本单元正经历前所未有的变革,这一变革成为现代化进程中最为深刻而复杂的社会现象之一。现代化浪潮席卷全球,工业化、城市化和信息化飞速发展。在这一背景下,大家庭逐渐消失,核心家庭成为主流,而单亲家庭、丁克家庭等新型家庭形态也不断出现。这种变化不仅体现在家庭规模的缩小上,而且深刻地影响家庭内部的权力结构和角色分工。

个体化趋势在这一过程中发挥了关键作用。德国社会学家乌尔里希·贝克曾指出,个体化是现代性的核心特征之一。它使得个人从传统的社会约束中解放出来,获得更多的自主权和选择权。然而这种自由也伴随着更大的风险和不确定性。在家庭领域,个体化表现为家庭成员角色的多元化和流动化。父亲不再是唯一的经济支柱,母亲也不再局限于家庭主妇的角色。每个家庭成员都面临着多重角色的挑战和机遇。这种角色的转换、功能的重塑深刻地改变家庭的功能和意义。在传统家庭中,生育、抚养、教育等功能清晰明确。而在现代社会中,这些功能正被重新定义和分配。例如,家庭教育不再是单向的知识传授,而变成一种互动的、双向的学习过程。父母和子女在这个过程中都是学习者,也都是教育者。这种变化反映了家庭在适应现代社会需求时的灵活性和创造性。然而角色转换和功能重塑并非一帆风顺。在具有深厚的传统文化的中国社会中,个体化进程呈现独特的复杂性。一方面,年轻人渴望自我实现和独立自主;另一方面,传统的家庭观念和责任感仍然深植于心。

家庭共同体功能的重塑还体现在情感支持和价值观传承方面。在竞争激烈、压力巨大的现代社会中,家庭成为个人获得情感慰藉和心理支持的重要港

湾。同时，家庭也承担着传承文化和价值观的重要使命。在全球化的背景下，如何在开放包容的同时，保持文化认同，成为每个家庭面临的挑战。值得注意的是，家庭功能的重塑并非孤立的过程，它与社会的整体变迁密切相关，如社会福利制度的完善在某种程度上发挥家庭的部分功能，而教育体制改革也影响着家庭教育的方式和内容等。因此，理解家庭功能的重塑需要我们将视野扩展到更广阔的社会背景。

面对这些变化，社会各界正积极探索应对之策。一些地方开始尝试建立"校家社"协同育人机制，整合社会资源，为家庭教育提供支持。一些企业开始推行家庭友好政策，帮助员工平衡工作和家庭生活。这些举措既反映了社会对家庭功能重要性的认识，也体现了对家庭共同体功能重塑的积极响应。我们需要以更加开放和灵活的态度对待家庭关系，在保持家庭基本功能的同时，顺应社会的变迁。我们需要在法律、政策和社会实践中为多元化的家庭形态提供支持和保障，也需要在教育和文化传播中培养新一代对家庭责任和价值的认识。

因此，角色转换和家庭共同体功能的重塑是个体化社会的必然趋势，也是一个充满挑战和机遇的过程。它不仅关乎每个家庭的幸福，而且关乎整个社会的和谐与进步。在这个过程中，我们需要智慧和勇气、创新和包容，更需要对家庭这一人类基本的情感纽带保持敬畏和珍视。只有这样，我们才能在变革中守护家庭的温暖、在发展中传承人类的爱与责任。

三、"仁爱"实践：由亲亲扩展至仁人、爱物

爱是有层次的。儒家基本上将社会视为一个"同心圆"，从个人到家庭、家族、社会、国家，再到人类命运共同体，最终形成一个生命共同体。在这个框架下，"仁"要求人们推己及人、向外扩展，从私密的情感延伸到公共的关怀。仁爱是儒家思想的起点。孔子说："人而不仁，如礼何？人而不仁，如乐

何？"❶没有"仁爱"，礼乐等外在的制度都将因失去根本精神而变成一种形式。孟子将这种"仁爱"思想内化为一种人性，提出人皆有"四端"之心的说法，并认为这种"四端"之心就是人禽之间几希差别之所在。相对于孔子而言，孟子还从"仁爱"之心出发，建构一套爱的秩序观，这就是《孟子·尽心上》中所说的"君子之于物也，爱之而弗仁；于民也，仁之而弗亲。亲亲而仁民，仁民而爱物"❷。在物、民、亲人三者之间，其爱的情感强度呈现递增的趋势。对物只是一般的珍惜，对与自己没有血缘关系的普通百姓，只是以仁的态度对待，并给予必要的同类关爱，但对自己的亲人则以亲切的爱的情感对待。

"仁爱"观念有其现实性，博爱反倒不现实，等差的爱正是通过伦理的实践过程而逐渐向外扩展的。阮新邦曾提出，中西交往可以进行崭新的社会知识视阈融合，也就是将西方的知识理性与中国的德性智思融合起来进行社会实践。❸虽然阮新邦没有具体说明这种视阈融合到底该如何展开，但是他对西方理性精神与中国伦理实践的呼吁正好印证了康德思想与牟宗三思想在交往伦理上的共识。事实上，这种双重价值追求一直都处于紧张状态，如一个杀人犯能被原谅吗？显然，这与法律精神明显违背，法律协调的是集体的公共利益，保护多数人的安全。但是，在交往伦理中如果实行天地万物一体，那么仍然会出现理法与道德冲突或紧张的局面。社会秩序的达到，自霍布斯以来提出的方案就是通过契约和权威精神进行管理，只能在这种相对的程度上进行协调式管理。但是，儒家提出的爱有等差，强调个体道德、高度神圣化的个人，这种将公共的责任精神扩展至整个人类社会，是否可能存在一种历史的重演，也就是将礼乐这种制度化的设置放在可控制的范围内，如此才有可能将人类社会整体置于价值关怀下。也就是说，这种未来世界秩序的设计首先基于人与人的和谐

---

❶ 《论语·八佾（yì）》中，孔子说："一个人没有仁德，他怎么能实行礼呢？一个人没有仁德，他怎么能运用乐呢？"

❷ 朱熹.四书章句集注[M].北京：中华书局，1983：363.

❸ 阮新邦.迈向崭新的社会知识观[M].北京：北京大学出版社，2005：6.

关系，提倡将人与人之间的冲突关系转化为合作、竞争、包容的关系，而这种转化不仅依赖于理性计算，更需要讲究人与人之间的情感，也就是爱有等差，在亲亲、仁人、爱物中处理可沟通的伦理关系，将理性计算置于后台，转而追求情感伦理的伦理世界，并上升到人类整体命运的安排。

因此，这种天人合一理念的具体展开就是将儒家的孝、义、仁、忠、信等精神贯穿于实际生活，在冲突产生前通过仁爱秩序进行解决，在内在心性体验上进行心性转化，协调个体在社会互动过程中的方向。也就是说，将西方社会以目的理性为先导的社会秩序安排替换为以价值理性为逻辑的秩序安排，进而将其确定为制度，形成一套新文化结构，并在吉登斯的结构化理论中进行结构化再造。其关键之处在于通过爱的交往仁理，重新思考西方社会的知识理性，对价值理性行动与人伦秩序安排进行自我更新，从而形成一套新的结构，并在新结构中改变社会行动的方向与属性。

第六章 儒家"仁爱"沟通伦理的现代性价值

现代性是一个多元的概念。由于不同的历史背景和文化特征的差异,所以不同民族、国家走上不同样态的现代化道路。虽然现代性起源于西方,但是西方社会正在经历现代化带来的各种弊病。究其根源,产生现代弊病的根本原因在于西方现代社会建基于人的主体性运用理性建构各种表象体系上,从而使主体掌握权力以达到宰制其他民族与文化的目的。西方的主体性、表象性、理性、宰制性是西方现代性的基本特征,也正是这些特征使现代西方社会的危机愈发明显和强烈。

第一节 疏解现代社会的交往困境

在这个日新月异的现代社会中,我们正面临一个令人深思的悖论:科技的飞速进步使我们比以往任何时候都更紧密地联系在一起,然而我们常常感到前所未有的孤独和疏离。这种感觉不仅是个人情感上的困扰,而且是一个深刻的社会议题,反映了现代社会交往困境的核心。随着全球化进程的加速和人工智能技术的革新,我们的生活方式和交往模式经历了翻天覆地的变化。社交媒体与人机互动的创新发展让我们能够轻松地与世界各地的人保持联系,智能设备的普及使信息交流变得前所未有的便捷。然而,在这看似繁荣的数字社交时代,许多人感到内心的空虚和孤独感与日俱增。我们不禁要问：在如此"互联"的时代，为何人与人之间的真实连接反而变得如此稀缺？

这一现象的根源可以追溯到现代社会的个体化趋势。随着城市化的推进和经济的发展，传统的家庭结构和社区关系正逐渐丧失。人们从紧密的社会网络中脱离出来，成为独立的个体。这种独立性带来了前所未有的自由和机会，但也使人们失去了传统社会中那种稳定的归属感和安全感。正如社会学家格奥尔格·西美尔（Georg Simmel）所洞察到的，虽然现代社会中的个体不是敌人，但常常是彼此的陌生人。与此同时，工具理性的泛滥使人际交往日益功利化。在竞争激烈的现代社会中，人们常常将他人视为实现目标的工具，而忽视了交往本身的内在价值。这种功利主义的交往方式不仅无法满足人们内心深处对真诚关系的渴望，而且可能加剧社会的冷漠和不信任。更值得我们关注的是，虽然现代社会的多元化带来了丰富的文化交流，但也增加了交往的复杂性。不同背景、不同价值观的人们在交流中常常遇到障碍，甚至产生误解和冲突。如何在尊重差异的同时找到共同语言，成为现代社会交往中的一个挑战。

一、中西方社会秩序构建的差异

中西方社会秩序构建的差异是一个复杂而深刻的话题，它反映了两种文明在历史发展过程中形成的独特特征。中国传统社会秩序建立在儒家思想的基础上，强调"仁""礼"等价值观念，注重社会和谐与集体利益。早期中国社会通过交往解决秩序问题，形成了一种文化早熟的制度设计。这种秩序观念深深植根于中国的农耕文明和宗族社会结构，强调整体性、和谐性和循环往复的历史观。相比之下，西方社会秩序的构建更多依赖于逻各斯方法，即理性和逻辑思维。西方文化更强调个人主义、自由和权利，社会秩序的建立更多通过法律制度和契约精神来实现。西方社会较早进入工业化和现代化，形成了更为开放和流动的社会结构。中西方社会秩序构建的差异体现在多个方面，如思维方式、价值观念、社会结构、政府角色、法律体系等。中国强调道德教化和行政手段，西方社会更依赖制度设计和利益平衡。中国的现代化进程是传统与现代的融合，而西方社会的现代化更多的是对传统的革新。

（一）西方通过逻各斯方法设计社会秩序

要理解"西方通过逻各斯方法设计社会秩序"这一命题，我们需要从逻各斯的概念、西方思维方式的特点及西方社会秩序构建的历史进程等方面进行分析。逻各斯是古希腊哲学中的一个重要概念，意思是"言说""理性"或"规律"。在西方思想史上，逻各斯逐渐演化成一种理性思维和逻辑推理的方法，代表对宇宙秩序和人类社会规律的理性探索。这种思维方式强调通过理性分析、逻辑推理来认识世界，并试图建立一种基于理性的社会秩序。西方通过逻各斯方法设计社会秩序，体现在以下几个方面。首先，古希腊时期的哲学家们就开始通过理性思考来探讨理想的社会形态。柏拉图的《理想国》就是一个典型的例子，柏拉图试图通过理性构建一个完美的社会模型。亚里士多德则进一步发展了政治学理论，对不同的政体进行系统分析，为后世的政治制度设计奠定基础。其次，在罗马时期，逻各斯方法在法律体系的构建中得到了充分体现。罗马法以其严密的逻辑性和系统性著称，为后世西方法律体系的发展提供范本。罗马法学家通过理性分析和逻辑推理，将复杂的社会关系纳入一个统一的法律框架，为社会秩序的维护提供制度保障。进入中世纪的经院哲学时期，托马斯·阿奎那等试图通过理性论证来证明"爱的秩序"的合理性，这种做法本质上仍是逻各斯方法的运用。文艺复兴和启蒙运动标志着逻各斯方法在社会秩序设计中的全面复兴。启蒙思想家强调理性的力量，批判传统权威，提出诸如社会契约论、三权分立等理论，为现代政体的建立提供理论基础。这一时期，理性主义成为主导思潮，人们相信通过理性的力量可以重新设计和改造社会。近现代西方社会的发展更是充分体现了逻各斯方法在社会秩序设计中的作用。从法国大革命到美国独立战争，再到各国宪政制度的建立，都体现了理性设计的痕迹。现代西方社会的政治制度、法律体系、市场经济等，都可被看作逻各斯方法在社会秩序构建中的具体应用。

然而，我们也需要认识到，西方通过逻各斯方法设计社会秩序并非没有局限性，过分强调理性可能导致对人性的复杂性和社会现实的多样性的忽视。20世纪以来，西方思想界对纯粹理性主义的反思及对非理性因素的重新认识都反映了这一点。此外，西方社会秩序的构建过程也并非完全是理性设计的结果，历史传统、文化习俗、信仰等非理性因素同样在其中发挥了重要作用。因此，我们在理解"西方通过逻各斯方法设计社会秩序"这一命题时，需要辩证地看待理性与非理性、设计与自发演化之间的关系。总的来说，西方通过逻各斯方法设计社会秩序反映了西方文明重视理性、强调逻辑的特点。这种方法在西方社会的政治、法律、经济等领域的制度设计中得到了广泛应用，塑造了现代西方社会的基本面貌。同时，我们也要认识到社会秩序的形成是一个复杂的过程，理性设计只是其中的一个方面。在全球化的今天，理解西方社会秩序构建的特点对我们思考不同文明之间的交流与融合及探索适合我国国情的发展道路，都具有重要的启示意义。

（二）中国早期儒家通过交往解决社会秩序问题

理解"中国早期儒家通过交往解决社会秩序问题"这一命题，我们需要从早期儒家思想的核心理念、社会背景及其对社会秩序的构建方式等方面进行分析。儒家思想起源于春秋、战国时期，当时中国社会正处于巨大的变革之中。周王朝的统治秩序崩塌，诸侯争霸，社会动荡不安。在这样的背景下，孔子等儒家先贤开始思考如何重建社会秩序、维护社会稳定。他们的解决方案不是通过强制性的法律或暴力，而是通过重建人与人之间的关系，即通过交往来解决社会秩序问题。

早期儒家认为，社会秩序的基础是人伦关系的和谐，提出"五伦"的概念，即父子有亲、君臣有义、夫妇有别、长幼有序、朋友有信，这五种关系构成社会的基本结构。如果每个人都能在这些关系中恰当地承担自己的角色和义务，社会就能保持和谐稳定。这种思想体现了儒家通过规范人际交往来构建社会秩序的核心理念。在具体实践中，儒家强调"礼"的作用，"礼"不仅是一种外在的行为规范，更是一种内化的道德准则。通过礼的实践，人们在日常交往中能够恰当地表达尊重、关爱和信任，从而维系和谐的人际关系。孔子说："不学礼，无以立。"这句话强调礼在个人修养和社会秩序中的重要性。儒家还特别重视教育在维护社会秩序中的作用，认为通过教育可以培养人们的道德品质，使人们明白如何在社会中与他人和谐相处。孔子的"有教无类"思想倡导教育的普及，而"修身、齐家、治国、平天下"的理念则体现个人修养与社会秩序之间的密切联系。同时，理想的社会秩序应该建立在"仁"的基础之上。"仁"是儒家思想的核心，强调人与人之间的相互关爱和理解。孔子说："己所不欲，勿施于人。"这种推己及人的态度正是通过交往来维护社会和谐的具体体现。儒家思想还强调"德治"，而非"法治"。他们认为，通过道德教化和自我修养，人们可以自觉地遵守社会规范，而不需要严格的法律约束。这种思想反映了儒家对人性本善的基本判断，也体现了他们通过改善人际交往来解决社会问题的基本立场。

值得注意的是，儒家这种通过交往解决社会秩序问题的方法与西方社会契约论等理论有着本质的区别。儒家更强调自然形成的人伦关系，而非人为制定的契约。这种方法植根于中国传统农业社会的土壤，强调家庭和社会的有机联系，而非个人与国家的二元对立。儒家的这种思想对中国社会产生了深远的影响。它塑造了中国人的价值观和行为方式，成为维持中国社会秩序的重要力量。即使在今天，儒家思想中关于人际交往和社会和谐的理念仍然在社会中发挥着重要作用。然而，我们也需要认识到，儒家这种通过交往解决社会秩序问题的方法也有局限性。在现代社会复杂的环境中，仅依靠道德教化和人际交往可能无法有效解决所有的社会问题。此外，过分强调等级秩序和角色义务，可能会限制个人的自由发展和创新精神。总的来说，"中国早期儒家通过交往解决社会秩序问题"这一命题反映了儒家思想对社会秩序的独特理解和构建方式，它强调通过规范人际关系培养道德品质、实践礼仪规范及推广教育等方式来维护社会和谐。这种方法深深植根于中国传统文化，对中国社会的发展产生了深远的影响。在如今全球化的背景下，理解和借鉴这种思想对我们思考现代社会的秩序构建和文明对话都具有重要的启示意义。

（三）中国社会所面临的现代性挑战

中国社会面临现代性挑战的过程可以追溯到19世纪中叶。鸦片战争后，中国被迫打开国门，开启了艰难的现代化进程。在这个过程中，中国社会经历从"器物层面"的学习到"制度层面"的变革，再到"文化层面"的反思。这个过程充满了矛盾和冲突，传统与现代、本土与西方、保守与革新的力量不断碰撞，形成了复杂的社会景观。20世纪以来，中国社会加速了现代化的步伐。从辛亥革命到中华人民共和国成立，再到改革开放，中国社会经历了翻天覆地的变化。然而这种变化并非简单的线性发展，而是在传统与现代之间不断摇摆和调适的过程。一方面，中国积极吸收现代文明的成果，推动工业化、城市化和市场化；另一方面，中国也在努力保持自己的文化传统和价值观念，寻找一条符合国情的发展道路。

在这个过程中，中国社会面临着诸多挑战。首先是经济发展模式的转型。从计划经济到市场经济，中国需要在保持经济高速增长的同时，解决发展不平衡、环境污染等问题。其次是社会结构的变迁。随着城市化的推进，大量农村人口涌入城市，带来社会流动性增加和社会关系重构的挑战。最后是文化价值观的调适。在全球化的背景下，如何在吸收西方文化精华的同时保持中华文化的主体性成为一个重要课题。更深层的挑战来自现代性本身的矛盾。虽然现代性带来了前所未有的发展机遇，但也产生诸如环境破坏、贫富差距扩大、社会原子化等问题。这些问题不仅是中国面临的挑战，而且是全球面对的难题。在这个意义上，中国的现代性挑战既有其特殊性，又具有普遍意义。面对这些挑战，我国提出了中国特色社会主义现代化的发展道路。这一道路试图在现代化的普遍性和中国特色的特殊性之间寻求平衡，既吸收现代文明的优秀成果，又立足于中国的具体国情。在这个过程中，中国既要打破传统社会的循环往复模式，实现社会的根本转型，又要在变革中保持社会的稳定。

二、现代性转型对中国传统社会结构的影响

现代性作为一股强大的历史潮流，自19世纪中叶开始冲击中国的传统社会。从鸦片战争到改革开放，中国社会经历了从被动应对到主动拥抱现代化的转变。在这个过程中，传统的农业社会逐步向工业化、城市化社会转型，从计划经济转向市场经济，封闭的乡土社会逐渐开放，形成了新的社会阶层结构。在这场巨变中，中国传统社会的基本单元——家庭的结构也发生了根本性的变化。大家庭制度逐渐瓦解，核心家庭成为主流。同时，传统的宗族关系和乡土网络被打破，人们的社会关系变得更加复杂和多元。城市化进程加速了这种变化，大量农村人口涌入城市，形成了新的社会群体和文化景观。然而现代性转型并非一蹴而就，也不是简单的西化过程。中国在吸收现代文明成果的同时，也在努力保持自己的文化传统和价值观念。这种传统与现代的碰撞和融合造就了中国特色的现代化道路。在这个过程中，我们既看到传统文化顽强的生命力，又见证新的社会形态和价值观的形成。面对现代性的挑战，中国社会正在经历一场深刻的转型。这种转型不仅涉及经济结构和社会组织，而且触及人们的思维方式和生活方式。理解这一过程，对我们把握中国社会的发展方向、应对未来的挑战都具有重要的意义。

（一）传统家庭结构的瓦解

中国传统的家庭结构是以大家庭制度为核心的。在这种结构中，多代同堂

是常态，家庭不仅是血缘关系的纽带，而且是社会组织的基本单位。家族长辈拥有至高无上的权威，家庭成员之间的关系由严格的伦理规范约束。这种家庭结构在中国延续了数千年，成为维持社会稳定的重要力量。然而随着现代化进程的推进，这种传统的家庭结构开始面临前所未有的挑战。

首先，工业化和城市化的发展导致大量农村人口向城市迁移。这种人口流动打破了原有的地域性家庭网络，使大家庭难以维系。年轻人离开家乡到城市工作，不仅在地理上远离了原生家庭，而且在生活方式和价值观念上与老一辈产生差异。其次，市场经济的发展改变了家庭的经济功能。在传统农业社会中，家庭是生产和消费的基本单位，家庭成员之间有着紧密的经济联系。在现代社会中，个人的经济独立性增强，家庭不再是主要的生产单位。这种经济基础的变化直接影响家庭结构的稳定性。教育的普及和女性地位的提高也是导致传统家庭结构瓦解的重要因素。随着教育水平的提高，人们的思想观念发生变化，对个人自由和自我实现的追求更多。特别是女性受教育程度的提高和经济独立性的增强，使她们不再满足于传统家庭中的从属地位，开始追求平等的家庭关系和社会地位。

现代新媒体技术和生活方式的变化也在重塑家庭关系。虽然科技的发展使身处异地的家庭成员之间的联系变得更加快捷，但也在某种程度上减少面对面交流的亲密感。虽然社交媒体和网络文化的兴起为人们提供新的社交方式，但也可能导致家庭成员之间的疏离。值得注意的是，传统家庭结构的瓦解并不意味着家庭观念的完全消失。相反，在面对现代社会的压力和挑战时，人们可能更加珍视家庭的情感支持功能。虽然核心家庭在规模上缩小，但在情感联系上可能更加紧密。同时，新的家庭形态也在不断出现，如丁克家庭、单亲家庭、重组家庭等，反映了人们对家庭生活的多元化需求。传统家庭结构的瓦解也带来一系列社会问题。例如，老年人的照料问题变得更加突出，社会需要建立新的养老体系来应对人口老龄化的挑战；独生子女家庭面临着独特的教育和心理问题，需要社会各界的关注和支持。

然而，我们也应该看到，传统家庭结构的瓦解是社会进步的必然结果，它为个人的自由发展创造了更大空间。在新的社会环境中，家庭关系正向更加平等的方向发展。家庭成员之间的交流更加开放，情感表达更直接，这些都是积极的变化。面对这种变化，政府和社会各界正采取多种措施来应对，如完善社会保障体系、建立社区养老服务网络、提供家庭教育指导等。这些措施旨在弥补传统家庭功能的不足，为家庭发展提供新的支持。

（二）城市化与现代性转型的关系

城市化与现代性转型之间存在着密切而复杂的关系。城市化不仅是现代性转型的重要表现，而且是推动现代性转型的关键动力，现代性转型又反过来深刻影响着城市化的进程和特征。

首先，城市化是现代性转型的重要表现。现代性转型意味着社会从传统农业社会向现代工业社会的转变，而这一过程必然伴随着人口从农村向城市的大规模迁移。随着工业化的推进，大量劳动力从农业部门转移到工业和服务业部门，城市成为经济活动的中心和人口聚集的场所。城市人口比例的不断提高及城市规模的不断扩大都是现代性转型的直接体现。其次，城市化是推动现代性转型的关键动力。城市作为现代文明的载体，为现代性转型提供了重要的物质和文化基础。城市的集聚效应促进生产要素的优化配置，推动技术创新和产业升级，从而加速经济的现代化进程。同时，城市也是新思想、新观念传播的中心，城市生活方式的扩散推动社会观念和行为方式的现代化转变。城市化过程中形成的新型社会关系和组织方式为现代社会制度的建立奠定基础。然而城市化与现代性转型的关系并非简单的线性关系，而是一个相互影响、相互塑造的复杂过程。现代性转型也在不断重塑城市化的特征和路径，如信息技术的发展改变了传统的产业布局和空间结构，推动城市形态的多元化发展；全球化进程加强城市之间的联系，促进城市网络的形成，使城市化呈现出新的空间特征等。

在中国，城市化与现代性转型的关系更加复杂。中国的城市化进程具有鲜明的"中国特色"。一方面，中国的城市化速度快、规模大，在短短几十年中完成了西方国家上百年的城市化进程。这种快速城市化为中国的现代性转型提供强大动力，推动经济的高速增长和社会的深刻变革。另一方面，中国的城市化也面临诸多挑战，如城乡二元结构、社会不平等、环境污染等，这些都是中国现代性转型过程中需要解决的重要课题。

随着中国进入新的发展阶段，城市化与现代性转型的关系也在发生新的变化。新型城镇化战略的提出，强调以人为核心的城镇化道路，注重城市化质量而非单纯的数量增长。这反映中国在现代性转型过程中对城市化内涵的重新认识，体现了对可持续发展、生态文明等现代价值理念的追求。同时，数字技术的发展正在重塑城市形态和功能。智慧城市、数字城市等概念的出现预示着城市化与现代性转型的关系正进入一个新的阶段。信息化、智能化正成为衡量城市现代性的新标准，这也为城市化提供了新的发展方向。总的来说，城市化与现代性转型是一个相互促进、相互塑造的动态过程。城市化为现代性转型提供物质基础和文化土壤，而现代性转型又不断推动城市化向更高层次发展。

（三）全球化背景下中国面临的现代性困境

全球化背景下中国面临的现代性困境涉及历史、文化、经济和政治等多个维度的分析。这一话题不仅反映了中国在现代化进程中面临的挑战，而且体现了全球化背景下不同文明之间的碰撞与融合。首先，我们需要认识到，中国的现代化进程是在特殊的历史背景下展开的。与西方国家通过内生性发展实现现代化不同，中国的现代化在很大程度上是对外部压力的回应。从鸦片战争后，中国开始了艰难的现代化进程。这种被动的现代化起点使中国在追求现代性的过程中始终面临着如何处理传统与现代、本土与西方的关系这一核心问题。

全球化作为一种源自西方的现代性力量，带来工业化、城市化、理性化和个体化等一系列深刻变革。这些变革不仅改变了社会的物质基础，而且重塑人们的思维方式和价值观念。然而全球化也带来文化同质化的压力，威胁中国传统文化的延续。如何在全球化浪潮中保持文化自信，同时吸取全球文明的精华，成为中国面临的重要挑战。

从经济层面来看，全球化为中国带来了更大的发展机遇，但同时也带来了新的风险和挑战。中国通过融入全球经济体系实现快速的经济增长，成为世界第二大经济体。然而这种增长模式也带来了环境污染、贫富差距扩大等问题。如何在保持经济增长的同时实现可持续发展、如何在全球化背景下构建新型国际关系，都是中国需要面对的现代性困境。在政治层面上，全球化向传统的国家主权概念提出挑战。一方面，全球化促进国际交流与合作；另一方面，全球化带来跨国问题和全球治理的需求。对中国来说，如何在维护国家主权的同时积极参与全球治理，如何在坚持中国特色社会主义道路的同时适应全球化的要求，都是需要慎重考虑的问题。此外，文化层面的现代性困境可能是更为复杂和深刻的。全球化带来的西方文化冲击使中国传统文化面临前所未有的挑战。如何在现代化过程中传承和创新中华文化、如何在全球文化交流中增强文化自信和文化影响力，成为中国文化建设的重要课题。

面对这些困境，我国提出中国特色社会主义现代化的发展道路。这一道路试图在现代化的普遍性和中国特色的特殊性之间寻求平衡，既吸收现代文明的优秀成果，又立足于中国的具体国情。学者程美东指出，中国式现代化既具有各国现代化的共同特征，又具有基于中国国情的中国特色。在实践中，中国通过创新市场活动监管方式、深入推进公平竞争政策实施、加强反垄断和反不正当竞争，试图在发挥资本积极作用的同时防止资本无序扩张。在文化建设方面，中国一边积极推动传统文化创造性转化和创新性发展，一边努力提升文化软实力，讲好中国故事。然而我们也需要认识到，现代性困境的解决不可能一蹴而就。正如哈贝马斯所言，现代性是一个未完成的项目。对中国来说，现代化进程中的矛盾和问题恰恰为进一步深化改革、推动创新提供动力。

总的来说，全球化背景下中国面临的现代性困境反映了在追求现代化过程中面临的复杂挑战。这些困境既有普遍性，又有中国特色。解决这些困境需要我们在全球视野下思考中国问题、在历史维度中把握现实挑战、在理论创新中指导实践探索。只有这样，我们才能在全球化的浪潮中走出一条具有中国特色的现代化道路，为人类文明的多样化发展做出贡献。

三、儒家思想在现代社会中的变迁

儒家思想作为中国传统文化的核心，在现代社会中经历了复杂的变迁过程。这一变迁既反映了中国社会的深刻变革，又体现了儒学自身的调适与创新。随着现代化进程的深入，人们开始重新审视传统文化的价值。以梁漱溟、熊十力为代表的现代新儒家试图在现代性与传统之间寻求平衡，为儒学注入新的生命力。在全球化背景下，儒家思想面临着更复杂的挑战与机遇。一方面，西方现代性思潮的冲击迫使儒学不断调整。另一方面，儒家所蕴含的和谐、仁爱等理念也为解决现代社会问题提供独特视角。正如杜维明所言，儒学可被称为"第三期儒学"，在全球对话中贡献中国智慧。当代中国的崛起为儒家思想提供了新的土壤，当前学界对儒学的研究热潮及民间的儒学复兴运动共同构成儒家思想在现代社会中变迁的复杂图景。儒家思想在现代社会中的变迁是一个动态的、多维度的过程。它既体现传统与现代的张力，又展现文化传承与创新的可能性。理解这一变迁，不仅有助于我们把握中国文化的发展脉络，而且为探讨文明交流与对话提供重要视角。

（一）"礼"的历史变形与误解

"礼"的起源可以追溯到远古时期，最初"礼"主要指祭祀活动中的仪式和规范。《说文解字》中将"礼"解释为"履也,所以事神致福也"。这表明礼最初是一种行为规范,用于沟通人与神灵。随着社会的发展,礼的内涵逐渐丰富,开始涵盖社会生活的方方面面。

孔子对礼进行系统的阐释和发展,将其上升为一种道德哲学和社会规范。在儒家思想中,礼不仅是外在的仪式,而是内在的道德修养。孔子强调"克己复礼为仁",将礼与仁紧密联系在一起。这种对礼的理解使其成为维持社会秩序、规范人际关系的重要工具。然而随着时间的推移,礼的内涵开始发生变化。在汉代,礼被纳入国家统治体系,成为维护等级秩序的工具。董仲舒提出的"三纲五常"将礼制度化、政治化,使其成为维护封建统治的意识形态。这种变化使礼逐渐失去原有的道德内涵,变成一种僵化的形式主义。到宋明理学时期,礼被赋予新的内涵。理学家将"礼"与"理"联系起来,认为礼是"天理"在人间的体现。这种理解虽然在某种程度上恢复礼的道德性质,但也使礼变得更加抽象和玄远,脱离现实生活。

要正确理解礼,我们需要回到其本质。正如学者杜维明所指出的,礼的核心在于"人文化成"。礼不仅是外在的规范,而且是内在的修养,它强调人与人之间的相互尊重和理解,旨在建立一个和谐的社会秩序。同时,我们也要认识到礼的动态性。礼应该随着社会的发展不断调整和完善,正如荀子所说的"礼者,治辨之极也,强国之本也,威行之道也,功名之总也"。礼应该是促进社会发展、维护社会秩序的积极力量。在现代社会,我们需要重新诠释"礼"的内涵。一方面,我们要继承礼中的优秀传统,如尊老爱幼、诚信友善等;另一方面,我们要结合时代特征,赋予礼新的内容,如平等、法治等现代价值。

(二)传统礼法对社会变迁的限制

礼法作为中国传统社会的核心规范体系,在维护社会秩序、规范人际关系方面发挥了重要作用。然而正是这种强大的社会控制功能,也在一定程度上限制社会的变迁和发展。

首先,从礼法的本质来看,它是一种以维护等级秩序为核心的规范体系。儒家思想强调"君君、臣臣、父父、子子",通过明确每个人的身份和角色来维护社会的稳定。这种严格的等级制度虽然有助于社会秩序的维护,但也限制社会的流动性和个人发展的可能性。正如学者蒋传光所指出的"礼具有法的性质,而且成为中国古代社会维护社会秩序的主要规范",这种规范不仅规定人们的行为,而且深入思想观念层面,形成一种难以突破的思维定式。

其次,从礼法的功能来看,它不仅是一种行为规范,而且是一种价值观念和世界观的体现。儒家强调的"仁义礼智信"等价值观念通过礼法的形式深深植入人们的思想。这种价值观虽然有其积极的一面,但在某种程度上限制人们的创新思维和批判精神。正如杜维明所说,儒家的"仁、义、礼、智、信"是儒家贡献给人类的共同价值,但这些价值观如果被过分强调和固化,就可能成为阻碍社会变革的因素。

此外,礼法对社会变迁的限制还体现在其对个人行为的严格规范上。传统礼法对人们的日常生活、人际交往等方面都有详细的规定,这种"礼不可废"的观念虽然有助于维护社会的稳定,但也在一定程度上限制个人的创造性和自主性。有的学者指出:"礼规是确立人们身份、地位的等级制度,是制约人性、调控行为的规则和规范。"然而我们也需要认识到,礼法对社会变迁的限制并非绝对。在中国历史上,礼法也在不断地调适和变化,如从"礼法异用"到"礼法融合",再到"礼衰法胜",礼法关系本身经历了一个变迁的过程。这说明礼法虽然有其保守性,但也有一定的弹性和适应性。此外,我们还需要注意到,礼法可能起到促进社会发展的作用,如儒家强调的"修身、齐家、治国、平天下"的理念在一定程度上促进社会的进步和文明的发展。

总的来说,传统礼法对社会变迁的限制反映了中国传统社会中规范与变革、稳定与发展之间的复杂关系。这也提醒我们,在推动社会变革的过程中,既要认识到传统文化的价值，又要警惕其可能带来的局限性。正如萧放所言："只有礼法并重，礼法融合，从内、外两方面加强对人的教育的约束，才能实现社会稳定，国家繁荣。"[1]在当代社会，我们需要在继承传统文化精华的同时，要与时俱进、不断创新。我们应该在保持社会稳定和促进社会发展之间寻求平衡，在尊重传统和推动变革之间找到契合点。只有这样，我们才能真正实现社会的健康发展和文明的持续进步。

（三）新时代背景下儒家思想的变化

儒家思想作为中华文化的核心，在中国社会发展中一直发挥着重要作用。改革开放以来，随着中国社会的深刻变革，儒家思想经历了一个重新审视和创新发展的过程。在新时代，这种变化更加明显和深刻。理解新时代背景下儒家思想的新变化，需要我们从历史、文化和社会发展等多个维度进行分析。

首先，儒家思想的新变化体现在其与社会主义核心价值观的融合上。习近平总书记多次强调中华优秀传统文化的重要性，并指出要推动中华优秀传统文化创造性转化、创新性发展。这为儒家思想在新时代的发展指出了方向。儒家强调的"仁、义、礼、智、信"等价值观念，与社会主义核心价值观中的"爱国、敬业、诚信、友善"等具有内在的一致性。在新时代，儒家思想正以一种更加现代化的方式融入社会主义核心价值体系。其次，儒家思想在新时代的变化还体现在其对现代社会问题的回应上。面对全球化、信息化带来的挑战，儒家思想可提供中国智慧，如儒家强调的"和而不同"理念在处理文化多样性和文明冲突问题上显示出独特价值；儒家的"天人合一"思想在应对生态环境危机时具有重要启示等。这些传统思想在新时代获得了新的解读和应用。再次，儒家思想在新时代的变化还体现在其与现代科技的结合上。随着互联网技术的

---

[1] 萧放.传统礼仪文化与当代中国礼仪实践[J].月读，2022（4）：44-49.

发展，儒家思想的传播方式和影响范围都发生了巨大的变化，如网络上出现大量传播儒家文化的平台和社群，使儒家思想以更现代化、大众化的方式影响人们的生活。同时，儒家思想也积极应对人工智能、基因技术等新兴科技带来的伦理挑战。

此外，儒家思想在新时代的变化还体现在其与国家治理的关系上。习近平总书记提出的"国家治理体系和治理能力现代化"理念，为儒家思想在现代国家治理中发挥作用提供了新的空间。儒家强调的"以德治国""民本"等思想正以新的方式融入现代国家治理实践。

从理论层面来看，新时代儒家思想的变化可以用"创造性转化"和"创新性发展"来概括。这种变化不是对传统的简单传承，而是在现代语境下的重新诠释和创新应用。正如杜维明所指出的，当代新儒家应该是"第三期儒学"，即在全球化背景下，儒家思想应该以开放、包容的姿态与其他文明对话，为解决人类共同面临的问题贡献中国智慧。

在实践层面上，新时代儒家思想的变化主要体现在以下方面。首先，在教育领域，儒家思想正以新的方式融入学校教育和社会教育，如很多地方开始在中小学推广国学教育、一些高校设立国学院或儒学研究院等。这些举措旨在培养学生的文化自信和民族认同感。其次，在社会治理领域，儒家思想为构建和谐社会提供思想资源，如一些地方在基层治理中引入"乡贤文化"，借鉴儒家的"礼治"思想，推动社会自治等。再次，在文化产业领域，儒家思想是文化创意的重要源泉。从影视作品到文创产品，儒家元素的运用正成为一种流行趋势。这不仅有助于传统文化的传播，而且为文化产业的发展提供新的动力。最后，在国际交流领域，儒家思想是中国文化软实力的重要组成部分。中国通过儒家思想向世界展示一种不同于西方的价值观和世界观。

因此，新时代以来儒家思想的变化既是对传统的继承，又是对现代性的回应。它体现了中国在现代化进程中对自身文化传统的重新审视和创新发展。这种变化不是简单的复古，而是在全球化背景下对中华文化精髓的现代诠释和创新应用。它为中国特色社会主义文化建设提供了重要的思想资源，也为人类文明的多样化发展贡献了中国智慧。

四、儒家仁爱沟通伦理的现代价值

儒家仁爱沟通伦理作为中国传统文化的精髓，在现代社会中仍具有深远的意义。这一理念强调以爱为本、推己及人，为如今复杂的人际关系和跨文化交流提供重要的道德指引。儒家思想中个人修养与社会责任的统一观，为现代公民意识的培养提供思想基础；和谐共生、天人合一的理念对解决当前环境危机也有重要启示。要理解儒家仁爱沟通伦理的现代价值，不能简单地照搬古代思想，而要在继承中创新。我们应当结合现代社会的实际，对这一传统思想进行创造性转化。这意味着我们需要在全球化、信息化的背景下重新诠释儒家仁爱思想，使其能够应对现代社会的挑战，如文化冲突、社会分化、生态危机等。通过这种创新性的诠释和应用，儒家仁爱沟通伦理可能会为构建和谐的社会关系、促进跨文化理解、培养社会责任感、推动可持续发展等方面做出重要贡献。这不仅有助于中国传统文化的传承和发展，而且为解决全球性问题提供中国智慧。

（一）儒家思想在解决现代交往困境上的潜力

儒家思想对解决现代交往困境具有极大的潜力和价值。我们可以从以下几个方面来理解。

一是儒家思想强调"和谐"的价值理念。在社会交往中，儒家主张"和而不同"，即在保持差异的基础上追求和谐。这种理念对化解现代社会中由于文化差异、价值观冲突等导致的交往困境具有重要启示。它提醒我们，在交往中既要尊重差异，又要寻求共识，通过对话和理解来消除隔阂，实现和谐共处，如儒家强调包容性思维，认为"君子和而不同，小人同而不和"，这种包容差异的态度有助于化解文化冲突，促进多元共存；在思维方式上，儒家主张"执两用中"的中庸之道，在对立中寻求平衡，这种辩证思维可以帮助我们在复杂的现代社会中找到共同点；在社会互动过程中，儒家认为"礼之用，和为贵"，这种追求和谐的价值观可以缓解现代社会中的对抗情绪。

二是儒家的"仁爱"思想为现代交往提供道德基础。"仁者爱人"是儒家的核心理念，它强调对他人的关爱和同理心。在现代社会中，人际关系的疏离和冷漠是一个普遍问题。儒家的仁爱思想可以帮助我们重建人与人之间的情感联系，培养同理心和社会责任感，从而提高人际交往的质量。例如，儒家强调将心比心式的推己及人方法，设身处地地为他人着想，这种同理心是良好人际关系的基础。又如，儒家主张爱人及物、关怀他人和自然，这种博爱精神可以增加社会凝聚力。此外，儒家提倡"己所不欲，勿施于人"，这种换位思考有助于减少人际冲突。

三是儒家的"礼"文化对规范现代交往行为具有重要意义。虽然传统的礼制已不适用于现代社会，但其中蕴含的尊重、谦逊、适度等价值观念仍然值得借鉴。在当今社会，由于缺乏共同的行为规范，在人际交往中人们常常出现冲突和误解。儒家的礼文化可以为我们提供一种交往的基本准则，有助于建立更加和谐的人际关系。

四是儒家的"中庸"思想为处理复杂的人际关系提供智慧。中庸思想强调平衡和适度，在矛盾中寻求平衡点，避免非此即彼的极端思维，同时根据具体情况灵活应对，不拘泥于固定模式，尤其注重自我修养，在日常生活中践行道德准则。这在处理现代社会中复杂的人际关系时尤为重要。它告诉我们在交往中要避免极端、寻求平衡。这对化解冲突、维护关系具有重要价值。

五是儒家的"修身"理念对个人交往能力的提升具有指导意义。儒家强调通过自我修养来完善人格，经常反思自己的言行，不断完善自己，保持真诚的态度，建立互信关系，提高道德水平，同时持续学习和实践，学习交往技能和智慧。这种自我完善的理念对提升个人的交往能力,培养良好的交往品格具有重要作用。

然而,我们也要认识到,直接将古代儒家思想应用于现代社会是不现实的,需要对儒家思想进行创造性转化,使其适应现代社会的需求,如在强调和谐的同时,也尊重个体的独立性和多样性;在提倡仁爱的同时,也建立公平合理的社会制度;在重视礼仪的同时,也要保护个人隐私和自由等。

总的来说,虽然儒家思想对解决现代交往困境具有极大的潜力,但我们需要以开放和创新的态度理解、运用这些古老的智慧,应该在继承传统的基础上,结合现代社会的实际,对儒家思想进行创造性转化,使其能够更好地满足现代社会的需求。这不仅有助于改善人际关系、促进社会和谐,而且能为全球化时代的文化交流贡献中国智慧。

(二)仁爱沟通伦理的知识体系

仁爱沟通伦理的知识体系是一个融合传统智慧和现代理论的综合框架。它以"仁爱"为核心,包含同理心、推己及人、修身、礼、中庸等重要概念。这个体系不仅为我们提供沟通的道德基础,而且为沟通实践提供具体指导。理解仁爱沟通伦理的知识体系需要从儒家思想的核心理念出发,结合现代伦理学和沟通理论,构建一个既有传统智慧又符合现代需求的知识框架。

"仁爱"是儒家思想的核心。孔子认为"仁者爱人",这种爱不仅限于家人,还要推己及人,扩展到整个社会。"仁"的本质是对他人的关怀和同理心。这与现代沟通理论所强调的同理心和换位思考不谋而合。在沟通中,能够站在对方的角度思考问题,理解对方的感受,是有效沟通的基础。新儒家学者牟宗三、徐复观等人对"仁"的概念进行现代诠释,强调"仁"不仅是一种道德情感,而且是一种普遍的人性。在沟通伦理中,这种普遍的人性关怀为我们提供一个重要的出发点。

在仁爱沟通伦理的知识体系中,"孝"占有重要地位。儒家的仁爱思想强调"孝悌与博爱"。新儒家学者杜维明强调,"孝"不仅是一种家庭伦理,而且是一种社会伦理。孝悌是仁的起点,从家庭关系开始逐步扩展到社会关系。在现代社会中,我们可以将"孝"扩展为对他人、社会的责任感。在沟通中,这种责任感体现为对交流对象的尊重和关怀。这种由近及远的爱的扩展为我们构建人际关系网络提供一个重要的思路。在现代社会中,我们可以将这种思想运用于组织管理和社会治理,从小团体的和谐开始,逐步实现整个社会的和谐。

仁爱沟通伦理还强调"推己及人"的原则。孔子所说的"己所不欲,勿施于人"是一种换位思考的方法,也是现代沟通中非常重要的技巧。梁漱溟将这一原则与现代思想结合,强调在社会交往中要尊重每个人的平等权利。在沟通伦理中,这意味着我们需要在交流过程中始终考虑对方的感受和需求,建立平等互利的关系。在沟通过程中,如果能够始终考虑到对方的感受和需求,就能够避免许多不必要的冲突和误解。

在实践层面,儒家强调"修身"的重要性。孔子认为,治世首先要"治心",个人的道德修养是实现社会和谐的基础。熊十力将修身与现代教育理念结合,强调个人道德修养对社会发展的重要性。在沟通伦理中,良好的沟通不仅需要技巧,而且需要沟通者具有良好的品格和修养。只有内心充满仁爱,才能在沟通中真诚地关心他人、建立信任关系。这种思想在现代沟通伦理中仍然具有重要意义。

仁爱沟通伦理的知识体系还包括"礼"的概念。唐君毅强调,"礼"的精神实质是对人的尊重和对社会秩序的维护。虽然传统的礼制已不适用于现代社会,但其中蕴含的尊重、谦逊、适度等观点仍然值得借鉴。在现代沟通中,我们可以将"礼"理解为一种尊重他人、维护他人尊严的态度。这种态度可以帮助我们在沟通中营造良好的氛围,减少冲突和误解。

此外,儒家的"中庸"思想也是仁爱沟通伦理知识体系的重要组成部分。冯友兰将中庸思想与现代辩证法结合,强调在复杂的社会关系中寻求平衡和适度，这在处理复杂的人际关系时尤为重要。在沟通中，我们要避免极端，寻求平衡，既不过分自我，又不过分迁就，而是在各种关系中找到恰当的位置。

从现代伦理学的角度来看，仁爱沟通伦理可以被视为一种德性伦理。它强调沟通者的品格和美德，而不只是遵守某些规则。这种路径与现代伦理学中的德性伦理学派有相通之处。在这个框架下，良好的沟通不仅是一种技能，而且是一种美德的体现。牟宗三强调，我们需要对儒家思想进行创造性转化，使其适应现代社会的需求。在构建仁爱沟通伦理的知识体系时，我们需要在继承传统的基础上吸收现代伦理学和沟通学的研究成果，形成一个既有中国特色又具有普遍意义的理论框架。

（三）在现代性语境中重新诠释儒家思想

在现代性语境中重新诠释儒家思想是一项复杂而重要的任务，它涉及如何将传统智慧与现代社会需求结合，以应对当代世界的挑战。这一过程不仅需要对儒家经典进行深入研究，还需要结合现代哲学、社会学和政治学等学科的理论框架。

我们需要认识到，现代性带来的挑战是多方面的。环境主义对儒家思想提出挑战，指出传统儒学对环境关怀的不足。因此，在重新诠释儒家思想时，我们需要探讨如何将儒家的"天人合一"观念与现代生态伦理结合，以应对全球环境危机。现代性语境下的儒家思想需要应对个人主义的挑战，传统儒学强调家庭责任和社会责任，但现代社会更重视个人权利和自由。因此，新儒家学者，如杜维明等人，试图将儒家的"修身"理念与现代公民教育结合，强调个人道德修养对建设有序社会的重要性。这种诠释既保留了儒家重视道德的传统，又顺应了现代社会对公民参与的需求。

在文化认同方面，现代性语境下的儒家思想需要应对传统与现代、本土与全球化之间的张力。一些学者试图通过儒家传统来重新思考现代性，这体现了对西方现代性模式的反思和对本土资源的重新发掘。这种努力不仅关乎文化自信，而且涉及如何在全球化背景下保持文化多样性。在伦理学领域，现代儒学需要应对科技发展带来的挑战，如人工智能和生物技术的发展向传统伦理观念提出挑战等。在这方面，儒家的"仁"和"义"等概念可能为我们提供新的思考角度，提醒我们在科技发展中保持对人性、尊严的尊重。在跨文化交流方面，现代儒学需要探讨如何在全球对话中贡献中国智慧。这不仅涉及如何向世界阐释儒家思想，而且包括如何吸收其他文化的精华来丰富儒学。然而我们也要认识到，在现代性语境中重新诠释儒家思想并非简单的"复古"或"西化"，而是需要我们在深入理解儒家传统的基础上，结合现代社会的实际需求进行创造性转化。这种转化既要保持儒家思想的核心价值，又要使其能够应对现代性的挑战。

总的来说，在现代性语境中重新诠释儒家思想是一个动态的、开放的过程，需要我们不断反思和创新，在传统与现代、本土与全球之间寻求平衡。这一过程不仅有助于我们更好地理解和传承中华文化，也能为解决当代世界面临的各种问题提供独特的思路和智慧。通过这些诠释，儒家思想可能会在现代社会中焕发新的生机，为人类文明的发展做出新的贡献。

五、疏解现代社会交往困境的路径

现代性带来了社会结构的深刻变革，从传统的熟人社会向陌生人社会的转变使人际交往的基础发生根本性变化。正如社会学家滕尼斯所指出的，现代社会从"共同体"向"社会"的转变导致人际关系的疏离和冷漠。如何疏解现代社会的交往困境、重新构建有意义的人际关系，不仅涉及个人交往能力的提升，而且关乎社会制度和文化氛围的营造。在继承传统文化精华的基础上，结合现代社会的实际，探索新的交往伦理和规范。同时，要注重培养人们的社会责任感和共同体意识，在个人主义盛行的今天重建社会纽带。

（一）重新审视儒家文化的价值

在全球化的背景下，儒家思想不仅对中国社会具有重要意义，而且可能为解决全球性问题提供中国智慧。从现代性语境中重新审视儒家文化价值，需要我们以开放、批判和创新的态度来看待这一传统思想体系。

我们要认识到，儒家思想作为中国传统文化的核心，在当代社会仍具有重要价值。中华优秀传统文化是中华民族的精神命脉，是涵养社会主义核心价值观的重要源泉。儒家思想中的许多理念，如"仁爱""和谐""中庸"等，对解决当代社会问题，如环境危机、社会冲突等，都有重要启示。然而重新审视儒家文化的价值并不意味着简单地复古或全盘接受。我们需要采取辩证的态度，既要认可儒家思想中的精华，又要看到其中不适应现代社会的内容。德国哲学家黑格尔的辩证法为我们提供了一个有益的思考框架。我们要对儒家思想进行扬弃，即在批判继承中实现创新发展。在这个过程中，我们要特别注意儒家思想与现代性之间的关系。哈贝马斯的交往理性理论为我们提供了一个重要视角。在全球化的背景下，不同文化之间的对话和交流变得越来越重要。我们要在与其他文化的对话中重新认识儒家思想的价值，并探索其在现代社会中的适用性，如儒家"和而不同"的理念在当今多元文化并存的世界中具有重要的现实意义。

重新审视儒家文化价值还需要我们关注其在解决当代社会问题中的潜力，如面对生态环境危机，儒家的"天人合一"思想可以为我们提供一种新的生态伦理观；面对社会道德滑坡，儒家的修身养性思想可以为个人品格的塑造提供指导等。

在实践层面，重新审视儒家文化价值需要我们采取多元化的方法。在教育领域，我们应该将儒家思想与现代公民教育结合，培养学生的文化自信和批判性思维能力。在文化产业领域，我们可以通过创新的方式传播儒家文化，如将传统文化与现代游戏结合等。在社会治理领域，我们可以借鉴儒家的"仁政"

理念，探索一种具有中国特色的治理模式。同时，我们也需要警惕在重新审视儒家文化价值过程中可能出现的问题。一是避免简单化和表面化，不能将儒家思想等同于某些表象性的符号或仪式；二是避免工具化倾向，不能将儒家思想仅作为解决现实问题的工具；三是避免封闭保守，要在开放包容中推动儒家思想的创新发展。

总的来说，从现代语境中重新审视儒家文化价值是一个复杂而持续的过程。它要求我们以开放、批判和创新的态度，在全球化和现代化的背景下，重新发掘和诠释儒家思想的当代意义。这不仅关系到文化传承和创新，而且关系到国家发展战略和民族复兴大业。我们需要将传统文化与现代生活有机结合，帮助人们建立一种"活在传统中"的生活方式。这意味着儒家文化价值的重新审视不应仅停留在理论层面，还应该落实到日常生活中。我们可以通过现代公共文化服务体系，将儒家文化融入社区文化、企业文化、校园文化，让人们在现实生活中体验与感悟传统文化的魅力。此外，我们也要注意到，重新审视儒家文化价值是一个全球性的课题。在全球化的背景下，儒家思想不仅对中国社会具有重要意义，而且可能为解决全球性问题提供中国智慧。因此，从现代语境中重新审视儒家文化价值是一项需要智慧和勇气的工作。它要求我们既要尊重传统，又要面向未来；既要立足本土，又要放眼全球。通过这种审视，我们可以为儒家思想注入新的生命力，使其成为推动社会进步和人类文明发展的重要力量。

（二）平衡个体化与社会联系

在现代社会中，维持个体化和社会联系的平衡是一个复杂而深刻的议题。它触及当代人类生存的核心困境。个体化作为现代性的重要特征，为人们带来前所未有的自由和机遇，但同时造成社会联系的松散和人际关系的疏离。如何在这种张力中寻找平衡点是我们这个时代必须面对的挑战。个体化并不意味着社会联系的完全消失。德国社会学家乌尔里希·贝克指出，个体化是一个"制度化的个人主义"过程，它使个人从传统的社会约束中解放出来，但同时也将他们置于新的制度化控制之下。这种双重性意味着个体化既是一种解放，又是一种新的束缚。在这种情况下，我们需要重新思考个人自由的含义，以及如何在更广阔的社会背景中实现自我。涂尔干的理论为我们理解这一平衡提供重要启示。涂尔干认为，社会需要在个人主义和集体主义之间找到平衡。过度的个人主义可能导致社会失范和个人孤立，而过度的集体主义可能压抑个性和创新。因此，我们需要在保护个人自由的同时，维护社会团结。

在现代社会中，维持个体化与社会联系的平衡需要我们从多个层面进行创新和调整。首先，我们应该重新定义"社区"的概念。随着社会的发展，传统的地域性社区已经难以满足现代人的需求。我们需要创建新型的社区形式，如基于共同兴趣或价值观的虚拟社区、跨地域的专业网络等。这些新型社区不仅能为个人提供归属感和社会支持，还能尊重个体的自主选择。其次，教育体系的改革至关重要。现代教育不应局限于知识传授和技能培养，更应该注重培养学生的社会责任感和公民意识。通过设计跨学科课程、组织社区服务项目等方式，我们可以帮助学生更好地理解个人与社会的关系，提升他们的社交能力和团队协作精神。在城市规划和建筑设计方面，我们需要重新思考公共空间的作用。增加开放式的公共广场、多功能的社区中心，以及设计促进邻里互动的住宅区，都可以为人们创造自然社交的机会。这些空间设计不仅能改善城市环境，还能促进人际交往、增强社区凝聚力。

现代职场文化也需要调整。大压力和长工时往往挤占了人们的社交时间。我们应该重新思考工作的意义和方式，推广弹性工作制，鼓励员工参与志愿服务等社会活动。这不仅有利于个人的身心健康，也能增强社会联系。科技的发展为我们提供新的机遇。虽然社交媒体常被批评导致浅层次交往，但如果使用恰当，它可以成为维持和深化社会关系的有力工具。我们可以开发促进深度对话的在线平台，或利用虚拟现实技术提供新的社交体验，从而在数字时代重建深度连接。同时,我们不应忽视传统文化的智慧。儒家文化中的"和而不同""天人合一"等理念,蕴含着处理个体与集体关系的深刻洞见。我们可以从这些传统思想中汲取营养,探索适合现代社会的新型人际关系模式。在社会制度层面,构建包容性的社会保障体系至关重要。随着个体化趋势的增强,传统的家庭和社区支持网络可能减弱。我们需要建立更加全面和灵活的社会保障制度,既为个人提供基本保障,又鼓励互助互济,从而在制度层面维护社会联系。最后,在全球化时代,培养跨文化交流能力变得尤为重要。通过推广国际交流项目、多元文化教育等方式,我们可以帮助人们在更广阔的视野中理解自己和他人,从而在全球化的背景下重建社会联系。

这些方法和策略并非孤立存在,而是相互关联、相互支持的。只有综合考虑、全面推进,我们才能在现代社会中真正实现个体化与社会联系的平衡,建设一个既尊重个体自由又富有凝聚力的社会。

(三)利用现代技术促进有效沟通

在当今数字化时代,探讨如何利用现代技术促进有效沟通已成为一个迫切而复杂的议题。这个问题不仅涉及技术应用,而且触及人际交往的本质和社会关系的重构。现代通信技术的飞速发展无疑为人类沟通开辟新的疆域,智能手机、社交媒体、视频会议等工具使即时、跨越地域的交流成为可能。在工作场景中,协作软件和云端服务大大提高团队协作的效率。在教育领域里,在线学习平台突破传统课堂的限制,为知识传播提供新的渠道。这些技术创新似乎让我们比以往任何时候都更"连接"。然而技术进步带来的并非都是积极影响。正如鲍曼所说,现代社会中的人际关系正变得越来越流动和脆弱。虽然我们拥有更多的连接,但深度的交流和理解可能变得稀缺。过度依赖数字交流可能导致面对面沟通能力的退化,而社交媒体的盛行则可能加剧"信息茧房"效应,限制我们接触多元观点的机会。

在这种背景下,如何明智地运用现代技术促进真正有效的沟通成为一个值得深入探讨的问题。我们首先需要重新审视沟通的本质。哲学家马丁·布伯曾指出,真正的对话发生在"我—你"关系中,而非"我—它"关系中。这启示我们,无论使用何种技术手段,沟通的核心仍然是人与人之间的真诚互动和理解。因此,在利用现代技术促进沟通时,我们要特别注意以下方面。

首先,保持人性化。虽然人工智能和自动化系统可以提高某些沟通环节的效率,但我们不应忽视人与人之间情感交流的重要性。例如,在客户服务中,智能客服可以处理常规询问,但对于复杂或情感性的问题,人工干预仍然不可或缺。在设计通信工具时,我们应该更多地考虑如何传达情感和建立信任,而不只是信息的传递。

其次,培养数字素养。随着技术的普及,提高公众的数字素养变得越来越重要。这不仅包括使用各种数字工具的技能,而且包括批判性思维、信息辨别能力及在线交流的礼仪等。教育机构和企业都应将数字素养教育纳入培训体系,帮助人们更好地适应数字世界。

再次,平衡线上与线下交流。虽然数字技术为我们提供便利,但我们不应忽视面对面交流的价值。在组织管理中,领导者应该创造机会让团队成员进行实体互动,以建立更深层的信任和理解。在教育领域,混合式学习模式可能是一个良好的平衡点,既利用在线资源的优势,又保留面对面互动的深度。

最后,我们还要关注技术使用对心理健康的影响。心理学研究表明,过度使用社交媒体可能导致焦虑和抑郁。因此,在推广数字沟通工具的同时,我们应该提倡"数字排毒"和正念练习,帮助人们在虚拟世界和现实生活之间找到平衡。

在跨文化交流方面,现代技术无疑拓宽了我们的视野。翻译软件和文化学习应用使跨语言交流变得更加容易,然而真正的文化理解需要更深入的互动。我们应该鼓励利用技术进行实质性的文化交流,而不是停留在表面的信息浏览。公共领域的沟通同样面临挑战，社交媒体虽然为公众参与提供平台，但也可能加剧社会分化。我们要思考如何设计更有利于理性讨论的在线平台、如何培养用户的媒体素养，以及如何构建更加包容和多元的网络公共空间。同时，我们不能忽视数据隐私和安全问题。随着数字沟通的普及，个人数据的保护变得越来越重要。我们要在技术应用和隐私保护之间找到平衡，建立健全数据治理机制，以确保人们可以在安全的环境中自由交流。

总之，利用现代技术促进有效沟通是一个多层面的挑战。它要求我们不断创新技术应用，同时也要深入思考沟通的本质和人际关系的价值。在这个过程中，我们既要拥抱技术带来的机遇，又要保持警惕，不断反思和调整。只有将技术创新与人文关怀结合，我们才能在数字时代真正实现有意义的沟通，构建一个更加紧密相连又充满人性温度的世界。

（四）构建新型社会交往模式

在当今快速变迁的社会中，构建新型社会交往模式已成为一个迫切而复杂的课题。这个课题不仅涉及技术创新，而且触及人性的本质和社会结构的深层变革。重塑社区概念是构建新型社交模式的关键一环。随着城市化进程加速和人口流动性增强，传统的地域性社区正在瓦解，然而人类对归属感的需求并未消失。我们正在见证新型社区的兴起，如基于共同兴趣的线上论坛、跨国界的专业网络等。这些新型社区不仅打破地域界限，还为个体提供更大的自主选择空间。例如，一位古典音乐爱好者可能会在网络上找到全球范围内志同道合的伙伴，形成一个虚拟的音乐社区。这种社区形式既满足人们的归属需求，又尊重个体的独特性。

科技在促进深度交流方面是一把"双刃剑"。一方面，社交媒体的即时性和广泛性确实导致许多浅层次的交往。另一方面，如果使用恰当，科技也可以成为深化人际关系的有力工具。例如，一些创新型在线平台正尝试通过设计特定的互动机制来鼓励用户进行更深入的对话。虚拟现实技术的应用更是为远距离交流带来新的可能性,让人们能够在虚拟空间中进行更为真实和丰富的互动。

在这个信息爆炸的时代,培养人们的数字素养变得尤为重要。这不仅包括掌握各种数字工具的使用技能,而且要培养批判性思维和信息辨别能力。例如,面对社交媒体上的海量信息,人们要学会如何识别"假新闻"、如何避免陷入"信息茧房"等。同时,在线交流的礼仪也要被重视。如何在虚拟空间中保持礼貌、尊重他人,如何处理网络冲突等,都是数字素养的重要组成部分。

平衡线上交流与线下交流是构建健康社交模式的核心。虽然数字技术为我们提供前所未有的便利,但面对面交流的价值不容忽视。实体互动中的非语言信息,如眼神交流、肢体语言等,往往能传达更丰富的情感和意义。因此,新型社交模式应该鼓励人们在享受数字便利的同时,珍惜和创造面对面交流的机会。例如,一些公司正尝试"数字排毒日",鼓励员工在特定时间内远离电子设备,专注于面对面交流。在技术主导的社交环境中,保持人与人之间的情感连接变得尤为重要。这需要我们在设计交互界面和通信工具时,更多地考虑如何传达情感和建立共情,如一些即时通信软件开发更丰富的表情包和动态贴纸,以弥补文字交流中情感表达的不足。同时,一些创新型设备,如可以传递触感的远程拥抱设备等,也在尝试打破物理距离对情感交流的限制。

在全球化背景下,促进跨文化交流成为构建新型社交模式的重要一环。这不仅需要开发跨语言的交流工具,而且需要创建能够促进文化理解的平台。例如,一些语言学习应用正尝试将语言教学与文化交流结合,让学习者不仅掌握语言,还能深入了解不同文化的背景。

隐私保护在构建新型社交模式中的重要性不言而喻。随着数据泄露事件频发,用户对个人信息安全的担忧与日俱增。因此,新型社交平台要在设计之初就考虑隐私保护,利用端到端加密等技术手段,同时要提高用户的隐私意识。

在创新的同时，我们不应忽视传统文化中的智慧。例如，中国传统文化中的"和而不同"理念强调在保持差异的基础上追求和谐，这对构建包容多元的社交模式具有重要启示。我们可以将这种思想融入社交平台的设计，鼓励不同观点的交流，而不是强化同质化。构建新型社交模式是一个需要持续探索和调整的过程。它要求我们在技术创新和人文关怀之间寻找平衡点，在满足个体需求和维护社会联系之间保持和谐。在这个过程中，我们既要拥抱科技带来的机遇，又要保持清醒，警惕可能出现的负面影响。

值得注意的是，没有一种放之四海而皆准的社交模式。新型社交模式应该是多元和灵活的，能够适应不同群体的需求。这意味着我们可能需要发展多种并行的社交模式，让人们根据自己的偏好和需求进行选择，如年轻人可能更倾向于快节奏、视觉化的社交平台；中老年群体可能更需要注重安全性和易用性的社交工具等。

最后，构建新型社交模式是一个跨学科的综合性课题。它不仅涉及技术和社会学，而且关系伦理、心理、文化等多个领域，因此需要不同领域专家的通力合作。只有通过多方位的努力，我们才能在这个数字化时代创造出真正有意义的社交模式，促进人与人之间的理解和连接，最终构建一个更加和谐、包容的社会。在这个过程中，我们需要保持开放和批判的态度，不断反思和调整。只有这样，我们才能在这个快速变化的世界中找到适合人性、促进社会发展的新型社交模式。

总的来说，从"交往"视角窥见"社会秩序"原理，探明社会秩序如何在交往中产生，西方社会很早就通过逻各斯这套方法进行社会秩序的设计。但是在古代中国有另一套知识体系，用梁漱溟的话来说，中国过早地打开了理性启发。实际上，中国是一种文化早熟的制度设计，也就是说儒家很早就通过交往解决社会秩序问题。中国社会历经千年的变化，中国的历史与西方不同，一直处在循环往复的一套社会秩序中，正所谓"分久必合，合久必分"的局面。但是，中国社会正面临三千年未有之变局，即遇到现代性挑战，正在进行现代化转型，传统的家庭结构正式瓦解，城市化成为现代性转化的标配，无法判断现代性转化是否是一件好事。虽然中国的现代化转型与西方不同，但是现代性的重要特点就是全球化，西方社会当前面临的现代性困境未来中国也可能会遇到。

中国儒家的沟通伦理在历史的现实中一直被政治化操弄，几经变形后人们对它的误解尤为至深。孔子所说的"礼"在今天似乎变成现代社会变迁中最大的"恶"，人与人之间的结构性规范在历史的变迁中数次被证明是错的。实际上，礼是结构，而仁在行为层面上是行动的观念，传统儒家的仁与礼在中国历史中经历多次社会变迁，礼始终被静止和高度结构化，礼法严重限制个体与社会的整体变迁速度。但是，当进入现代化的转型进程时，中国传统的社会结构产生了根本性的颠覆。传统社会中的礼法通过国家的强制力量从人们的生活中逐渐被剥离，中国社会在改革开放后快速地实现了现代化的转型。尤其在经济领域中，儒家的实用精神帮助中国人用最快速的资源配置方式实现了城市化改造。传统的中国宗族家庭结构也在不断发生变化，也就是说，伴随现代社会的更新，人与人之间的交往方式也在发生根本性的转变。在全新的社会进程中，儒家终于迎来复苏的春天。有些深受传统激进主义熏染的学者认为，这是一种"文化复古"现象，殊不知这是中华民族文化经历"扬弃"后的一次螺旋式升华，是事物发展否定之否定客观辩证运动的表现。❶

回归问题本源，西方现代性转化已经走过几百年，也产生了相当多的问题，最大的问题即是个体化社会的到来使个体之间的交往出现困境，虽然人与人之间不是敌人，但成为陌生人，西美尔很早就注意到这种趋势。虽然社会个体化是必然的趋势，但是个体始终离不开社会，正是在这种纠结的矛盾中个体孤独与冷漠成为现代社会最大的弊病。与此同时，伴随技术的进步，人与人之间陌生的互动关系越来越被摆在台面上，许多社会与文化冲突实际上就是因为

---

❶ 牟钟鉴.中国文化的当下精神[M].北京：中华书局，2017：序言1.

人与人之间难以调和的交流困境，社会冲突演变成更大的风险。回归问题的本源，如何在现代性的语境中找到解决人类沟通障碍的方法，在现有所有理论中，唯独儒家的仁爱沟通伦理为人类提供整套的知识体系。

面对这些挑战，我们需要重新思考和构建适应现代社会的交往方式。这不仅需要借鉴传统文化中的智慧，而且需要培养新的交往能力，更需要创造有利于健康交往的社会环境。首先，我们可以从中国传统文化，特别是儒家思想中汲取智慧。儒家的"仁爱"理念为处理人际关系提供深厚的道德基础。它强调人与人之间的相互关爱和理解，这在当今社会中显得尤为珍贵。同时，虽然儒家"礼"的概念在历史上曾被误解和滥用，但其核心思想是在交往中遵循一定的规范和秩序，对构建和谐的人际关系仍有重要意义。此外，"和而不同"的理念为我们如何在多元社会中包容差异、促进交流提供重要启示。其次，我们需要培养适应现代社会的新的交往能力，如提高跨文化交际能力，增加对不同文化背景的理解和尊重；培养同理心和换位思考的能力，学会站在他人的角度考虑问题；掌握有效的沟通技巧，提高表达和倾听的能力；提高情商，学会调节自己的情绪并妥善处理人际冲突等。这些能力的培养不仅需要个人的努力，而且需要教育系统的支持和社会的重视。最后，我们应该合理利用现代科技促进交往。社交媒体和即时通信工具为我们提供便捷的交流渠道，我们应该学会利用这些工具拓展社交圈，保持与他人的联系。但同时，我们也要警惕过度依赖虚拟交往带来的负面影响，努力在线上交往和线下交往之间找到平衡。构建健康的社会交往环境同样至关重要。这需要我们共同努力营造一种开放、包容的社会氛围，建立多元化的社交平台和渠道，倡导积极向上的交往文化。在这个过程中，政府、社会组织和媒体都应该发挥各自的作用，共同创造有利于人际交往的社会生态。我们还不能忽视自我认知和成长的重要性。在追求社交的同时，我们要学会独处，享受独处的时光。这不仅有助于我们更好地认识自己，建立正确的自我认同，而且能帮助我们在与他人交往时保持独立的人格，不过分依赖他人。

在个人主义盛行的今天,我们还要重新审视个人与集体的关系。在追求个性化的同时,我们不应忽视对集体的归属感。参与社区活动、培养社会责任感和公民意识等,都有助于我们在更大的社会网络中找到自己的位置,从而缓解孤独感和疏离感。疏解现代社会的交往困境是一个复杂而长期的过程,它需要我们每个人的努力,也需要整个社会的共同参与。通过运用传统文化中的交往智慧、培养现代社会所需的交往能力、合理利用科技、构建健康的社交环境、加强自我认知、平衡个人与集体的关系,我们有望逐步改善当前的交往困境,构建更加和谐、健康的社会关系网络,共同应对现代社会的交往挑战,创造更美好的人际关系和社会环境,在这个充满挑战的时代重新找回人与人之间真挚的连接,共同编织一个更加温暖、更有人情味的社会网络。

第二节 重释中西方文明的冲突论

当代人类不缺少社会发展的智慧,唯独缺少协调不同民族关系的智慧。伴随现代化的全球进程,不同种族与文化之间的冲突愈发频繁,集团对抗不断加剧。20世纪末,亨廷顿就预言在后冷战的世界中,人们之间最重要的区别不是意识形态、政治和经济的差异,而是文化间的差异产生全球性的文明冲突。[1]

一、亨廷顿的"文明冲突论"及对其批评

亨廷顿的"文明冲突论"在1993年首次提出,并引起广泛的讨论和争议。虽然这一理论捕捉到全球化进程中文化差异带来的一些挑战,但是将文明差异等同于必然的冲突是一种过于简单和片面的观点。亨廷顿认为,冷战结束

---

[1] 萨缪尔·亨廷顿.文明的冲突与世界秩序的重建[M].周琪,译.北京:新华出版社,2002:6.

后,世界政治的主要冲突不再是意识形态或经济的,而是文化的。他将世界划分为几个主要的文明圈,如西方、儒家、日本、阿拉伯、印度、拉丁美洲等,预测这些文明之间的分界线将成为未来冲突的主要战场。保罗·伯曼(Paul Berman)认为,这一理论在学术界和政策制定圈产生了深远的影响,它为理解后冷战时代的国际关系提供了一个新的视角,但也引来了大量批评。比如,亨廷顿的文明分类被认为过于粗糙和静态,是一种过于简化的文明分类,实际上文明是动态的、相互影响的复杂系统,不能简单地划分为几个固定的类别,尤其是每个所谓"文明"内部都存在巨大的差异和矛盾,如西方文明内部就包含多种不同的文化传统和价值观。❶爱德华·萨义德(Edward Wadie Said)2001年在《无知的冲突》(*The Clash of Ignorance*)中对亨廷顿的论点做出回应,认为亨廷顿对世界固定"文明"的分类忽略文化的动态相互依存和相互作用。❷作为亨廷顿范式的长期批评者,萨义德还认为,文明冲突论是"最纯粹的令人反感种族主义的一个例子"❸。因此,亨廷顿的文明冲突论显然忽视了文明之间的交流和融合,同时低估了经济和政治因素的影响。虽然文化差异确实可能导致冲突,但是经济利益和政治权力仍然是国际关系中的重要驱动力。

亨廷顿在谈到中国的儒家文化时,看到了中西方文明之间的巨大差异。他说:"西方在未来的若干年里仍将是最强大的文明,然而它的权力相对于儒家文明而言,西方文明的地位正在下降。"❹也就是说,亨廷顿对儒家文化的态度是既抱有欣赏之意,又怀有忌惮之心。对于未来世界,人们可能会越来越相信西方文明与儒家文化会走向文明冲突的状态。虽然亨廷顿的论断在今天看来仍有很大的市场,但是回到中西方文明的内核,无论是西方文明,还是儒家文

---

❶ BERMAN P. Terror and Liberalism [M]. New York: W W Norton & Company, 2003: 20-25.
❷ SAID E W. The Clash of Ignorance[N]. The Nation, October 22, 2001.
❸ SAID E W. From Oslo to Iraq and the Road Map [M]. New York: Pantheon, 2004: 293.
❹ 萨缪尔·亨廷顿.文明的冲突与世界秩序的重建[M].周琪,译.北京:新华出版社,2002: 8.

化，二者对人的生存境况的关注是一致的，二者所显露的人文关怀在一定程度上是可以互相借鉴和对话的。

二、"中西方文明冲突论"的实质

"中西方文明冲突论"实际上是一个复杂而多面的问题，需要我们跳出简单的二元对立思维，从更深层次的政治、经济和历史的角度进行分析。从表面上看，中西之间的矛盾似乎源于文化和价值观差异。然而仔细思考就会发现，这种所谓文明对抗实际上往往是政治利益之争的外衣。国际关系学者罗伯特·基欧汉曾指出，国家之间的冲突主要源于利益分配的不平衡，而非文化差异。

西方国家对其他国家崛起的焦虑是推动文明冲突论的重要心理因素。自工业革命以来，西方在全球政治、经济舞台上长期占据主导地位。然而随着新兴国家的快速发展，这种格局正在逐渐发生变化。面对这种变化，一些西方国家产生失衡感和不安全感，更倾向于将经济和政治竞争解读为文明对抗。文明冲突论为这种做法提供一个看似学术的理论支撑，为西方国家围堵和打压其他国家提供道德借口。然而深入分析就会发现，中西方在价值理论上并无根本对立。虽然存在文化差异，但人类文明的共同价值，如对和平、发展、公平、正义的追求，是跨越文明界限的。中国传统文化中的"和而不同"理念强调在差异中寻求和谐，这与现代国际关系所倡导的多元共存理念有着内在一致性。德国哲学家哈贝马斯提出的"交往理性"理论强调通过对话和理解来达成共识，这与中国传统的"和"文化有异曲同工之妙。

实际上，文明之间的交流和互鉴一直是人类历史的重要特征。英国历史学家阿诺德·约瑟夫·汤因比在《历史研究》中指出，文明的进步往往源于不同文化的碰撞和融合。古代丝绸之路的繁荣就是东西方文明交流的典范。在现代社会，全球化进程更是加速了文明之间的对话和理解。跨国公司、国际组织、留学生交流等都在推动文化的融合与创新。从理论层面来看，社会建构主义为我们提供一个重要的视角。亚历山大·温特等学者强调，国际关系中的身份和利益是通过社会互动建构的，而非先验给定的。这意味着文明认同并非固定不变，而是可以通过交流和互动改变的，如日本在明治维新时期大量学习西方文明，却并未失去自己的文化特色，反而形成独特的现代化道路等。

全球化理论也为我们理解文明关系提供新的思路。罗兰·罗伯森等学者指出，全球化不仅加强了文明之间的联系，而且促进了文化的混合和融合。我们可以看到，麦当劳在中国推出本土化菜单、好莱坞电影融入东方元素，这些都是文化融合的例子。在这个过程中，纯粹的文明对抗变得越来越难以成立。因此，我们需要突破文明冲突论的局限，采取更加开放和包容的态度看待文明差异。中国国际关系学者阎学通提出的"道义现实主义"理论强调，在国际关系中既要维护国家利益，又要考虑道义因素。这为处理文明之间的关系提供了新的思路。因此，所谓中西文明冲突，实质上是一个复杂的政治、经济和历史问题，而非简单的文化对抗。我们需要通过持续的对话、交流和合作，在尊重差异的基础上寻求共识，共同应对人类面临的全球性挑战。只有这样，我们才能在全球化时代构建一个更加和谐、包容的世界秩序，实现不同文明的共存共荣。

三、超越文明冲突论的儒家文明观

儒家文明观为我们提供了一个超越文明冲突论的独特视角，它不仅强调文明的多元性价值，而且为不同文明之间的交流互鉴指明方向。文明的多元性是人类社会的基本特征。孔子提出的"和而不同"理念深刻阐释了这一点。它强调在差异中寻求和谐，而非追求单一化。这种思想与现代多元文化主义不谋而合。学者杜维明曾指出，儒家传统中的"天下"概念不是一个排他性的世界观，而是一种包容性的文明观。它承认不同文明的独特价值，主张在交流中实现共生共荣。这种观点为我们理解当今世界的文化多样性提供重要启示。

儒家思想特别强调不同文明之间的对话交流。"四海之内皆兄弟也"这一古老箴言体现了中国文化对跨文明交流的开放态度。现代新儒家学者梁漱溟曾深刻指出，东西方文明各有所长，应该相互学习借鉴。他认为，只有通过深入的文明对话，才能实现真正的文化创新。这种观点与德国哲学家哈贝马斯提出的"交往理性"理论有异曲同工之妙，都强调通过对话增进理解、化解分歧。在交流中寻求共同的价值追求是儒家文明观的另一个重要特征。儒家思想中的"仁""义""礼"等核心价值虽然植根于中国文化，但其内涵具有普世意义。哲学家牟宗三曾指出，这些价值观念可以成为不同文明之间对话的共同基础，如"仁"的理念强调对他人的关怀和同理心，这与西方哲学中的"人道主义"有相通之处。通过深入交流，我们可以发现不同文明在价值追求上的共通性，从而构建更加包容的全球伦理。

面对气候变化、贫富差距等全球性挑战，儒家文明观成为重要的思想资源。儒家的"天人合一"思想为生态伦理提供独特视角。哲学家汤一介指出，这一理念强调人与自然的和谐共生，可以为解决环境问题提供新的思路。儒家的"大同"理想也为构建更加公平、正义的国际秩序提供启示。这些思想与联合国可持续发展目标有着内在的一致性，为全球治理贡献中国智慧。

中西文明在哲学思想上存在互补性，这一点在现代学者的研究中得到充分体现。学者杜维明指出，儒家的"内圣外王"理念与西方的"公民社会"概念可以相互借鉴。前者强调个人修养与社会责任的统一，后者则强调公民参与和制度建设。将二者结合，可以为现代社会治理提供更完整的思路。同样，中国哲学中的"整体性思维"与西方的"分析性思维"也可以相互补充。德国哲学家卡尔·西奥多·雅斯贝尔斯（Karl Theodor Jaspers）曾指出，东西方思想的对话可以帮助我们克服各自的局限性，实现更高层次的哲学综合。这种互补性不仅体现在思维方式上，而且体现在具体问题的解决上。例如，在处理个人与社会的关系时，儒家强调的"仁者爱人"与西方的个人主义可以形成有益的对话，为现代社会寻找平衡点提供思路。

在全球化深入发展的今天，儒家文明观的现代意义愈发凸显。它提醒我们，文明的差异不应成为冲突的根源，而应该成为互学互鉴的动力。通过深入的文明对话，我们可以超越狭隘的文化中心主义，构建一个更加多元、包容的世界。这不仅有利于化解文明之间的误解和偏见，而且为解决全球性问题提供新的思路和方法。在实践中，我们已经看到这种文明对话的积极成果。例如，中国提出的"人类命运共同体"理念就是对儒家"天下"观念的现代诠释，它强调不同国家、不同文明之间的相互依存和共同发展。这一理念得到国际社会的广泛认同，被写入联合国决议，成为推动全球治理的重要思想资源。另一个例子是中国传统文化中的"中庸"思想在现代外交实践中的运用。它强调平衡和适度，这在处理复杂的国际关系时显得尤为重要。中国在处理国际争端时坚持的"求同存异"原则，就是这种思想的体现。这一原则有助于在不同立场之间找到平衡点，推动问题的和平解决。然而我们也要认识到，文明对话并非一帆风顺，不同文明之间存在的误解和偏见有时会阻碍真诚的交流。因此，我们需要持续不断地推动文明之间的对话和交流，通过教育、文化交流、学术研讨等多种方式增进相互理解。同时，我们也要警惕将文明差异政治化、意识形态化的倾向，避免落入"文明冲突论"的陷阱。

总之，儒家文明观为我们提供了一个超越文明冲突论的重要视角。它强调文明的多元性价值，主张通过对话交流增进理解，在交流中寻求共同价值追求，共同应对人类面临的挑战。同时，它也指出中西文明在哲学思想上的互补性，为构建更加包容、和谐的全球文明秩序指明方向。当前在世界面临诸多挑战的背景下，这种开放包容的文明观显得尤为珍贵。它提醒我们，只有通过不同文明之间的真诚对话和深入交流，我们才能共同创造人类文明的美好未来。

由此可见，西方的文明难以摆脱由"爱的秩序"所规定的视阈，这种限定不仅让康德这位思想巨人难以摆脱神学的束缚，而且让其后的舍勒、韦伯等人也避免不了对爱的秩序的探讨，使西方社会的知识分子始终没有机会创造性地在世俗世界里找到处理社会秩序的有效理论。在现代性的各种危机中,大部分西方现代学者仍然求助于西方的传统理性,试图在"知识"与"话语伦理"中找寻解决问题的答案,即使罗尔斯与哈贝马斯争论已久的"程序正义"也属于西方理性的范畴,对于价值之间的冲突,西方人仍然束手无策。通过前文的分析可以看出,儒家的仁爱沟通伦理不仅有助于现代人解决诸如个体孤独、在交往伦理中寻找另一种共通性等问题,以疏解由知识的不确定性带来的各种争论与冲突,而且能够在国际关系领域帮助不同民族与文明建立"天下一家""天人合一"的多元主体观和生态文明观,这些崭新的"德性之知"对西方人来说有着重要的借鉴与学习意义。中西方文明不仅不会因为差异而产生冲突,而且互相对话、各取所需。因此,亨廷顿所预言的文明冲突观点在逻辑上过于简单,他没有在更深层的文化内核上把握中西方文明之间的共通地带,因而用简单的冲突论化约中西方文明之间所有的差异与共通点。

第三节 人类命运共同体秩序的打造

全球格局变化与新秩序的需求是当今国际关系中一个复杂而紧迫的议题。随着世界多极化趋势的深化和全球化进程的持续推进,传统的国际秩序正面临着前所未有的挑战和重构的压力,尤其是全球化的发展促使国际形势与国际关系日趋复杂。另外,全球性问题,如气候变化、网络安全等的凸显、逆全球化思潮的兴起,也给国际合作带来新的不确定性。面对这些变化,国际社会既要维护现有秩序中行之有效的部分,又要积极探索新的合作模式和治理方案。这就要求各国超越零和思维,在竞争中寻求合作、在分歧中凝聚共识。同时,新秩序的构建还应该更多地反映发展中国家的诉求,促进全球发展的平衡性和包容性。

一、人类命运共同体理念的提出及其内涵

人类命运共同体理念的提出及其内涵体现了中国在全球治理领域中的思想创新。这一理念不仅深刻反映当代国际关系的现实，而且为应对全球性挑战提供新的思路。在全球化深入发展的背景下，人类命运共同体理念应运而生。当今世界，国家之间的相互依存程度空前加深。经济全球化使一国的金融危机可能引发全球经济震荡。信息技术的发展让世界变成"地球村"，气候变化、恐怖主义等问题更是跨越国界的限制。面对这些复杂的全球性挑战，传统的国际关系理论显得力不从心。现实主义强调的权力政治与零和博弈难以解释和指导日益紧密的国际合作，自由主义倡导的制度主义虽然强调合作，但往往忽视发展中国家的诉求。在这种情况下，构建人类命运共同体的理念为全球治理提供新的视角。

人类命运共同体理念的核心价值观深深植根于中国传统文化，又与当代全球治理的需求高度契合。"天人合一"思想强调人与自然和谐共处，这与当今世界面临的生态环境危机不谋而合。在气候变化日益严峻的今天，这一理念为全球环境治理提供了重要的哲学基础。"天下一家"体现了人类命运休戚与共的理念，这与全球化时代各国相互依存的现实相呼应。它提醒人们，在追求本国利益的同时，要考虑人类的共同利益。"和而不同"的思想强调在包容多样性的基础上寻求和谐，为处理文明之间的差异提供重要启示。在文明冲突论甚嚣尘上的今天，这一理念为不同文明之间的对话与交流指明方向。

儒家思想对秩序和谐的强调为构建新型国际关系提供重要思路。例如，儒家的"礼"文化强调相互尊重和有序互动，将其运用于国际关系中，可以推动建立更加公平、合理的国际秩序。在全球治理中，我们既要保护个人权利，又要强调集体责任，尤其是在应对气候变化等全球性挑战时。人类命运共同体理念的提出体现了中国对全球治理的独特贡献。它突破传统国际关系理论的局

限,为应对全球性挑战提供新的思路。这一理念已多次被写入联合国文件,显示它在国际社会中日益增长的影响力。例如,2017年,联合国社会发展委员会首次将构建人类命运共同体理念写入决议。2018年,联合国人权理事会再次将这一理念写入决议。这些都表明,人类命运共同体理念已经获得越来越广泛的国际认同。然而我们也要清醒地认识到,构建人类命运共同体是一个长期的过程,需要各国的共同努力。在实践中,我们还面临诸多挑战,如如何在尊重各国主权的同时推动全球合作、如何在维护国家利益的同时兼顾人类共同利益、如何在全球治理中更好地体现发展中国家的诉求等。这些问题都需要我们在实践中不断探索和逐步解决。

二、打造人类命运共同体秩序的路径与展望

人类命运共同体理念的实现还要有具体的实施路径,"一带一路"倡议可以作为这一理念的实践载体。通过促进基础设施互联互通、加强政策沟通、推动贸易畅通等,这一倡议正在为构建人类命运共同体做出实际贡献。同时,中国在全球气候治理、国际减贫等领域的积极参与,也是践行这一理念的具体体现。人类命运共同体理念的提出及其内涵反映了中国对全球治理的深入思考和积极贡献。它为解决当今世界面临的诸多挑战提供新的思路,也为构建新型国际关系指明方向。在未来的实践中,我们需要进一步深化这一理念,推动其在全球范围内落实,为构建一个更加和平、繁荣、包容的世界贡献中国智慧。

(一)儒家思想在国际关系中的运用

随着中国在世界舞台上的影响力不断提升,儒家思想作为中国传统文化的核心,其在处理国际关系中的潜力日益受到关注。儒家的"仁爱"沟通伦理为各国处理民族之间、国家之间、文化之间的关系提供基本的道德规则,从而保

证用文明的方式解决矛盾与争端。面对全球化,中国提出的人类命运共同体理念也正契合全球化的脚步。杜维明说:"儒家的仁、义、礼、智、信是儒家贡献给人类的共同价值,而且可以和现代西方所孕育的共同价值,如理性、自由、法治、人权、人的尊严等内容进行平等互惠的对话。"[1]中国的儒家思想更多地强调一种秩序的和谐,"天人合一""天下一家""和而不同"是儒家的核心价值。"天人合一"的思想把人与自然置于一个整体中,就像生命一样,人的作用是"赞天地之化育",而非像西方那样征服自然。"天下一家"的思想把整个人类社会看作一个大家庭,彼此血肉相连、你中有我、我中有你。无论是哪个民族或地区,人与人之间不应对抗和斗争。在全球化的进程中,人类社会已然是如家庭般的命运共同体,相互依赖远远多于彼此分歧。"和而不同"正是儒家包容多样性,彼此尊重的有效交往准则。如此,儒家思想才可能成为世界的主流文化,成为国际政治与文化交流的重要话语,在文明对话、民族和解、政治谈判中将发挥显著作用。[2]

(二)构建人类命运共同体秩序的具体措施

构建人类命运共同体是中国为应对全球化挑战、推动建立更加公平合理的国际秩序提出的重要理念。这一宏大构想的实现需要从多个层面采取具体措施,切实推动国际政治、经济秩序的变革,倡导新型安全观,促进文明交流互鉴,加强多边主义。

推动建立更加公正、合理的国际政治、经济新秩序是构建人类命运共同体的基石。当前,国际秩序仍存在诸多不公平、不合理之处,发展中国家的声音常常被忽视。因此,变革势在必行。在国际金融体系中,需要提高新兴市场国家和发展中国家在国际货币基金组织、世界银行等机构中的地位和话语权。

---

[1] 杜维明.儒家贡献给人类的共同价值——在第二十四届世界哲学大会启动仪式上的发言[J].船山学刊,2017(5):1-4.

[2] 牟钟鉴.中国文化的当下精神[M].北京:中华书局,2017:203.

倡导共同、综合、合作、可持续的安全观是构建人类命运共同体的重要保障。传统安全观过于强调军事手段，难以应对当今世界面临的复杂的安全挑战。新安全观强调安全问题的综合性和互动性，主张通过对话协商、合作共赢实现共同安全。在实践中，这意味着要加强在反恐、网络安全、气候变化等非传统安全领域中的国际合作，如上海合作组织在反恐方面的合作就是这种新安全观的具体体现。

促进文明交流互鉴、尊重文明多样性是构建人类命运共同体的重要内容。在全球化时代，不同文明之间的交流日益频繁，但文明冲突论等错误观点仍然存在。因此，搭建更多文明交流平台至关重要。亚洲文明对话大会就是这样一个平台，它为不同文明之间的对话提供重要契机。在教育、科技、文化、体育等领域加强人文交流也是促进文明互鉴的有效途径，如中国的孔子学院项目在促进中国文化与世界其他文化的交流方面发挥积极作用。

加强多边主义、完善全球治理体系是构建人类命运共同体的重要途径。对于气候变化、恐怖主义等全球性挑战，单边主义和保护主义显然难以有效应对。因此，坚定维护以联合国为核心的国际体系至关重要。中国一直是联合国维和行动的积极参与者和重要贡献国。这体现了中国对多边主义的坚定支持。在推动全球治理体系变革方面，中国提出的"一带一路"倡议是一个重要尝试。这一倡议不仅推动基础设施互联互通，而且为完善全球治理提供新的平台。在应对气候变化等全球性问题上，中国也展现了大国担当。

（三）人类命运共同体秩序的未来展望

构建人类命运共同体是一个长期的过程，需要国际社会的共同努力。这一理念超越传统国际关系理论中的零和博弈思维，强调合作共赢。它既吸收中国传统"天下"思想中的普世关怀，又体现马克思主义关于人类解放的思想，同时契合当代国际关系中的全球治理、复合相互依赖等理论。

在实践中，中国通过具体举措推动人类命运共同体理念的落实，如亚洲基础设施投资银行的成立就是中国推动国际金融体系改革的重要尝试等。这些努力得到了国际社会的广泛认同，人类命运共同体理念已被写入联合国决议。然而，我们也要清醒地认识到，这一理念的实现还面临诸多挑战，如何在维护国家利益的同时兼顾人类共同利益、如何在全球治理中更好地体现发展中国家的诉求等，这些都是需要在实践中不断探索和解决的问题。

未来，随着人类命运共同体理念的不断深化和实践，将为解决当前人类面临的共同挑战提供新的思路，推动国际秩序朝着更加公正、合理的方向发展。这不仅关乎中国的发展，而且关乎全人类的共同福祉。在这个过程中，中国将继续发挥负责任大国的作用，为构建一个持久和平、普遍安全、共同繁荣、开放包容、清洁美丽的世界贡献智慧和力量。

第四节　中西方跨文化交往的实践方案

在全球化背景下，社会转型与文化变迁是社会科学领域普遍关注的议题。不同学科对当代中国文化道路这一问题曾展开激烈的争辩，争论的焦点是中国文化能否打破西方强势话语格局，在文化与价值领域中参与全球竞争。当代西方问题实际上一个是全球化问题，另一个是由知识理性展开的自由主义普遍性问题。伴随中国社会的转型，中国文化正处于十字路口，未来需要寻找自己的发展道路。保持文化的开放与互动是文化发展的动力，跨文化交往的本质是多元文化之间的对话，在对话中把握自身文化的特点，取长补短，才是未来中国文化实现转型的路径选择。

一、全球化背景下中西方文化交往的现状

全球化背景下中西方文化交往的现状是一个复杂而深刻的议题，它不仅

反映了当代世界文化格局的变迁，而且揭示中国在全球化进程中面临的机遇与挑战。全球化对文化交往的影响是多方面的。首先，社会转型与文化变迁已成为一种普遍现象。随着经济全球化的深入发展，世界各国和地区之间的联系日益紧密，文化交流也日益频繁。这种交流既带来机遇，又带来挑战。社会学家罗兰·罗伯逊（Roland Robertson）曾指出，全球化是一个"压缩"的过程，它使世界变成了一个"地球村"。在这个过程中，不同文化之间的碰撞和融合成为常态。然而，全球化也加剧了文化同质化与异质化之间的紧张关系。文化同质化主要表现在生活方式、消费模式、价值观念等方面的趋同，如好莱坞电影、美国流行音乐在全球范围内的广泛传播等，就是文化同质化的典型表现。法国社会学家皮埃尔·布尔迪厄曾警告，这种文化同质化可能导致文化多样性的丧失。与此同时，文化异质化的趋势也在加强。面对全球化带来的文化冲击，许多国家和地区开始更加重视本土文化的保护和发展，如法国政府长期以来采取的文化保护政策等。

在这种背景下，西方文化价值观的全球渗透成为一个不容忽视的现象。美国政治学家约瑟夫·奈提出的"软实力"理论，很好地解释了这种文化渗透的机制。西方发达国家在全球范围内推广其文化价值观。这种文化渗透既通过直接的文化输出，又通过间接的制度输出来实现。例如，世界银行和国际货币基金组织所推广的新自由主义经济政策，实际上是一种西方的价值观念。

在不断变化的全球格局中，中国文化面临诸多挑战。随着中国综合国力的提升和国际影响力的增强，中国文化参与全球竞争的能力不断提高。中国政府提出的"文化走出去"战略正是为了提高中国文化的国际影响力。中国文化在参与全球竞争的过程中面临着诸多挑战，如如何在保持文化特色的同时增强文化的普适性和吸引力、如何克服语言和文化差异的障碍、如何应对西方媒体对中国文化的偏见和误解等。

面对这些挑战，中国文化面临着是整合还是独立发展的选择。一些学者主张，中国文化应该积极融入全球文化体系，吸收其他文化的优秀成果，实现创新发展。杜维明提出"文化中国"的概念,强调海外华人在中国文化现代化过程中的重要作用。一些学者则强调,中国文化应该坚持自己的特色,走独立发展的道路。他们担心,过度的文化整合可能导致中国文化特色的丧失。实际上,这两种观点并不完全对立。中国文化的发展需要在开放中保持自信,在交流中实现创新。

面对这些挑战,中国要在坚持自己文化传统和价值观的基础上,吸收和借鉴不同价值观中的合理成分。这就需要我们对不同价值观进行批判性的分析和吸收,而不是简单地全盘接受或全盘否定。同时,我们也要加强对中国传统文化和社会主义核心价值观的研究、传播,增强文化自信。全球化背景下的中西方文化交往是一个复杂的动态过程,它既包含文化交流和互鉴的机遇,又面临文化冲突和认同危机的挑战。在这个过程中,我们要以开放和自信的态度面对不同文化,在交流中求同存异、在借鉴中创新发展。只有这样,我们才能在全球化的浪潮中实现中国文化的创新发展,为人类文明的进步做出贡献。

二、中西方跨文化交往中的核心问题

中西方跨文化交往中的核心问题涉及多个层面,反映了全球化时代文化交流的复杂性和挑战性。这些问题不仅关乎理论探讨,而且直接影响国家发展战略和个人生活实践。

第一,普遍性与特殊性的矛盾是跨文化交往中最为突出的问题。现代性作为一种普遍的发展模式,强调理性、科学、法治等价值,这些价值在很大程度上源自西方的启蒙运动和工业革命。然而,这种现代性往往与各国的本土文化传统存在冲突。中国哲学家李泽厚曾提出"现代性的中国化"概念,强调要保持中国文化的独特性。这种思路在中国的现代化进程中得到了体现,如中国式现代化道路就是在追求现代化的同时,努力保持自身文化特色。

第二，全球化与文化自主性的平衡是另一个重要的问题。全球化促进了文化交流，但也带来文化同质化的风险。美国社会学家乔治·瑞泽尔提出的"麦当劳化"理论，生动描述了全球化对本土文化的冲击。面对这种挑战，许多国家都在努力寻找平衡点。法国的文化保护政策、日本的"软实力"战略等，都是在全球化背景下维护文化自主性的尝试。对中国而言，如何在全球化中保持文化独特性尤为重要。这需要我们在开放中保持自信，在交流中实现创新。"一带一路"倡议就是中国在全球化背景下传播传统文化的重要尝试。

第三，多元价值观的调和是跨文化交往中的另一个核心问题。美国哲学家约翰·罗尔斯的"公正"理论为处理多元社会中的价值观分歧提供重要思路。罗尔斯提出"无知之幕"概念，试图在多元价值观中寻找共识的基础。然而，这种西方自由主义的方法在处理某些深层次的文化冲突时可能存在局限，如在处理神圣信仰与世俗价值之间的冲突时，单纯的自由主义原则可能难以提供令人满意的解决方案。

第四，中国传统价值观与现代价值观的融合是一个复杂的过程。中国传统文化中的"和而不同""天人合一"等理念为处理多元价值观提供重要启示。同时，我们也需要吸收现代价值观中的合理成分，如科学精神、法治理念等。这种融合不是简单的拼凑，而是要在深入理解两种价值体系的基础上实现创造性转化。杜维明曾尝试将儒家思想与现代价值观对接，提出"文化中国"的概念。

第五，生活世界与价值体系的关系也是跨文化交往中的重要问题。德国哲学家哈贝马斯的"生活世界"理论为我们理解这一问题提供了重要视角。哈贝马斯认为，生活世界是人们共同的背景知识和文化传统的载体，它为人们的交往行为提供意义和规范。在现代社会中，系统的力量不断侵入生活世界，导致生活世界的"殖民化"。这一理论对理解中国社会的变迁具有重要的意义。中国生活世界的基本形式包括家庭、社区、工作单位等。这些生活世界形式深深植根于中国传统文化，反映了中国人的价值观念和生活方式。然而，现代性价值体系对这些传统生活方式产生了深刻影响，如个人主义的兴起对传统的家庭观念和社区关系提出挑战等。社会学家费孝通曾深入研究中国的乡土社会，他的"差序格局"理论生动描述了中国传统社会关系的特点。在现代化进程中，这种传统的社会结构正在发生深刻变化。如何在日常生活中体现文化特色是一个实践性很强的问题。这需要我们在现代生活方式中融入传统文化元素，在日常实践中传承和创新文化，如在城市规划中融入传统建筑元素、在现代节日庆祝中融入传统文化仪式等。北京798艺术区就是一个将现代艺术与传统文化元素结合的成功案例。同时，我们也要创新性地解读传统文化，使其顺应现代社会的要求。

三、中西方跨文化交往的实践路径

中西方跨文化交往的实践方案是一个需要深入探讨的重要议题。在全球化日益深入的今天，如何有效开展文化对话与交流，既保持自身的文化特色，又实现互学互鉴，已成为各国面临的共同挑战。

（一）文化对话与交流的策略

中西方跨文化交往是一个复杂而长期的过程，需要我们在实践中不断探索和调整。通过保持文化的开放性与互动性，把握自身文化特点，取长补短、促进创新，建立平等、互利的交流机制，培养跨文化思维能力，我们可以推动中西方文化交流向更深入、更有效的方向发展。这不仅有利于增进相互理解，而且为解决全球性问题提供新的思路，最终为构建人类命运共同体做出贡献。

第一，保持文化的开放性与互动性是跨文化交往的基石。文化在本质上是一个开放的、动态的系统，只有在与其他文化的交流互动中才能保持活力。美国人类学家克利福德·格尔茨曾将文化比喻为一个意义之网,这个网络在不断的互动中被重新编织。因此,我们在进行跨文化交往时,应该以开放的态度面对不同文化,积极参与不同文化之间的对话与互动。中国在推进"一带一路"倡议时,就特别强调文化交流的重要性,如在哈萨克斯坦举办的"中哈文化年"活动通过音乐会、电影展、美食节等多种形式,促进两国民众的相互了解。这种文化交流不仅增进友谊,而且为经济合作奠定基础。

第二,在对话中把握自身文化特点是跨文化交往的关键。每种文化都有其独特的价值观念和思维方式,这构成了文化的核心特征。中国文化强调"和而不同",这一理念在跨文化交往中显得尤为重要。它既承认文化的多样性,又强调在差异中寻求和谐。在实践中,我们可以通过深入研究自身文化传统,提炼其中的精华,并以现代方式诠释,使之在跨文化对话中发挥积极作用,如中国传统的"天人合一"思想对当今生态文明建设有重要启示等。在与西方国家讨论环境保护议题时,我们可以借此阐述中国的生态观,既体现文化特色,又能与国际社会形成共识。

第三,取长补短,促进文化创新是跨文化交往的重要目标。不同文化都有其优长之处,通过交流互鉴可以实现优势互补,推动文化创新。美国社会学家罗伯特·默顿提出的"文化滞后"理论提醒我们,文化的某些方面可能落后于社会的其他方面。因此,通过跨文化交流,我们可以借鉴他者文化的先进元素,弥补自身文化的不足。中国在现代化进程中学习先进的科学技术和管理经验,同时保持自身的文化特色,形成了独特的发展道路,如中国的高铁技术就是在引进先进技术的基础上通过自主创新发展起来的等。这不仅体现在技术层面,而且体现在服务理念和管理模式上,形成了具有中国特色的高铁文化。

第四,建立平等互利的交流机制是确保跨文化交往健康发展的关键。法国社会学家皮埃尔·布尔迪厄提出的"文化资本"理论指出,文化资源在社会中的分配是不平等的。这种不平等可能导致文化霸权和文化冲突。因此,在跨文化交往中，我们需要建立平等互利的交流机制，确保不同文化主体的平等地位和话语权。联合国教科文组织推动的"文化多样性公约"就是一种努力，旨在保护和促进文化表现形式的多样性。中国在国际文化交流中也一直坚持平等互利的原则。例如，在与非洲国家的文化交流中，中国不仅输出自己的文化，而且积极引进非洲文化，如举办非洲电影节、艺术展等，体现了对非洲文化的尊重和欣赏。

第五，培养跨文化思维能力是有效开展跨文化交往的基础。跨文化思维能力包括文化敏感性、同理心、开放性等多个方面。心理学家吉尔特·霍夫斯泰德提出的"文化维度理论"为我们理解文化差异提供有益的工具。通过这一理论，我们可以更好地理解不同文化在权力距离、个人主义与集体主义、不确定性规避等方面的差异，从而更有效地进行跨文化沟通。在实践中，许多跨国公司都开展跨文化培训，帮助员工更好地适应全球化环境。例如，华为技术有限公司在海外拓展中，就特别注重对员工进行跨文化培训，帮助他们理解和适应不同国家的文化环境。这是华为技术有限公司国际化成功的重要因素之一。

（二）构建中国特色的文化话语体系

构建中国特色的文化话语体系是提升中国文化软实力和国际影响力的关键。这一体系不仅要体现中国文化的独特性，而且要能与世界各国文化对话，在国际舆论场中发出"中国声音"。提升中国文化的国际话语权是构建文化话语体系的核心目标。长期以来，发达国家在国际舆论中占据主导地位，中国的声音常常被忽视或误解。提升国际话语权需要我们在坚持中国立场的同时，用国际社会能够理解和接受的方式表达中国观点。例如，在阐述"人类命运共同体"理念时，我们可以结合联合国可持续发展目标，展示中国方案对全球治理的贡献。这不仅体现了中国智慧，而且与国际社会的共同关切相呼应。

首先，发展能与他国对话的文化理论是构建话语体系的理论基础。中国传统文化博大精深，但如何用现代语言阐释传统智慧，使之与当代世界对话，是我们面临的重要课题。例如，我们可以将中国传统的"天人合一"思想与当代生态文明理念结合，提出中国特色的环境伦理学说。这不仅能彰显中国文化的独特价值，而且能为解决全球环境问题提供新的思路。

讲好中国故事，传播中国价值观是构建中国话语体系的重要内容。讲好中国故事，要着重选择国际受众感兴趣的话题，用他们熟悉的方式进行叙述。例如，我们可以通过讲述中国脱贫攻坚的成功经验，展示中国发展模式的独特价值和普遍意义。在叙事方式上，可以采用个人故事与宏大叙事相结合的方法，既展示政策成效，又呈现普通百姓的生活变迁，使国际受众能够产生情感共鸣。

其次，创新表达方式，增强文化吸引力是构建话语体系的关键。在信息爆炸的时代，如何让中国声音在纷繁复杂的国际舆论场中脱颖而出，需要我们不断创新表达方式，如我们可以借鉴韩国文化输出的成功经验，将传统文化元素与现代流行文化结合等。近年来，以《中国诗词大会》为代表的文化节目在海外的走红就是一个很好的例子。这类节目既展示中国传统文化的魅力，又采用国际受众熟悉的综艺形式，实现传统与现代的完美结合。

最后，培养国际化文化传播人才是构建国际话语体系的重要保障。高素质的国际传播人才不仅要精通外语，还要深谙中外文化，具备跨文化交流能力。我们可以借鉴公共外交实践，建立多层次的人才培养体系，如可以设立"文化使者"项目，选派优秀的文化工作者赴海外进行文化交流等。同时，要注重培养具有国际视野的本土文化人才，鼓励他们深入研究国际传播规律，创作具有全球影响力的文化作品。

（三）培养跨文化交往能力

培养跨文化交往能力是当今全球化时代的重要课题，对促进不同文化之间的理解与交流具有重要意义。在日益紧密的国际关系中,具备跨文化交往能力的人才是连接不同文明的重要桥梁。

首先,提高跨文化教育水平是培养跨文化交往能力的基础。跨文化教育旨在培养学生的文化意识和跨文化敏感性,帮助他们理解不同文化的特点和差异。美国人类学家爱德华·霍尔曾提出"文化冰山"理论,指出文化中显性的部分(如语言、习俗)只是冰山一角,更多的是隐藏在水面下的价值观念和思维方式。因此,跨文化教育不应仅停留在表面的文化知识传授,还要深入探讨不同文化的深层结构,如在课程设置中,可以引入文化人类学、跨文化心理学等学科内容,帮助学生建立系统的跨文化认知框架,同时可以采用案例教学、角色扮演等互动式教学方法,让学生在模拟的跨文化情境中学习和实践。

增强文化自信与文化包容性是跨文化交往的重要前提。文化自信是对自身文化价值的认同和坚守,而文化包容性则体现为对其他文化的尊重和理解。中国哲学家冯友兰曾说:"各美其美,美人之美,美美与共,天下大同。"这句话生动地诠释了文化自信与包容并重的理念。在实践中,可以通过组织传统文化体验活动,如书法、茶艺等,增强学生对中华文化的认同感。同时,要鼓励学生参加国际文化节、多元文化周等活动,亲身体验不同文化的魅力,如北京大学每年举办的国际文化节,为中外学生提供了展示各自文化、增进相互了解的平台。

其次,培养具有全球视野的文化人才是应对全球化挑战的关键。全球视野意味着能够从更宏观、更全面的角度看待文化问题,理解文化在全球化背景下的互动和影响。社会学家罗兰·罗伯逊提出"全球本土化"概念,强调全球化与本土化的辩证关系,这为我们培养全球视野提供了重要启示。在人才培养中,可以通过开设国际化课程、组织海外交流项目等方式,拓宽学生的国际视野。

最后,开展跨文化交流实践活动是提升跨文化交往能力的有效途径。美国教育家约翰·杜威强调"从做中学"的重要性，这一理念在跨文化能力培养中同样适用。可以组织学生参与国际志愿服务、文化交流项目、海外实习等活动，让他们在实践中体验文化差异、学习跨文化沟通技巧。例如，复旦大学与美国耶鲁大学合作的本科生暑期项目，让两校学生共同生活学习，通过小组项目等形式深入交流，这种沉浸式的跨文化体验对提升学生的跨文化交往能力效果显著。

提升语言能力和非语言交际技能是跨文化交往的重要工具。美国语言学家萨丕尔指出，语言不仅是交流的工具，更是思维的载体。因此，学习一门语言就是学习一种思维方式。在语言教学中，应该将语言学习与文化学习结合，不仅讲授语言知识，还要介绍语言背后的文化内涵。例如，在汉语国际教育中，可以通过讲授成语故事、古诗词等，让外国学生更深入地理解中国文化。同时，要注重非语言交际技能的培养，如恰当的眼神交流、体态语言等，这些技能在跨文化交往中往往具有微妙而重要的作用。

在培养跨文化交往能力的过程中，还要注意以下方面。一是要重视跨文化交往中的情感因素。在跨文化情境下，培养文化同理心尤为重要。可以通过组织跨文化体验活动，如模拟联合国大会等，让学生置身于多元文化环境中，体验和理解不同文化背景人士的情感和观点。二是要注重培养批判性思维能力。在面对文化差异时，既不盲目崇拜他国文化，又不固执己见，而是能够理性分析、取长补短。可以通过开设跨文化案例分析课程，引导学生客观分析不同文化背景下的问题和解决方案，培养他们的批判性思维能力。三是要重视跨文化交往能力的持续发展。跨文化能力的培养是一个长期过程，需要不断学习和实践。可以建立长效机制，如设立跨文化能力发展档案，记录学生的跨文化学习和实践经历，为其提供持续改进的参考。

总之，培养跨文化交往能力是一项系统工程，需要教育机构、社会各界的共同努力。通过多种途径，我们可以培养适应全球化需求的跨文化交往人才，为促进不同文化之间的理解与合作做出贡献。在这个过程中，我们不仅要学习和借鉴国际先进经验，更要立足于中国实际，探索具有中国特色的跨文化交往人才培养模式，为世界文明的交流互鉴贡献中国智慧。

（四）提升媒体跨文化国际传播能力

提升媒体跨文化对外传播能力是当今全球化时代的重要课题。随着国际交流日益频繁，媒体在跨文化传播中扮演着越来越重要的角色。有效的国际传播策略不仅关系到媒体自身的国际影响力，而且直接影响国家文化软实力的提升。从理论角度看，美国传播学者威尔伯·施拉姆的"传播模式理论"为我们提供了重要启示。该理论强调，有效的传播需要发送者和接收者之间有共同的经验领域。在跨文化传播中，由于文化背景的差异，这种共同经验可能较少，因此媒体需要更努力地寻找共同点，搭建文化桥梁。在实践层面，提升媒体跨文化对外传播能力的国际传播策略可以从以下方面着手。

一是深入了解目标受众的文化背景。这需要媒体机构投入资源进行系统的海外受众研究，了解不同文化背景受众的价值观、生活方式和媒体使用习惯。例如，中国国际电视台（CGTV）在开展对外传播时，会针对不同地区的受众特点制定差异化的传播策略。他们不仅关注受众的语言偏好，还会考虑当地的文化传统、社会热点和观众兴趣，这种精准的受众定位有助于制作出更有吸引力的内容。

二是创新内容生产方式。在保持本国文化特色的同时，采用国际受众熟悉的叙事方式和表现形式。例如，中国游戏《黑神话：悟空》在海外广受欢迎，就是因为它以电子游戏这一媒介形式作为切入点，用国际化的制作手法展示中国文化。该游戏既保留中国元素，又采用年轻人熟悉的表现形式，实现文化内容的"本土化"与"国际化"的完美结合。

三是建立多元化的国际传播渠道。这不仅包括传统的海外频道和报刊，还包括充分利用社交媒体、移动应用等新媒体平台。例如，中国日报的Facebook账号China Daily Asia就是针对亚洲受众定制的社交媒体平台。该平台不仅提供新闻资讯，还设计互动性强的内容，如在线问答、短视频等，以适应年轻受众的媒体使用习惯。通过这种方式，中国日报成功地在社交媒体中建立了自己的品牌形象，扩大了在亚洲地区的影响力。

四是加强与国际媒体的合作。通过合作制作、内容交换等方式，既可以学习国际先进经验，又可以扩大自己内容的传播范围。CGTV与多个国家的主流媒体建立合作关系，共同制作节目。例如，CGTV与英国BBC联合制作的纪录片《中国的宝藏》，不仅提高节目质量，而且借助BBC的国际影响力扩大了受众群。这种合作模式不仅有助于提高内容的国际化水平，而且能增强中国媒体的国际公信力。

五是利用新技术提高跨文化传播效果。大数据技术可以用于分析海外受众需求，人工智能技术可以提高多语种内容的生产效率，虚拟现实技术则可以创造沉浸式的文化体验。新华社开发的"新华社快讯"多语种机器人写作系统就是利用人工智能技术提高跨语言新闻生产效率的典型案例。该系统能够快速生成多语种新闻稿件，大大提高了国际新闻的时效性和覆盖面。

（五）推动文化创意产业的国际化

推动文化创意产业的国际化是提升中国文化软实力和国际影响力的重要途径。在全球化背景下，如何发展具有中国特色的文化创意产品，提升其国际竞争力，并通过新媒体技术和国际合作拓宽传播渠道，是当前文化创意产业国际化面临的关键问题。

首先，中国五千年的文明历史积累了丰富的文化资源，为文化产品的创新提供了取之不尽的源泉。近年来，故宫博物院的文创产品就是一个成功的案例。从"朕就是这样汉子"系列到"御猫"周边，故宫文创不仅让传统文化焕发生机，还成功吸引了年轻消费群体。这种将传统元素与现代设计结合的方式，展现了中国文化的独特魅力，也为文化产品的国际化提供了新思路。

提升中国文化产品的国际竞争力是文化产业国际化的关键。这需要在内容创作、制作水平和营销策略等多个方面上下功夫。以中国动画电影《哪吒之魔童降世》为例，它不仅在国内票房大卖，还在国际市场取得了不俗的成绩。这部电影成功的原因是，它在传统神话故事的基础上进行创新，塑造了更具现代感的角色形象，同时在制作技术和视觉效果上达到国际水准。这种既有文化根基又符合国际审美的作品正是中国文化产品提升国际竞争力的方向。

其次，利用新媒体技术拓宽文化传播渠道是文化产业国际化的重要手段。抖音国际版 Tik Tok 的成功就是一个典型案例。Tik Tok 不仅为中国文化内容走向世界提供了新平台，也成为全球年轻人交流的重要渠道。通过短视频形式，中国的音乐、舞蹈、美食等文化元素得以快速传播。例如，2020年春节期间，Tik Tok 上掀起了一股"春节挑战"热潮，全球用户通过这个平台了解和体验中国的春节文化。这种借助新媒体技术的文化传播方式极快地扩大中国文化的国际影响力。

再次，加强文化创意产业的国际合作是推动文化产业国际化的有效途径。2017年，华策影视集团与英国独立电视台的战略合作是中英文化创意产业合作的典范。双方联合推出了真人秀节目《跨界冰雪王》。这一项目不仅展示了中英两国在影视制作领域的深度合作，还促进了文化交流与互鉴。此外，近年来，中国电影《流浪地球》《长津湖》等在国际市场中的成功，也显示出中国文化产业在国际合作中的巨大潜力。

最后，建立文化创意产品的国际营销网络是文化产业国际化的重要保障。华为技术有限公司的全球化战略为文化产品的国际营销提供借鉴。华为技术有限公司在全球设立了多个研发中心和本地化团队，深入了解各地市场需求，制定有针对性的营销策略。文化产业可以借鉴这种模式，在重点市场设立分支机构，培养了解当地文化的营销人才，提高跨文化沟通能力和国际市场运作能力。

(六）建立多层次的文化交流机制

建立多层次的文化交流机制是推动跨文化理解与合作的关键。这种机制涵盖从政府到民间、从学术界到企业多个层面，旨在全方位增进不同文化背景人群之间的了解和认同，促进文化的融合与创新。

首先，推动政府之间文化交流项目是这一机制的基石。政府作为文化交流的主导力量，通过签订文化合作协议、举办文化年等方式，为文化交流提供制度保障和资源支持。另外，民间文化交流活动是文化交流机制中不可或缺的一环。相比政府主导的活动，民间交流更加灵活多样，能够促进不同文化背景民众之间的直接接触。例如，中美两国的"人民对人民"交流项目通过留学生交换、艺术家互访、体育比赛等形式，搭建起文化理解和友谊的桥梁。这种"人民外交"的形式对增进国家之间的友好关系起到不可替代的作用。

学术界的跨文化研究合作是深化文化交流的重要方式。学者们通过跨国合作研究、学术交流等方式，深入探讨不同文化的内涵和特征，为文化交流提供理论支撑。哈佛大学费正清中国研究中心与北京大学的长期合作就是一个典型例子。双方通过联合研究项目、学者互访、合办学术会议等方式，不仅促进了中国研究的发展，也增进了中美学术界的相互理解。这种学术交流不仅推动知识的创新，也为政策制定提供重要参考。

其次，企业之间的文化交流与合作在经济全球化背景下日益重要。跨国公司在海外经营过程中不仅带去了资金和技术，而且传播了企业文化和价值观。华为技术有限公司在欧洲的本地化战略就是一个很好的例子。华为技术有限公司不仅在欧洲设立了多个研发中心，还积极参与当地的社会公益活动，融入当地社区。这种做法不仅有利于企业的海外发展，也促进了中欧之间的文化交流。

（七）运用"文化移情"策略

运用"文化移情"策略是跨文化交流中的一项关键技能。它要求我们能够跳出自身文化框架，站在他人的文化立场上思考问题。这种能力对促进跨文化理解和有效沟通至关重要。

首先，理解并尊重文化差异是文化移情的基础。每种文化都有其独特的价值观、行为规范和思维方式。美国人类学家爱德华·霍尔提出的"高低语境文化"理论为我们提供了一个有趣的视角。在高语境文化中，如中国或日本等，信息传递更多依赖于隐含的、非语言的方式。相比之下，低语境文化，如美国或德国等，人们更倾向于直接、明确地表达。这种差异在日常交流中经常被看到。例如，在商业谈判中，中国人可能会说"我们再考虑考虑"来委婉地表达拒绝，而美国人则可能直接说"不"。理解这些差异有助于我们避免误解，更好地与不同文化背景的人沟通。

其次，培养换位思考的能力是文化移情的核心。这要求我们能够暂时忽略自己的文化立场，尝试从对方的角度看问题。美国心理学家卡尔·罗杰斯提出的"同理心"概念对此有重要启示。在跨文化交流中，这意味着我们需要深入了解对方的文化背景，理解其行为背后的动机和价值观。比如，当我们看到印度人用右手吃饭时，不应简单地认为这是不卫生的，而应该理解这种行为在印度文化中的意义——右手被视为清洁的，用于进食和社交，而左手则用于个人卫生。这种理解可以帮助我们避免误解，建立更好的跨文化关系。

再次，在交流中适当调整自身文化立场是文化移情的实践体现。这并不意味着我们要放弃自己的文化认同，而是要在保持自身文化特色的同时，对其他文化保持开放和包容的态度。中国人在与外国伙伴交往时，可能需要更直接地表达自己的想法，以适应西方的沟通方式。

寻找文化共通点，建立情感联系是文化移情的重要目标。虽然不同文化之间存在差异，但人类也有许多共同的情感和需求，如家庭、友情、爱情等主题在世界各地都有共鸣。在跨文化交流中，我们可以从这些共同点出发，建立情感联系，如分享家庭照片、讨论共同喜爱的音乐等，都可以成为跨越文化差异的桥梁。

最后，避免文化偏见和刻板印象是运用文化移情策略的重要前提。每个人都可能受到自身文化背景的影响，形成一些先入为主的观念。要克服这些偏见，我们需要主动接触不同文化，获取第一手的经验和信息。例如，多数人可能认为日本人都很拘谨，但实际接触后会发现，日本人在私下场合中可能非常热情开放。同样，西方国家可能认为中国人都很含蓄，但在某些情况下中国人也可能非常直接。只有通过真实的接触和交流，我们才能打破这些刻板印象，真正理解一种文化的多面性。

（八）处理跨文化冲突的方法

处理跨文化冲突是当今全球化背景下的一项重要技能。随着国际交流日益频繁，不同文化背景的人们在工作和生活中的互动也越来越多，不可避免会存在一些文化冲突。有效处理这些冲突不仅可以减少误解和摩擦，还能促进创新，提高团队效率。

首先，建立有效的跨文化沟通机制是处理文化冲突的第一步。例如，在一次中美合资企业的会议上，中方代表说"这个方案我们需要再研究研究"，美方代表可能会理解为中方同意了，但实际上中方是在委婉地表示拒绝。了解这些差异后，我们可以设计更有效的沟通策略。比如，在跨文化团队中，可以建立一个"文化词典"，解释各种常用表述在不同文化中的含义，以避免误解。

其次，培养对文化冲突的识别和分析能力是处理跨文化冲突的基础。例如，在一家中美合资企业中，中国员工可能习惯等待上级的指示，而美国员工则可能更多地自主决策。这种差异如果没有得到恰当的处理，可能导致效率低下或者决策冲突。了解这些潜在的冲突点，管理者可以提前制定策略，如建立清晰的决策流程，同时鼓励员工在适当的场合表达自己的想法。

最后，学习跨文化冲突的调解技巧是有效处理冲突的关键。美国心理学家马歇尔·罗森伯格提出的"非暴力沟通"模型在这方面提供了指导。这个模型强调观察、感受、需求和请求四个步骤。在跨文化冲突中，这种方法特别有效。例如，在一个中德合作项目中，德国工程师抱怨一个中国同事总是迟到。使用非暴力沟通的方法，调解者可以引导双方这样表达："我观察到你经常在约定时间后10分钟才到会议室。（观察）这让我感到焦虑和不被尊重。（感受）我需要准时开始会议，以确保我们能按时完成项目。（需求）你能否告诉我，是否有什么原因导致你难以准时到达，我们可以一起找解决方案吗？（请求）"这种表达方式避免了指责，聚焦于解决问题，更容易得到积极的回应。

（九）利用科技手段促进跨文化交流

利用科技手段促进跨文化交流已成为全球化时代的重要趋势。信息技术的飞速发展为文化交流提供了新的可能性，不仅打破了地域和时间的限制，还为文化理解提供了更加丰富和深入的途径。

首先，开发并利用跨文化交流应用程序是促进文化交流的有效方式之一。这类应用可以为用户提供语言学习、文化知识普及、寻找语言伙伴等多种功能。例如，一款名为"Culture Connect"的应用不仅提供丰富的文化资源，如日本茶道、中国书法等，还帮助用户找到语言交换伙伴。这种方式让用户在日常生活中持续接触和学习不同的文化。

虚拟现实技术为文化体验开辟了新天地，可以为用户提供身临其境的文化体验，让人们不必亲自前往异国他乡就能感受不同的文化氛围。例如，一个名为"VR文化之旅"的项目让用户可以"走进"传统的日本茶室，体验茶道文化。

其次，在线跨文化学习平台为系统化的文化学习提供便利。这种平台可以提供全面的文化课程，让学习者深入了解不同文化的各个方面。例如，"Global Culture Academy"这样的在线平台可提供从历史、艺术到日常生活的多维度文化课程。还有，大数据分析为理解文化交流趋势提供新工具。通过收集和分析大量的文化交流数据，我们可以更好地把握文化交流的模式和趋势。例如，一个名为"Culture Pulse"的项目通过分析社交媒体数据，追踪全球文化交流热点。

最后，人工智能辅助跨文化交流是科技促进文化交流的前沿领域。特别是自然语言处理技术，可以大大降低语言障碍。例如，AI文化翻译助手不仅能进行语言翻译，还能解释文化背景知识。AI技术可以更好地理解和转换不同语言之间的深层含义，而不只是表面的词语翻译。

结　语

中西文化交流历史悠久，尤其自19世纪中叶以来，西方文化的传入深刻影响了中国文化以及中国社会的各个角落，使得中国文化和中国社会进入了一个深刻的转型期。❶现代中国仍然是一个拥有深厚的历史文化传统，有着强烈自我认同源泉的完整的国家形式，而这个传统正需要我们来处理一个庞大的符号系统和一整套思路与方法。在牟宗三看来，中西文化会通之处的关键是回到儒家，以一种宇宙论的情怀将性体、心体或自由意志作为一种呈现，并进而视之为宇宙的本体。首先，必须认识到心体、性体，即自由意志的一种呈现；其次，必须认识到心体、性体即自由意志，不只是人之性，而且是天地之性、宇宙之性；再次，必须认识到此性体、心体是"寂感真几"，不仅寂感，而且生化，是宇宙的生化之理、实现之理。此性体、心体是超越的，但它自然非直贯下来不可，因而它又不是隔绝的，它与自然系统之实然、自然相结合。❷

如今，中国的文化实际上是在五六千年的发展历程中不断吸收各民族、各地域文化的基础上形成的。❸虽然"现代性"这个词在中国语境里已逐渐去陌生化，作为他者存在的西方文化正在成为文化本身，从圣诞节在中国城市生活中的流行可见一斑，但是现代西方的自我认知和表达最终并不是一种真理性的论述，而是一种价值观和文化的阐释。这种表达并不代表或反映历史规律或客观真理，而是个人意志和理想的体现。从根本上说，现代西方无法超越自我与

---

❶ 汤一介.走出"中西古今"之争，融会"中西古今"之学[J].学术月刊，2004（7）：5-8.
❷ 赵德志.现代新儒家与西方哲学[M].沈阳：辽宁大学出版社，1994：240.
❸ 石元康.从中国文化到现代性：典范转移[M].北京：生活·读书·新知三联书店，2000：27.

他人、普遍与特殊之间的辩证关系，也无法超越文化逻辑和政治逻辑。❶泰勒指出，在人类学的意义上，"文化"一词指的是通过语言和习俗维系的社会关系，以及由此产生的对人性、心灵和善恶的理解。根据这一人类学的文化概念，普遍的人性观、心灵观和善恶观并不存在。这些被称为价值理解的人性观、心灵观和善恶观因文化特性而异，具有多样性和差异性。如果将某种文化的价值理解视为普遍价值理解，就会演变为中心主义或文化霸权论，价值理解在文化人类学上的差异必然导致不同形式的现代性。所谓文化的现代性理解，意味着应当承认各种文化价值理解的独立性及其合理性，并从不同的文化背景出发，理解相应文化的现代转型。❷

现代中国不仅以经济实体为基本存在方式，而且要在日常生活领域、价值世界中有所突破。运用普遍性与特殊性辩证法将现代中国转变为自我认知与自我表述的语言，塑造现代中国在生活世界与价值世界里的自我形象，表达现代中国集体的意志和富有感染力的理想，进而讲述中国自己的故事。在跨文化传播的维度上，讲述中国故事不能在特殊性的理论空间里展开叙述，只能在普遍性的理论空间中展开，把自己确立为一种普遍性的、一种正当的、有说服力的语言与价值体系。

如何进入普遍性理论空间呢？其关键在于当代中国要在文化领域里作为活跃的历史主体参与世界范围内普遍内容的理解、辨析与再定义。只有这样，中国文化的普遍性问题才能在世界历史的基本脉络中连接在一起，进而在他者文化空间中与他者文化价值发生有效的碰撞。在全球化进程中，认同的趋势依然强劲，尤其是在科技文化全球一体化的背景下，以美国为代表的文化霸权体现出明显的"单边统治力"。因此，我们可以看到全球化与多元差异之间存在着强烈的紧张和割裂。

从历史发展来看，一种文化对其他文化的吸收总是通过自身的文化视角和

---

❶ 张旭东.全球化时代的文化认同：西方普遍主义话语的历史批判[M].北京：北京大学出版社，2009：9.
❷ 刘小枫.现代性社会理论绪论[M].上海：华东师范大学出版社，2018：200.

框架进行过滤的。外来文化与本土文化结合后会产生新的文化成果，如希腊文化与希伯来文化传入西欧催生自由主义等。在多元文化的对话中，两种文化之间的相互影响和吸收并不是简单的"同化"或"合一"的过程，而是在不同环境中转化为新形式的过程。全球化与多元化之间相互作用最终产生的结果未必是"普遍同一"或"混杂"的存在。相反，在漫长的人类社会发展过程中，人们在新的基础上会产生新的差异和价值理念，从而在另一个层面上形成共同的价值标准。虽然这些共同标准在不同地区有不同的理解和表述，但在本质上仍然体现了普遍性中的特殊性。

综上所述，中西文化交流历史悠久，尤其是19世纪以来西方文化深刻影响了中国社会，使中国进入深化转型期。现代中国仍有深厚的历史文化传统和自我认同。牟宗三认为，中西文化会通的关键是回到儒家，将性体、心体视为宇宙本体。中国文化目前处于与外来文化碰撞和融合的状态，西方文化也正成为中国文化的一部分。现代西方的自我认识是一种价值和文化论述，而非客观真理。文化概念是指由语言、习俗维系的社会关系及对人性等的理解，不同文化有差异的价值理解。现代中国需要在日常生活和价值世界中有所突破，讲述中国自己的故事。中国文化要参与普遍内容的理解和再定义，在他者文化空间中产生碰撞。全球化与多元化相互作用，不同文化的交流是一个产生新事物的过程，而非简单同化。未来人类可能在新的基础上形成共同价值标准，但仍体现原有的特殊性。中国文化在现代化过程中既要保持传统，又要与世界对话，在普遍性中体现特殊性的重要性。

参考文献

（一）中文文献

[1] 威廉·A.哈维兰.当代人类学[M].王铭铭，等译.上海：上海人民出版社，1987.

[2] 安东尼·吉登斯.社会的构成：结构化理论大纲[M].李康，李猛，译.北京：生活·读书·新知三联书店，1998.

[3] 埃弗里特·罗杰斯.传播学史：一种传记式的方法[M].殷晓蓉，译.上海：上海译文出版社，2012.

[4] 埃里克·麦格雷.传播理论史：一种社会学的视角[M].刘芳，译.北京：中国传媒大学出版社，2009.

[5] 约翰·彼得斯.交流的无奈：传播思想史[M].何道宽，译.北京：华夏出版社，2003.

[6] 亚里士多德.政治学[M].郭仲德，译.西安：西北大学出版社，2016.

[7] 约翰·洛克.人类理解论：下册[M].关文运，译.北京：商务印书馆，1960.

[8] 乔治·赫伯特·米德.心灵、自我与社会[M].赵月瑟，译.上海：上海译文出版社，2005.

[9] 兰德尔·柯林斯，迈克尔·马科夫斯基.发现社会之旅——西方社会学思想述评[M].李霞，译.北京：中华书局，2006.

[10] 尤瓦尔·赫拉利.今日简史：人类命运大议题[M].林俊宏，译.北京：中信出版社，2018.

[11] 赫拉克利特.赫拉克利特著作残篇[M].T. M.罗宾森，楚荷中，译.桂林：广西师范大学出版社，2007.

[12] 亚里士多德.尼各马科伦理学[M].苗力田，译.北京：中国人民大学出版社，2003.

[13] 弗里德里希·哈耶克.致命的自负——社会主义的谬误[M].冯克利，胡晋华，译.北京：中国社会科学出版社，2000.

[14] 尤尔根·哈贝马斯.交往与社会进化[M].张博树，译.重庆：重庆出版社，1989.

[15] 托马斯·霍布斯.利维坦[M].黎思复,黎廷弼,译.北京:商务印书馆,1985.

[16] 塔尔科特·帕森斯.社会行动的结构[M].张明德,夏翼南,彭刚,译.南京:译林出版社,2003.

[17] 刘易斯·A.科塞.社会学思想名家[M].石人,译.北京:中国社会科学出版社,1990.

[18] 玛格丽特·波洛玛.当代社会学理论[M].孙立平,译.北京:华夏出版社,1989.

[19] 戴维·波普诺.社会学[M].10版.李强,译.北京:中国人民大学出版社,1999.

[20] 乔纳森·H.特纳.社会学理论的结构[M].邱泽奇,译.北京:华夏出版社,2006.

[21] 齐格蒙特·鲍曼.现代性与矛盾性[M].邵迎生,译.北京:商务印书馆,2003.

[22] 乌尔里希·贝克.风险社会[M].何博闻,译.南京:译林出版社,2004.

[23] 爱弥尔·迪尔凯姆.社会学方法的准则[M].狄玉明,译.北京:商务印书馆,1995.

[24] 雷蒙·阿隆.社会学主要思潮[M].葛智强,胡秉诚,王沪宁,译.北京:华夏出版社,2000.

[25] 乔治·齐美尔.社会是如何可能的:齐美尔社会学文选[M].林荣远,编译.桂林:广西师范大学出版社,2002.

[26] 诺贝特·埃利亚斯.个体的社会[M].翟三江,陆兴华,译.南京:译林出版社,2003.

[27] 乌尔里希·贝克,伊丽莎白·贝克-格恩斯海姆.个体化[M].李荣山,范譞,张惠强,译.北京:北京大学出版社,2011.

[28] 安东尼·吉登斯.民族-国家与暴力[M].胡宗泽,赵力涛,译.北京:生活·读书·新知三联书店,1998.

[29] 伊曼纽尔·沃勒斯坦.知识的不确定性[M].王昺,等译.济南:山东大学出版社,2006.

[30] 汉娜·阿伦特.极权主义的起源[M].林骧华,译.北京:生活·读书·新知三联书店,2012.

[31] 奥尔利欧·佩奇.世界的未来——关于未来问题一百页[M].王肖萍,蔡荣生,译.北京:中国对外翻译出版社,1985.

[32] 安东尼·吉登斯.失控的世界[M].周红云,译.南昌:江西人民出版社,2001.

[33] 乌尔里希·贝克,安东尼·吉登斯,斯科特·拉什.自反性现代化[M].赵文书,译.北京:商务印书馆,2001.

[34] 乌尔里希·贝克,约翰内斯·威尔姆斯.自由与资本主义——与著名社会学家乌尔里希·贝克对话[M].路国林,译.杭州:浙江人民出版社,2001.

[35] 安东尼·吉登斯.现代性的后果[M].田禾,译.南京:译林出版社,2000.

[36] 以赛亚·伯林.自由论[M].胡传胜,译.南京:译林出版社,2003.

[37] 理查德·桑内特.公共人的衰落[M].李继宏,译.上海:上海译文出版社,2008.

[38] 帕斯卡尔.思想录:论宗教和其他主题的思想[M].何兆武,译.北京:商务印书馆,1985.

[39] 马克思·舍勒.爱的秩序[M].孙周兴,等译.北京:北京师范大学出版社,2014.

[40] 马克斯·韦伯.儒教与道教[M].王容芬,译.北京:商务印书馆,1995.

[41] 埃米尔·涂尔干.社会分工论[M].渠东,译.北京:生活·读书·新知三联书店,2000.

[42] 马克斯·韦伯.经济与社会[M].林荣远,译.北京:商务印书馆,1997.

[43] 尼可拉斯·卢曼.生态沟通:现代社会能应付生态危害吗?[M].汤志杰,鲁贵显,译.台北:桂冠图书股份有限公司,2001.

[44] 克内尔,纳塞希.卢曼社会系统理论导引[M].鲁贵显,译.台北:巨流图书公司,1998.

[45] 乔纳森·H.特纳.社会学理论的结构[M].邱泽奇,译.北京:华夏出版社,2001.

[46] 塔尔科特·帕森斯.现代社会的结构与过程[M].梁向阳,译.北京:光明日报出版社,1988.

[47] 艾瑞克·霍布斯邦.极端的年代:二十世纪史(上册)[M].台北:麦田,1996.

[48] 罗素.西方哲学史:卷一[M].何兆武,李约瑟,译.北京:商务印书馆,1982.

[49] 罗素.西方哲学史:下卷[M].何兆武,李约瑟,译.北京:商务印书馆,1976.

[50] 斐迪南·滕尼斯.共同体与社会:纯粹社会学的基本概念[M].林荣远,译.北京:商务印书馆,1999.

[51] 乔治·齐美尔.金钱、性别、现代生活风格[M].顾仁明,译.上海:学林出版社,2000.

[52] 乔治·齐美尔.货币哲学[M].陈戎女,耿开君,文聘元,译.北京:华夏出版社,2002.

[53] 安东尼·吉登斯.现代性与自我认同[M].赵旭东,方文,译.北京:生活·读书·新知三联书店,1998.

[54] 乌尔里希·贝克.世界风险社会[M].吴英姿,孙淑敏,译.南京:南京大学出版社,2004.

[55] 齐格蒙特·鲍曼.个体化社会[M].范祥涛,译.北京:生活·读书·新知三联书店,2002.

[56] 齐格蒙特·鲍曼.流动的现代性[M].欧阳景根,译.北京:生活·读书·新知三联书店,2002.

[57] 齐格蒙特·鲍曼.自由[M].杨光,蒋焕新,译.长春:吉林人民出版社,2005.

[58] 马克斯·韦伯.韦伯作品集Ⅰ:学术与政治[M].钱永祥,等译.桂林:广西师范大学出版社,2004.

[59] 齐格蒙特·鲍曼.现代性与大屠杀[M].杨渝东,史建华,译.南京:译林出版社,2002.

[60] 马丁·海德格尔.存在与时间[M].陈嘉映,王庆节,译.北京:商务印书馆,2006.

[61] 曼纽尔·卡斯特.网络社会的崛起[M].夏铸九,王志弘,等译.北京:社会科学文献出版社,2001.

[62] 尼可拉斯·卢曼.大众媒体的实在[M].胡育祥,陈逸淳,译.台北:左岸文化,2006.

[63] 詹姆斯·卡伦.媒体与权力[M].史安斌,董关鹏,译.北京:清华大学出版社,2006.

[64] 马歇尔·伯曼.一切坚固的东西都烟消云散了:现代性体验[M].徐大建,张辑,译.北京:商务印书馆,2003.

[65] 罗素.罗素文集(第9卷):人类的知识[M].张金言,译.北京:商务印书馆,2012.

[66] 胡果·格劳秀斯.战争与和平法[M].何勤华,译.上海:上海人民出版社,2017.

[67] 克里斯蒂娜·M.科尔斯戈德.规范性的来源[M].杨顺利,译.上海:上海译文出版社,2010.

[68] 康德.康德著作全集(第4卷):纯粹理性批判[M].李秋零,译.北京:中国人民大学出版社,2005.

[69] 康德.实践理性批判[M].韩水法,译.北京:商务印书馆,2000.

[70] 埃德蒙德·胡塞尔.欧洲科学的危机与超越论的现象学[M].王炳文,译.北京:商务印书馆,2001.

[71] 弗莱德·R.多迈尔.主体性的黄昏[M].万俊人,译.桂林:广西师范大学出版社,2013.

[72] 埃德蒙德·胡塞尔.生活世界现象学[M].倪梁康,张廷国,译.上海:上海译文出版社,2002.

[73] 马丁·海德格尔.现象学之基本问题[M].丁耘,译.上海:上海译文出版社,2008.

[74] 马丁·海德格尔.海德格尔选集:下[M].孙周兴,译.上海:上海三联书店,1996.

[75] 大卫·休谟.人性论[M].关文运,译.北京:商务印书馆,1980.

[76] 查尔斯·泰勒.现代性中的社会想像[M].李尚远,译.台北:商周出版社,2008.

[77] 汉斯·凯尔森.法与国家的一般理论[M].沈宗灵,译.北京:中国大百科全书出版社,1996.

[78] 齐格蒙特·鲍曼.生活在碎片之中[M].郁建兴,译.上海:学林出版社,2002.

[79] 保罗·霍普.个人主义时代之共同体重建[M].沈毅,译.杭州:浙江大学出版社,2004.

[80] 马可·亚科波尼.天生爱学样:发现镜像神经元[M].洪兰,译.台北:远流出版事业股份有限公司,2009.

[81] 冯·赖特.解释与理解[M].张留华,译.杭州:浙江大学出版社,2016.

[82] 汉斯·伽达默尔,卡思特恩·杜特.解释学、美学、实践哲学:伽达默尔与杜特对谈录[M].金惠敏,译.北京:商务印书馆,2005.

[83] 杰弗里·C.亚历山大.新功能主义及其后[M].彭牧,史建华,杨渝东,译.南京:译林出版社,2003.

[84] 杰弗里·C.亚历山大.社会学的理论逻辑:实证主义、预设与当前的争论:第1卷[M].于晓,唐少杰,蒋和明,等译.北京:商务印书馆,2008.

[85] 萨缪尔·亨廷顿.文明的冲突与世界秩序的重建[M].周琪,译.北京:新华出版社,2002.

[86] 许正林.欧洲传播思想史[M].上海:上海三联书店,2005.

[87] 谢清果.中庸的传播思想[M].北京:九州出版社,2018.

[88] 石义彬.单向度、超真实、内爆批判视野中的当代西方传播思想研究[M].武汉:武汉大学出版社,2003.

[89] 龚群.道德乌托邦的重构:哈贝马斯交往伦理思想研究[M].北京:商务印书馆,2005.

[90] 曹天予,钟雪萍,廖可斌.文化与社会转型[M].杭州:浙江大学出版社,2006.

[91] 阮新邦,林端.解读《沟通行动论》[M].上海:上海人民出版社,2003.

[92] 阮新邦.迈向崭新的社会知识观[M].北京:北京大学出版社,2005.

[93] 万俊人.现代性的伦理话语[M].哈尔滨:黑龙江人民出版社,2002.

[94] 汪子嵩,陈村富,包利民,等.希腊哲学史[M].北京:人民出版社,1988.

[95] 辞海编辑委员会.辞海[M].北京:中华书局,1965.

[96] 程继隆.社会学大辞典[M].北京:中国人事出版社,1995.

[97] 解彩霞.现代化·个体化·空壳化:一个当代中国西北村庄的社会变迁[M].北京:中国

社会科学出版社，2017.

[98] 于海.西方社会思想史[M].上海：复旦大学出版社，1997.

[99] 杨敏.社会行动的意义效应[M].北京：中国人民大学出版社，2005.

[100] 张凤阳.现代性的谱系[M].南京：南京大学出版社，2004.

[101] 刘小枫.现代性社会理论绪论[M].上海：华东师范大学出版社，2018.

[102] 周晓虹.西方社会学历史与体系：第1卷[M].上海：上海人民出版社，2002.

[103] 梁漱溟.中国文化要义[M].上海：上海人民出版社，2005.

[104] 梁漱溟.梁漱溟全集：第1~5卷[M].济南：山东人民出版社，1992.

[105] 刘述先.儒家思想与现代化——刘述先新儒学论著辑要[M].北京：中国广播电视出版社，1992.

[106] 朱熹.四书章句集注[M].北京：中华书局，1983.

[107] 张祥浩.王守仁评传：下[M].南京：南京大学出版社，2011.

[108] 余源培.哲学辞典[M].上海：上海辞书出版社，2009.

[109] 余英时.现代儒学论[M].上海：上海人民出版社，2010.

[110] 郭齐勇.现代新儒学的根基——熊十力新儒学论著辑要[M].北京：中国广播电视出版社，1996.

[111] 郭齐勇.熊十力哲学研究[M].北京：人民出版社，2011.

[112] 蒋庆.政治儒学：当代儒学的转向、特质与发展[M].福州：福建教育出版社，2014.

[113] 牟宗三.牟宗三新儒学论著辑要[M].北京：中国广播电视出版社，1992.

[114] 牟宗三.生命的学问[M].桂林：广西师范大学出版社，2005.

[115] 赵德志.现代新儒家与西方哲学[M].沈阳：辽宁大学出版社，1994.

[116] 叶启政.进出"结构—行动"的困境：与当代西方社会学理论论述对话[M].台北：三民书局，2000.

[117] 叶启政.迈向修养社会学[M].台北：三民书局，2008.

[118] 李猛.自然社会：自然法与现代道德世界的形成[M].北京：生活·读书·新知三联书店，2015.

[119] 石元康.从中国文化到现代性：典范转移[M].北京：生活·读书·新知三联书店，2000.

[120] 张旭东.全球化时代的文化认同：西方普遍主义话语的历史批判[M].北京：北京大学出

版社，2009.

[121] 高宣扬.鲁曼社会系统理论与现代性[M].北京：中国人民大学出版社，2005.

[122] 金观涛.探索现代社会的起源[M].北京：社会科学文献出版社，2010.

[123] 郑杭生.中国特色社会学理论的深化（上卷）："实践结构论"的提出与"理论自觉"的轨迹[M].北京：中国人民大学出版社，2010.

[124] 牟宗三.中西哲学之会通十四讲[M].上海：上海古籍出版社，2007.

[125] 牟宗三.智的直觉与中国哲学[M].台北：联经出版事业有限公司，2003.

[126] 邓晓芒.康德哲学讲演录[M].桂林：广西师范大学出版社，2006.

[127] 王守仁.王阳明全集：传习录[M].上海：上海古籍出版社，1992.

[128] 倪梁康，等.中国现象学与哲学评论（第4辑）：现代学与社会理论[M].上海：上海译文出版社，2001.

[129] 张祥龙.海德格尔思想与中国天道——终极视域的开启与交融[M].北京：生活·读书·新知三联书店，1996.

[130] 杨国荣.心学之思——王阳明哲学的阐释[M].北京：生活·读书·新知三联书店，1997.

[131] 程颢，程颐.二程遗书[M].上海：上海古籍出版社，2000.

[132] 朱熹.四书或问[M].上海：上海古籍出版社，2001.

[133] 朱子语类：卷九十八[M].北京：商务印书馆，1937.

[134] 陈清侨.身份认同与公共文化[M].香港：牛津大学出版社，1997.

[135] 杜维明.儒家传统的现代转化：杜维明新儒学论著辑要[M].北京：中国广播电视出版社，1992.

[136] 方东美.生生之德[M].台北：黎明文化事业公司，1987.

[137] 李佃来.公共领域与生活世界——哈贝马斯市民社会理论研究[M].北京：人民出版社，2006.

[138] 牟钟鉴.中国文化的当下精神[M].北京：中华书局，2017.

[139] 刘述先.文化哲学的试探[M].台北：台湾学生书局，1986.

[140] 刘述先.中国哲学与现代化[M].台北：时报文化出版公司，1980.

[141] 卢国龙.儒道研究：第一辑[M].北京：社会科学文献出版社，2013.

[142] 许倬云.我们走向何方[J].开放时代，2000（5）：5-12.

[143] 樱井芳生，李卓钧.卢曼社会系统论中的媒介观简介[J].新闻与传播评论，2010（0）：49-55.

[144] 葛星.N.卢曼社会系统理论视野下的传播、媒介概念和大众媒体[J].新闻大学，2012（3）：7-20.

[145] 吴飞.何处是家园?——传播研究的逻辑追问[J].新闻记者，2014（9）：40-47.

[146] 吴飞.与他人共在：超越"我们"/"你们"的二元思维——全球化时代交往理性的几点思考[J].新闻与传播研究，2013，20（10）：5-20.

[147] 黄旦.手拉手还是心连心：什么是交流？[J].读书，2004（12）：73-80.

[148] 卞冬磊.传播思想史的"两条河流"[J].国际新闻界，2016，38（8）：6-17.

[149] 汤一介.走出"中西古今"之争，融会"中西古今"之学[J].学术月刊，2004（7）：5-8.

[150] 李猛.未完成的"自然社会"：现代社会的人性基础与规范构成[J].社会，2016，36（6）：78-96.

[151] 唐学亮.霍布斯研究：百年回眸[J].社会科学论坛，2017（6）：41-66.

[152] 解彩霞.个体化：理论谱系及国家实践——兼论现代性进程中个体与社会关系的变迁[J].青海社会科学，2018（1）：111-117.

[153] 解彩霞.个体化还是原子化：理论谱系与历史语境——兼论当代中国社会整合路径[J].攀登，2018，37（3）：46-53.

[154] 李强.现代性中的社会与个人——安东尼·吉登斯《现代性与自我认同》述评[J].社会，2000（6）：17-19.

[155] 薛晓源，刘国良.全球风险世界：现在与未来——德国著名社会学家、风险社会理论创始人乌尔里希·贝克教授访谈录[J].马克思主义与现实，2005（1）.

[156] 廉如鉴，张岭泉."自我主义"抑或"互以对方为重"——"差序格局"和"伦理本位"的一个尖锐分歧[J].开放时代，2009（11）：68-78.

[157] 陈来."以对方为重"：梁漱溟的儒家伦理观[J].浙江学刊，2005（1）：6-15.

[158] 张少博，翟志宏.爱的秩序——云格尔对舍勒的批判[J].陕西教育（高教版），2012（1-2）：20-22.

[159] 张祥龙.舍勒伦理学与儒家的关系——价值感受、爱的秩序和共同体[J].世界哲学，2018（3）：74-87.

[160] 杜维明.儒家传统的现代转化[J].浙江大学学报（人文社会科学版），2004，34（2）：5.

[161] 张静.社会结构：概念的进展及限制[J].社会学研究，1993（6）：34-40.

[162] 吴铮强.发现行动者：社会学观念在史学研究中的应用[J].厦门大学学报（哲学社会科学版），2014（2）：11-19.

[163] 黄钲堤.卢曼的风险社会学与政策制定[J].政治科学论丛，1995（28）.

[164] 于海.行动论、系统论和功能论——读帕森斯《社会系统》[J].社会，1998（3）：44-45.

[165] 安德烈亚斯·齐曼.尼古拉斯·卢曼的社会系统理论[J].社会理论，2007（1）：156-176.

[166] 夏光.论社会行动的规定[J].社会学研究，1990（6）：98-105.

[167] 郑杭生，杨敏.个人与社会的关系——从前现代到现代的社会学考察[J].江苏社会科学，2003（1）：1-9.

[168] 乌尔里希·贝克，王武龙.从工业社会到风险社会（上篇）——关于人类生存、社会结构和生态启蒙等问题的思考[J].马克思主义与现实，2003（3）：26-45.

[169] 欧文斯.现象学和主体间性[J].哲学译丛，1986（2）：57-62.

[170] 秦明瑞.现代性中的个体化与性别秩序的嬗变——贝克的研究及启示[J].山东女子学院学报，2014（2）：1-9.

[171] 秦明瑞.复杂性与社会系统——卢曼思想研究[J].系统辩证学学报，2003（1）：19-25.

[172] 秦明瑞.道德无涉的社会理论与道德的社会功能——卢曼社会系统理论视角下的分析[J].宗教与哲学，2018：114-148.

[173] 秦明瑞.社会秩序是如何可能的：卢曼社会系统理论的解释[J].社会理论学报，2014，17（1）：85-128.

[174] 吕付华.系统视角中的社会分化与整合——卢曼社会分化思想研究[J].社会理论（第4辑），2008（4）：274-312.

[175] 傅铿.默顿的社会学中层理论[J].社会，1984（6）：56-58.

[176] 渠敬东.涂尔干的遗产：现代社会及其可能性[J].社会学研究，1999（1）：31-51.

[177] 乌尔里希·贝克，刘宁宁，沈天霄.风险社会政治学[J].马克思主义与现实，2005（3）：42-46.

[178] 乌尔里希·贝克，郗卫东.风险社会再思考[J].马克思主义与现实，2002，54（4）：

46-51.

[179] 张剑.西方文论关键词他者[J].外国文学,2011(1):118-127,159-160.

[180] 叶秀山.海德格尔如何推进康德之哲学[J].中国社会科学,1999(3):118-129.

[181] 黄涛.现代自然社会中的"孤独者"[J].读书,2016(3):126-133.

[182] 李涛.现代政治两条路线的融合与张力——评李猛的《自然社会》[J].政治思想史,2017,8(4):183-195.

[183] 张国旺.孤独个体的共同生活:自然社会的"自然"与"社会"[J].社会,2016,36(6):32-54.

[184] 尹广文.个体生存的社会困局与共同体的重建——基于齐格蒙特·鲍曼社会理论的诠释[J].江南社会学院学报,2016,18(2):71-75.

[185] 林安梧."后新儒学"对"后现代"的哲学反思——从"公民儒学"与"仁恕思想"起论[J].南国学术,2014(4):105-111.

[186] 韩星.仁者爱人——儒家仁爱思想及其普世价值[J].梧州学院学报,2013,23(4):1-7.

[187] 沈清松.身命、群命与天命:结合中国哲学与现象学的思考[J].华中国学,2018(1):1-18.

[188] 沈清松,张志祥.儒家利他主义、慷慨和正义:对全球化的回应[J].扬州大学学报(人文社会科学版),2015,19(2):40-45.

[189] 沈清松.跨文化哲学与中国哲学[J].哲学基础理论研究,2008:202-220.

[190] 刘述先.从典范转移的角度看当代中国哲学思想之变局[C]//儒家思想意涵之现代阐释论集.台北:"中央研究院"中国文哲研究所,2000.

(二)外文文献

[1] LUHMANN N. What is Communication?[J]. Communication Theory,1992,2(3):251-259.

[2] LUHMANN N. The Improbability of Communication [J]. International Social Science Journal,1981,33(1):122-132.

[3] SOROKIN P A,MERTON R K. Social Time:A Methodological and Functional Analysis [J]. The American Journal of Sociology,1937,42(5).

[4] BENNETT M J. Overcoming the Golden Rule:Sympathy and Empathy [J]. Annals of the International Communication Association,1979,3(1):407-422.

[5] Horton C C. Social Organization: A Study of the Larger Mind [M]. London: Taylor and Francis, 2017.

[6] DONSBACH W, International Communication Association. The International Encyclopedia of Communication [M]. Hoboken: John Wiley & Sons Incorporated, 2008.

[7] WILLIAM J. The Principles of Psychology [M]. New York: Dover Publications, 1918.

[8] HEIDEGGER M. Being and Time: A Translation of Sein Und Zeit [M]. New York: State University of Newyork, 1996.

[9] SIMMEL G, WOLFF K H, BENDIX R. Conflict and the Web of Group Affiliation [M]. Glencoe, IL: Free Press, 1955.

[10] ABERCROMBIE N, HILL S, TURNER B S. The Penguin Dictionary of Sociology [M]. London: Penguin Books, 2006.

[11] BAUMAN Z. Modernity and Ambivalence [M]. Cambridge: Polity Press, 1991.

[12] GIDDENS A. The Consequence of Modernity [M]. California: Stanford University Press, 1991.

[13] HOWARD C. Introducing Individualization [M]. New York: Palgrave Macmillan, 2007.

[14] SIMMEL G. The Metropolisand Mental Life, On Individuality and Social Forms [M]. Chicago: The University of Chicago Press, 1971.

[15] FINGARETTE H. Confucius: The Secular as Sacred [M]. Illinois: Waveland Press, 1998.

[16] LIN J, MELE C. The Urban Sociology Reader [M]. New York: Routledge, 2012.

[17] HUSSERL E. Ideen Ii [M]. Den Haag: Martinus Nijhoff, 1952.

[18] LUHMANN N. Social Systems [M]. California: Stanford University Press, 1995.

[19] PARSONS T. The Social System [M]. New York: Free Press, 1951.

[20] PARSONS T, BALES R F, SHILS E A. Working Papers in the Theory of Action [M]. Glencoe: Free Press, 1953.

[21] PARSONS T, SMELSER N J. Economy and Society [M]. New York: Free Press, 1956.

[22] ADAM B. Timecapes of Modernity: The Environment and Invisible Hazards [M]. London: Routledge, 1998.

[23] LUHMANN N. Soziale Systeme: Grundrisseiner Allgemeinen Theorie [M]. Frankfurt a. M.: Suhrkamp, 1984.

[24] LUHMANN N. Die Gesellschaft Der Gesellschaft [M]. Frankfurt a. M.: Suhrkamp, 1997.

[25] HENRI T E. Social Identity and Intergroup Relations [M]. London: Cambridge University Press, 2010.

[26] KANT I. Critique of Pure Reason [M]. London: Cambridge University Press, 1999.

[27] KANT I. Critique of Practical Reason [M]. New York: Hackett Publishing, 2002.

[28] PARKES G. Heidegger and Asian Thought [M]. Honolulu: University of Hawaii Press, 1987.

[29] HEIDEGGER M. The Basic Problems of Phenomenology [M]. Bloomington: Indiana University Press, 1962.

[30] BERMAN P. Terror and Liberalism [M]. New York: W W Norton & Company, 2003.

[31] SAID E W. From Oslo to Iraq and the Road Map [M]. New York: Pantheon, 2004.

后　记

求学有涯，而学无涯。因缘际会走进传播学领域，我在这条道路上越走越远，所积累的知识与经验也逐渐丰富。在此，我想借此机会回顾自己的学习历程，并对在写作过程中给予我支持和帮助的人们表示衷心的感谢。

本书的内容围绕儒家的沟通伦理展开，这无疑是一场知识的探索与冒险。长期以来，我习惯了西方学科的逻辑与概念，对中国的价值哲学体系，尤其是像王阳明心学这样深奥的学问，既不敢轻易触碰，也不敢挑战。回想这段旅程，自己的学习经历就像一次奇妙的探险。本科阶段学英语，起初我对人文社会科学的概念知之甚少。直到研究生阶段，我才开始系统地学习传播学和社会学。兰德尔·柯林斯和迈克尔·马科夫斯基的《发现社会之旅》成为我的启蒙读物，而德国社会学家尼克拉斯·卢曼的社会系统理论也让我深深着迷，以至于多年来我都未能摆脱他那高度抽象的理论框架。这些经历不仅让我在确定本书主题时充满信心，而且使我逐渐理清了写作思路中的逻辑链条。写作本书是一个充满挑战的尝试，其涉及的范围和深度无疑是在攀登理论的高峰，令我心怀敬畏，未来我仍需不断探索和完善。

值得一提的是，本书最初是我的博士论文，这篇论文在2019年完成，当时我的写作水平尚显稚嫩。自那时起，我一直在思考如何完善这一研究，终于在2024年8月底完成了最终稿。在此过程中，我要特别感谢复旦大学新闻学院的孟建教授和张殿元教授，他们给我耐心的指导和鼓励，让我在研究中不断进步。同时，我也非常感激我的博士生导师许正林教授，他在整个写作过程中给我无条件的支持。此外，江西财经大学的王玉琦教授也对我的研究提供了细致入微的指导。我还要感谢学院领导对我工作的支持与帮助，使本书能够顺利出版。最后，我特别感谢我的妻子和家人，他们无条件地支持我写作，给予我温暖和动力。通过这段旅程，我深刻体会到知识探索的艰辛与快乐。在未来的日子里，我将继续努力，不断深化对儒家沟通伦理及其现代意义的理解，希望能为这一领域贡献更多自己的思考和研究成果。

在写作过程中，我也认识到自己的局限性。作为一位年轻的学者，我的视野和思维方式难免受到西方学术传统的影响。面对儒家这一源远流长的哲学体系，我的理解还存在片面和肤浅之处。正所谓"学不可以已"，我会继续学习和思考，努力突破自己的局限，更好地阐释儒家沟通伦理的内在逻辑和现实意义。

儒家强调"仁"的思想，认为人与人之间的关系应该建立在互相关爱和尊重的基础上。这种以"仁"为核心的伦理观不仅适用于个人之间的交往，也可以延伸到社会各个领域。在当今全球化的背景下，儒家的"仁"思想为人类社会的和谐发展提供了宝贵的智慧。我们应该摒弃狭隘的民族主义和文化霸权主义，以开放包容的心态吸收不同文化的营养，在相互尊重和理解的基础上推动文明交流互鉴。同时，儒家的"仁"思想也为我们解决现实社会问题提供启示。在日益复杂的社会关系中，我们应该以"仁"的精神来化解矛盾，以宽容和善意对待他人。只有做到"己所不欲，勿施于人"，才能创造一个更加公平、正义的社会。我们应该在家庭、学校、社区等不同层面践行"仁"的理念，让这种伦理精神在日常生活中落地生根。

总之，儒家沟通伦理蕴含着丰富的智慧，不仅有助于理解中国传统文化，也为当代社会提供有益启示。我希望通过本书能够让更多的人理解和认识儒家沟通伦理，在相互学习和交流中推动中西方文化的对话与融合。这不仅是我个人的学术追求，而且是我们这一代学人应尽的责任。